数/学/家/传/奇/丛/书

主编：杜瑞芝

科学公主

——柯瓦列夫斯卡娅

杜瑞芝◇著

哈爾濱工業大學出版社
HARBIN INSTITUTE OF TECHNOLOGY PRESS

内容简介

本书主要介绍女数学家柯瓦列夫斯卡娅的传奇人生。她出生在19世纪俄罗斯的贵族家庭，一生为争取妇女解放和接受高等教育的权利进行了勇敢的斗争，取得了那个时代前所未有的成功。本书真实地再现了她追求真理和献身科学的跌宕起伏的人生历程，她的故事既激荡人心又充满传奇色彩。

本书史料翔实，叙述深入浅出，通俗易懂，可供广大青年及对数学史感兴趣的读者阅读。

图书在版编目(CIP)数据

科学公主:柯瓦列夫斯卡娅/杜瑞芝著.
—哈尔滨:哈尔滨工业大学出版社,2018.2
(2020.9重印)
(数学家传奇丛书)
ISBN 978-7-5603-6761-3

Ⅰ.①科… Ⅱ.①杜… Ⅲ.①柯瓦列夫斯卡娅(Kowalewska, Sofia Vassilievna 1850-1891)-传记
Ⅳ.①K835.126.11

中国版本图书馆CIP数据核字(2017)第160457号

策划编辑　刘培杰　张永芹
责任编辑　张永芹　邵长玲
封面设计　孙茵艾
出版发行　哈尔滨工业大学出版社
社　　址　哈尔滨市南岗区复华四道街10号　邮编150006
传　　真　0451-86414749
网　　址　http://hitpress.hit.edu.cn
印　　刷　三河市同力彩印有限公司
开　　本　787mm×960mm　1/32　印张11.875　字数201千字
版　　次　2018年2月第1版　2020年9月第4次印刷
书　　号　ISBN 978-7-5603-6761-3
定　　价　68.00元

一个人仅仅因为是女人,囿于习俗和偏见,她要踏上布满荆棘的科学研究之途,就必然遭受比男人更多的挫折;然而,她却能克服这些障碍,并且专心致志于数学中最艰涩的理论部分。毋庸置疑,她必定拥有最高的胆略、非凡的天才和超人的禀赋。

——高斯

序　言

我与杜瑞芝教授是多年的朋友。她受教于梁宗巨先生，专长为世界数学史研究，著作多多。她主编的一本《数学史辞典》，是我常用的工具书。进入新世纪，我们陆续退休，联系就少了。不久前，她打电话到我在上海苏州河畔的寓所，邀我为她主编的《数学家传奇丛书》（新版）作序。老友相托，深感荣幸。

数学，是人类文明的火车头。人类文明的第一个高峰是希腊文明。从泰勒斯、毕达哥拉斯到欧几里得，数学理性文明大放异彩。柏拉图学园的门口"不懂几何学者不得入内"的告示，彰显了数学文明的地位。欧几里得的《几何原本》是仅次于《圣经》的印刷量最大的欧洲出版物。我国把徐光启和利玛窦翻译的《几何原本》作为近代理性文明的开始。人类文明的第二个高峰,是以牛顿为代表的数学和物理学所开辟的科学黄金时代。接着,电磁学方程、热力学方程、流体力学方程、拉普拉斯方程书写了第三个现代文明,而爱因斯坦方程的基础则是黎曼几何。开启今日信息时代文明的仍然是一群数学家,其中有提出电子计算机结构方案的冯·诺依曼,信息论的创始人尚农,控制论的奠基人维纳等。展望未来,人类文明正在迈入"大数据、互联网、人工智能"的新时代,数学在其中依然起着引领的作用。未来的人类社会,许多体力和脑力工作都将被机器人所承担,但是数学智慧是机器人不可能全部掌握的。数学将越来越引人瞩目。

我在这里写数学之重要,是希望争取更多的读者,共同追寻数学的踪迹,研读数学家传记,汲取数学家人生的智慧经验,以迎接新时代的到来。在这套丛书里,展现了数学历史长河上一段又一段美妙的风景。丛书用 9 个数学家的传记,打开了从 19 世纪到 20 世纪数学发展的绚丽篇章。这些数学家的故事都是永恒难忘的经典，读后或令人掩卷深思，或令人拍案叫绝。总之，那会是一次领略数学智慧的阅读之旅。

康托尔的故事感人至深。他孤身一人，撞开了无限王国的大门。他给无限依大小排序，提出了基数论与序数论。那时，不但无人喝彩，倒招来一些非议。例如，无限集合中的部分可以等于全体，与常识相违。罗素提出的集合论悖论，让数学的天空布满乌云。"一切集合构成的集合"让人困惑不解。康托尔承受了重大的精神压力，抑郁大半生。但是，真理终于战胜了疑虑。时至今日，集合论的语言已经渗入到几乎所有的学科，包括中学相关学科。康托尔是人类精神世界里的战士、英雄和伟人，世人将会永远纪念他。

给我留下难忘印象的还有维纳的故事。这位控制论的奠基人，是一位神童。也许是因为思维过于敏捷，表述跟不上思维的速度，因而他讲课别人实在听不懂，不受欢迎。我醉心于他的是"反馈"概念的提出。原来他观察人去捡落在地上的铅笔，过程是脑指挥手接近铅笔，眼睛观察手与铅笔的距离和方向,并将数据反馈给大脑,大脑据此做出下一步给手的指令。反馈的概念,就这样成了控制论的基础。

如果说,康托尔的故事是告诉人们向未知进军需要巨大的勇气,那么维纳的故事则是教给人们如何获取科学灵感,展示科学智慧的来源。人物传记正是在“敢于”和“善于”向数学进军这样两个方面,用一些感人的细节给人以教育和启示。

数学史不能只局限于古代数学史,了解数学家也不能只局限于古代数学家。这套丛书除了有康托尔和维纳的传记之外,还包括了大家熟知的历史上最重要的数学家之一——高斯的传记。更令人瞩目的是收录了两位名垂青史的女数学家柯瓦列夫斯卡娅和埃米·诺特的传记:前者勇敢地与命运抗争,终于在男人称霸数坛的19世纪取得一席之地;后者大器晚成,一生专注数学,心无旁骛,以创立抽象代数学名垂数学史。本丛书还记录了两位命运坎坷的天才数学家阿贝尔和伽罗瓦,他们以短暂的生命为数学史留下了璀璨的光辉。还有以迷开始又以迷结束的电脑先驱图灵及游走全世界的、有“数学莫扎特”美称的数坛怪侠爱尔特希的传奇人生。

数学家传记出版得不是多了，而是少了。君不见，清华附小的小学生用大数据的排序算法，分析了苏轼诗词中用字用词的规律。大数据时代的数学正在渗透到日常生活的方方面面。可以预料，数学家传记的读者群也会越来越大。

写了一些感想，权作为序言。

张奠宙

2017 年 10 月

于沪上

原版序言

这是一套以传记文学形式介绍著名数学家生平的丛书。本来是要请家兄钱临照写个序言,他对科学史有研究,也热心支持科学家传记的写作,但是他已年逾九十,不便握笔写作。所以,他给我谈了些他的想法,勉励我代他写这个序言。

我对数学只有很肤浅的知识,但是我明白,数学这门学科对人类文明的发展实在是太重要了。在大多数学科里,一代人创造的或树立的东西,往往被下一代人所更新或推倒。只有数学,前人创造的成果都能为后人所用,而每一代人都是在以前的"建筑"上添砖加瓦。今天,像我们从事技术科学或工程建设的人，有谁能离开前人创造的数学知识呢？不仅如此，前辈数学家的治学精神、思维方法和奋斗经历对于从事科学技术工作的人来说，也是非常有教益的。

本丛书所展现的数学家，有的是开拓者，披荆斩棘，勇往直前；有的是继承发扬者，博采众长，继往开来。他们或少年早慧，头角峥嵘；或中年发愤，大器晚成；或天资聪颖，才华横溢；或天性鲁钝，以勤补拙；或步踏青云，皓首穷经；或屡遭坎坷，英年早逝；或生于名门，独树一帜；或出身贫寒，困苦玉成……总之，他们从不同侧面给我们以启迪、思考和奋发图强的力量。

本丛书的主编杜瑞芝教授是一位年富力强的数学史专业工作者，她在从事专业研究的同时，还有志于从事这种看似简单实则很不容易的数学史传播工作，是值得称道的。各分册的作者都是多年从事数学史和数学教育研究的高校教师。他们在研究数学家生平、学术贡献的基础上，注意探索数学家成才的因素、成功的契机，还特别记述了那些超出常人、能够动人心魄的事迹。各分册还配有数学家的肖像，以展示这些大师的精神风采。

本丛书具有较强的知识性、趣味性、可读性与普及性，对广大青年读者增长知识、开阔视野、陶冶情操，并立志献身科学是大有益处的。

錢令希

1998 年 10 月

于大连

前　言

在数学发展的历史长河中，涌现出许多杰出的数学家。他们的发明创造是推动数学乃至科学技术发展的巨大动力，是人类文明的宝贵财富。没有数学家和广大人民群众的辛勤劳动，就不可能有今天高度发展的数学。然而，长期以来数学抽象的结构、艰涩的推理与枯燥复杂的算式，使得数学家好像与外界隔离开了。外界的人们，特别是年青的一代，觉得数学家是那样刻板而神秘，似乎远离尘世喧嚣。而数学家却很少受外界干扰，在数学王国里钻研得津津有味，自得其乐。著名数学家罗素(B. A. W. Russell,1872—1970)在学习欧氏几何时感慨道："我没想到世界上竟有如此有趣的东西。”数学大师陈省身说:“数学好玩。”可见学习和研究数学给他们带来了无穷的乐趣。这种数学家与外界相隔离的现象即使在数学高度发展、已几乎渗透到人类社会活动的一切领域的今天依然存在。

其实,数学家既是数学王国的主人,也是食人间烟火的凡人。怎样使人们走近数学家,了解他们的科学贡献、成长道路和个人品格,把数学家作为一个个活生生的、有血有肉的人,展现在读者面前,这应该是数学史家与数学教育工作者的任务。

经过认真的思考和多方的努力,我们尝试建立一条连通科学、历史与文学三者的纽带。在 20 世纪末,我们在哈尔滨出版社的支持下试图推出一套传记文学形式的《中外数学家传奇丛书》,以宣传数学家的事迹,激励年青一代投身科学。但是由于某些困难,仅在该社出版了三位中国数学家的传记,其余八位外国数学家的传记由山东教育出版社陆续出版,定名为《数学家传奇丛书》。该丛书问世后,颇受广大读者,特别是青年读者的欢迎,并很快售罄。为进一步满足广大读者的需要,同时也为传播数学文化做出新贡献,哈尔滨工业大学出版社决定推出新版《数学家传奇丛书》。新版除了对原丛书各分册做了适当的补充与修订外,又增加了《抽象代数之母——埃米·诺特》一册。

编写《数学家传奇丛书》是一种尝试,在国内还不多见。因此,难免会有这样或那样的不足,希望广大读者批评指正。同时,我们也十分热切地希望这项工作能得到广大数学工作者和科普工作者的关心和支持。让我们携起手来,为繁荣我国的数学事业,提高全民族科学文化素质而努力工作。

在新版丛书出版之际,我首先要特别感谢先师梁宗巨先生(1924—1995)。我于 20 世纪 70 年代末成为梁先生最早的研究生之一,是他引领我走上学习和研究数学史的道路,他严谨的治学态度始终影响着我。今年是先师去世 22 周年,愿以这套丛书聊表追思情怀。

原丛书的写作与出版曾得到中国数学会数学传播工作委员会以及中科院两位资深院士钱临照和钱令希的支持与帮助。钱令希先生在百忙之中亲笔为丛书作序,他关于数学科学的精辟见解,对于每一个数学工作者来说,都是一种激励。

新版丛书,很荣幸地请到了中国数学家、数学史家、数学教育名家张奠宙先生作序,令人感动和鼓舞。先生十分重视数学史知识的普及和数学文化的传播,他对数学重要性的阐述给了我们很大的启迪,在此对张奠宙先生表示衷心的感谢。

还要感谢哈尔滨工业大学出版社副社长刘培杰先生和编辑室主任张永芹同志的积极策划和鼎力支持,同时感谢为丛书付出大量辛勤劳动的各位编辑同志。

杜瑞芝

2017 年 10 月

于大连

目　录

引　子

1874 年 8 月,德国数学中心哥廷根大学,根据一位俄国女青年索菲娅·柯瓦列夫斯卡娅递交的论文,在她本人未到场的情况下,破格授予她代表数学最高荣誉的数学哲学博士学位。

索菲娅·柯瓦列夫斯卡娅共提交了三篇论文,其中每一篇都足以使她获得博士学位。第一篇论文是研究偏微分方程理论的,这是数学中最艰涩的理论之一。索菲娅·柯瓦列夫斯卡娅成功地推广了法国大数学家柯西建立的重要的解的存在定理,这个定理后来被称为柯西－柯瓦列夫斯卡娅定理,它已成为偏微分方程理论中的基本定理。大数学家亨利·庞加莱评价说:“她极大地简化了证明过程并给出定理的最终形式。”第二篇论文是研究“阿贝尔积分”的。这是由挪威数学家阿贝尔首先开始研究的一个难度很大的课题,许多同时代的数学家都在这个题目上做过工作。索菲娅·柯瓦列夫斯卡娅以高超的数学技巧,解决了别人没有解决的复杂问题,得到了引人瞩目的结果。第三篇论文研究了土星光环的形状问题。这是一个很有趣的科学问题。土星是太阳系的八大行星之一,它带有一个美丽的光环。长期以来,这个其他行星都没有的独特光环一直是科学家关注和研究的对象。索菲娅·柯瓦列夫斯卡娅通过严密的数学论证,修正了一代科学大师拉普拉斯关于土星光环的理论。这篇论文反映了她应用数学理论解决实际问题的卓越本领。在她去世后,瑞典数学家米塔－列夫勒曾敬献一首挽诗:

只要土星光环依然放射,
只要地球上还有人类,
全世界将铭记您不朽的英名,
那荣誉的桂冠,您永当无愧!

按照规定,要想通过博士论文申核,需要有一位正式教授推荐。索菲亚·柯瓦列夫斯卡娅的推荐书,是当时号称"数学分析之父"的德国数学家外尔斯特拉斯亲自执笔写的。他在高度评价了这三篇论文的学术价值之后,盛赞索菲娅·柯瓦列夫斯卡娅:"可以肯定,在我的学生中,在勤勉、才能、热情和爱科学方面,能与她媲美的实在不多。"外尔斯特拉斯是一位公认的数学大师,他培养的学生中有一百多位成为大学教授，有一大批后来成为著名数学家。能得到他的上述评价实属不易。

就这样，索菲娅·柯瓦列夫斯卡娅成为人类历史上第一位获得数学哲学博士学位的女性。

1883年11月17日，斯德哥尔摩的进步报纸《民主报》刊登了这样一条消息：

> 今天我们必须通报全体市民，不是某一位庸俗王子或同样显贵但不学无术的人物到来，今天来到本城的是一位科学公主——柯瓦列夫斯卡娅女士。她来到本城并将成为瑞典第一位女讲师。

在讲授一年偏微分方程课程之后，索菲娅·柯瓦列夫斯卡娅被任命为斯德哥尔摩大学的教授。1889年，她又被任命为斯德哥尔摩大学的终身教授。索菲娅·柯瓦列夫斯卡娅成为人类文化史上第一位获得教授职务的女性。17年之后，才有第二位女性得到同样的任命，她就是居里夫人。

1888年圣诞节前夕，法国科学院举行隆重的“鲍廷奖”授奖仪式。鲍廷是一位著名的法国律师，他把部分遗产捐献给法国科学院，并以这部分遗产每年的利息作为科学奖金，奖励那些在科学上对人类做出过重大贡献的人。关于刚体绕定点转动的问题，由于它在理论上和应用上的重要性及其难度，被数学界戏称为“数学水妖”问题。这个问题已有一百多年的历史，许多著名数学家都曾致力于对它的研究，即使是大数学家欧拉、拉格朗日，也只得到了某些特殊情形下的结果。法国科学院曾三次悬赏，给对该问题的研究有所突破的人颁发“鲍廷奖”，但结果并不理想，因此，鲍廷奖金一直没有发出。1888 年初，法国科学院再一次悬赏。在提交的 15 篇匿名论文中，有一篇非常出色，受到评奖委员会一致的高度赞赏，以至于法国科学院把奖金从 3 000 法郎增至 5 000法郎。这篇论文所附的格言是：“说您知道的话，做您应做的事，该是什么就是什么。”这就是索菲娅·柯瓦列夫斯卡娅提交的论文。

法国科学院院长皮埃尔·扬森先生亲自到会颁奖并致辞，高度赞扬了索菲娅·柯瓦列夫斯卡娅的成就：

> 当今最辉煌、最难得的荣誉桂冠，有一项将落到一位女性的头上。本科学院的成员们发现，她的工作不仅证明了她拥有广博深刻的科学知识，而且显示了她的巨大的创造才智。

巴黎各报纸还发出同一消息：今天来领奖的索

菲娅·柯瓦列夫斯卡娅是第一位跨进科学院大门的女性。

1889 年 10 月 24 日,俄国科学院收到一份由三位院士签名的推荐书:

> 我们荣幸地推荐索菲娅·柯瓦列夫斯卡娅——数学哲学博士、斯德哥尔摩大学教授——为科学院数学科学通讯院士的候选人。
>
> 切比雪夫
>
> (签名) 英·谢内茨基
>
> 布尼亚科夫斯基
>
> 1889.10.24

通讯院士,是俄国科学院授予不在首都居住的本国或外国学者的荣誉头衔。根据当时俄国皇家科学院的规定,妇女是无权获得这一头衔的。要接受索菲娅·柯瓦列夫斯卡娅为通讯院士,必须先修改院章,这件事可不简单。在激烈的争论之后,11 月 4 日,一项可以接受妇女作为科学院通讯院士的章程获得通过。几天之后,数学科学部接受了切比雪夫等三位院士对索菲娅·柯瓦列夫斯卡娅的推荐。至此,索菲娅·柯瓦列夫斯卡娅成为俄国历史上第一位获得科学院通讯院士称号的女科学家。

索菲娅·柯瓦列夫斯卡娅以自己非凡的成就成为近代第一位获数学博士学位的妇女,第一位在近代欧洲的大学里任教授职务的妇女,第一位被选入俄国皇家科学院的妇女。她还获得了法国科学院的“鲍廷奖”等。所有这些荣誉和头衔都落在同一位妇女头上,如果在20世纪,也许是不足为奇的。但是索菲娅·柯瓦列夫斯卡娅所处的时代,是俄国沙皇专制统治的时代,这是一个妇女备受歧视的时代:妇女不准进入高等院校学习;妇女不能在大学任职;妇女不能进入科学院的大门。但是,索菲娅·柯瓦列夫斯卡娅勇敢地冲破传统的偏见和社会的封锁,屹然独立,献身科学,成为20世纪以前载入史册的最伟大的女科学家。

人们不禁要问:索菲娅·柯瓦列夫斯卡娅是怎样的一位女性,她是怎样生活与工作的呢?她是怎样克服重重困难取得光辉成就的呢?大数学家高斯曾经这样说过:

“一个人仅仅因为是女人,囿于习俗和偏见,她要踏上布满荆棘的科学研究之途,就必然遭受比男人更多的挫折;然而,她却能克服这些障碍,并且专心致志于数学中最艰涩的理论部分。毋庸置疑,她必定拥有最高的胆略，非凡的天才和超人的禀赋。”

索菲娅·柯瓦列夫斯卡娅就是这样一位女性。她的故事激动人心而又充满传奇色彩。她生命短促，却极不平凡。

让我们从头读起吧！

第一章　家世·童年

1. 家庭关系

莫斯科城自 12 世纪建都以来,发展一直比较缓慢,但各时期的建筑大都保存完好。

在莫斯科河畔,有宽阔而寂静的街道。街道两侧是排列整齐的较低的房屋。这些房屋色彩单调,是商人阶层的隐居地和各种非国教派的大本营。克里姆林宫一直是教会和政府的根据地。卫城前面广阔的土地上耸立着几千家店铺和货栈。几百年来,这里都是繁华的商业区和全俄贸易的中心,特威尔街与铁工街则是繁华商业区的中心地带,蒲鲁席加与杜洛哥米洛夫加这两个职工居住区一直保持着莫斯科建都时代特有的景象。每一区自成一个小世界,各有各的特色。

在克里姆林宫后面,阿尔巴特与蒲列奇顿斯加两条大街之间有一片像迷宫似的街道,既清洁又寂静,迂回曲折。这是莫斯科城内最奇特的地方——旧官厩区——古老的莫斯科贵族们的居住区,它远离莫斯科那喧闹熙攘的商业中心。这一带街道上的房屋建造得非常相似,大都是木质结构,造型古朴。每家的大门上都钉着一块铜牌,上面刻着主人的名字和官职。

1850 年 1 月 15 日,索菲娅·柯瓦列夫斯卡娅诞生于莫斯科城内的旧官厩区。

索菲娅的曾祖父原是匈牙利王马休斯·柯文的后裔。他自幼桀骜不驯,对宫廷礼仪漠不关心,但对贫苦的劳动者深表同情。长大后他竟爱上一位四处漂泊、贫苦无依的波希米亚姑娘。当他提出要娶这位波希米亚姑娘时,遭到王室的一致反对。经过几番抗争也未获成功。最终他自愿放弃显赫的王室地位,与心爱的姑娘结合,并到波兰定居。

索菲娅的祖父瓦西里·谢缅诺维奇·柯文·科鲁克夫斯基是一名归化俄国的波兰地主。他不擅长经营田庄,把田庄交给家人管理,自己终日钻研学问，成为颇有成就的天文学家和数学家。

索菲娅的父亲瓦西里·瓦西列夫斯基·柯文·科鲁克夫斯基(1801—1875)早年接受了良好的贵族教育。1819年进入圣彼得堡炮兵学院学习。他在学习期间成绩优异，除熟练地掌握各门专业知识和几门外语外，对自然科学和数学也有相当广泛的了解。在炮兵学院毕业后，瓦西里·瓦西列夫斯基到俄国军队服役。他是尼古拉一世统治时期的一名忠诚的军官，绝对信奉军人以服从命令为天职的信条。

从青年时代起，瓦西里·瓦西列夫斯基对政治就不感兴趣。在炮兵学院学习期间，他只是埋头读书，其他事一概不过问。1825年，当他的同僚和下级军官们与秘密社团“北方协会”进行接触，参与酝酿十二月党人起义[①]时，他躲得远远的。一些进步的贵族军官对他进行邀请或给予某种暗示时，他总是坚决地表示永远不参加任何非法组织。他对所知道的事缄口不言，也不向上级告发。

---

① 十二月党人是俄国的一个贵族革命者组织。他们于1825年12月，发动反对沙皇专制制度的武装起义，故得名。

瓦西里·瓦西列夫斯基喜欢在知识界结交朋友。他在旧官厩区买下了一所府邸，这为他结交一些社会知名人士提供了方便条件。作家、东方学家先科夫斯基(1800—1858)，艺术家莫勒，著名解剖学家、科学院通讯院士皮罗戈夫(1810—1881)，以及其他一些知识界的领袖人物都是他的朋友。

1843年，瓦西里·瓦西列夫斯基与贵族姑娘叶利查维塔·费多罗夫娜·舒伯特(1820—1879)结婚。这时他已在部队服役多年并晋升为上校。

叶利查维塔·费多罗夫娜是步兵将军、军事测量学家费奥多尔·费奥多维奇·舒伯特(1789—1865)的女儿。她的祖父——著名天文学家、大地测量学家、圣彼得堡科学院院士费奥多尔·伊万诺维奇·舒伯特(1758—1825)，是俄国第一部理论天文学著作的作者。

叶利查维塔·费多罗夫娜天生丽质，脸庞像玫瑰花一样。她受过传统的贵族教育，是一位音乐爱好者和文学爱好者。她有一副好嗓子，歌唱得非常好，能说好几种语言，对法国文学和德国文学也有一定的造诣。叶利查维塔·费多罗夫娜成年后，父母带她到上流社会,在社交界抛头露面、结交名门,开始出入热闹的舞会和华丽的剧院。父母希望她能在赞美她的人当中选择一位合适的做她的丈夫。一个偶然的机会,叶利查维塔·费多罗夫娜结识了瓦西里·瓦西列夫斯基上校。没有过多的赞美,她就被上校迷住了。上校庄严而冷峻的面孔令姑娘倾倒,上校比她年长近20岁,为人非常成熟、可靠,但看上去却仍然朝气蓬勃、英姿飒爽。在上校眼里,叶利查维塔·费多罗夫娜十分文雅、可爱,在他身边如小鸟一般,令上校十分爱恋。婚事很快就确定下来了。

婚后一年,瓦西里·瓦西列夫斯基夫妇的长女安娜·柯文·科鲁克夫斯卡娅(1843—1887)出生。按照俄罗斯贵族的习惯,孩子出生后就立即交给奶妈和外国保姆照顾。但他们对安娜十分宠爱,经常到育儿室去抚摸、拥抱和亲吻她。

婚后前几年,瓦西里·瓦西列夫斯基夫妇感情甚笃。他们在社交界出双入对,瓦西里·瓦西列夫斯基上校自豪地把自己年轻貌美的妻子介绍给朋友们。叶利查维塔·费多罗夫娜热烈地崇拜着自己的丈夫。她写信给女友:“……我就这样结婚了,我终于找到了一个可靠的男人，他是一位迷人的丈夫，值得我做出任何可能的牺牲。我对未来充满希望……”她对丈夫的深情溢于笔端。

他们住在旧官厩区，这个古老而寂静的地区被外界看作是莫斯科的“圣日耳曼乡”[①]。从表现上看，这里的生活过得宁静和平。早晨，街上连一个人也没有。快到中午的时候，才有一些德国保姆和法国家庭教师领着小孩子在街上散步。下午，可以看到一些高大的旧式马车在街上飞跑，里面坐着出访的太太、小姐们。到了晚上，家家灯火辉煌，或玩纸牌，或欢歌舞蹈，直到深夜。

在一扇挂着“柯文·科鲁克夫斯基上校公馆”铜牌的大门内，一家人的生活过得并不和谐。一种孤独的感觉有时强烈地困扰着女主人叶利查维塔·费多罗夫娜。

原来，瓦西里·瓦西列夫斯基早年曾经历过一次失败的婚姻，之后他独居多年。在这段时间里，他染上了赌博的不良习惯。与叶利查维塔·费多罗夫娜结婚

① 圣日耳曼乡在巴黎市区外。

后，虽有所收敛，但还没有彻底戒掉。开始只是在家里偶尔小赌。逐渐地，他发现妻子不仅温柔仁慈，而且有些软弱，对他真是百依百顺，于是，上校聚赌的规模越来越大，最后竟经常通宵达旦地泡在俱乐部里豪赌。这种情形一直延续到1855年离开莫斯科。

这样一来，叶利查维塔·费多罗夫娜被丈夫冷落了。丈夫没有时间陪她去社交场合。而当时俄国的习俗是，结了婚的女子是不能单独抛头露面的。对于丈夫的轻视和傲慢，她虽不满但也无可奈何，只能在日记中哀怨："我的丈夫不允许我进入本来属于我的那个世界，他很固执，我无力改变他，我完全与世隔绝了。"

其实，情形并没有叶利查维塔·费多罗夫娜写得那么严重。她也偶尔应邀陪丈夫到朋友家赴宴，或在家宴请客人，或接待来访的朋友。更多的时间是在家读书、练习钢琴和唱歌。瓦西里·瓦西列夫斯基虽然没有更多的时间陪妻子外出，但他始终是宠爱自己妻子的。由于年龄差距较大，他始终把妻子当成孩子，叫她丽莎或丽佐奇卡，而妻子却总是拘谨地称他为瓦西里·瓦西列维奇。对妻子在物质生活上的要求，他总是毫不吝惜地给予满足。总之，上校始终以一种傲慢的深情对待妻子。这种生活最终导致了叶利查维塔·费多罗夫娜对丈夫的过分依赖和对子女教育的漠不关心。

二女儿索菲娅的出生，似乎没有引起父母特别的在意，甚至使他们感到有些失望，因为他们希望第二个孩子能是个男孩。索菲娅幼小的时候得到的父母的抚爱特别是母爱，要比姐姐安娜少得多。好在保姆是一位非常善良的女人，她给了小索菲娅很多爱抚和安慰。

五年后，小儿子费奥多尔（1855—1919）出生了。这给瓦西里·瓦西列夫斯基夫妇带来了极大的慰藉，他们十分宠爱这个孩子。

瓦西里·瓦西列夫斯基忠于职守，业绩卓著，于1852年获陆军中将军衔。1855年他被调往新驻地卡鲁加，全家人也随同他搬到新驻地，在那里他们生活了三年。

2.6 岁女童自学阅读

在俄罗斯贵族家庭里，许多父母都不主张在子女幼年时就教他们识字读书。瓦西里·瓦西列夫斯基也赞成这种主张。安娜比索菲娅大6岁，当她开始识字时，索菲娅还太小。可是在卡鲁加驻地，没有同龄的贵族伙伴与索菲娅一同玩耍，而且父母还不允许她与仆人的孩子接触，因此，索菲娅只能跟在姐姐身后，成为姐姐的"影子"。当安娜开始读书时，她就在姐姐旁边陪着她。保姆和家庭教师认为，只要小索菲娅不捣乱，就让她陪着吧。在这个时候，没有人注意到她，谁也没想到她会学到什么东西。

在卡鲁加驻地，瓦西里·瓦西列夫斯基将军的家中，人们常常看到，当家庭教师为他们的大女儿安娜上课时，他们只有五六岁的小女儿总是跟着，而且神情还很专注。在索菲娅6岁时，她已经不仅仅是为了和姐姐在一起，而是喜欢上了姐姐的课。有时她还抢着回答简单的问题或提出一些幼稚的问题。

家庭教师自然不可能为这么小的女孩从头讲些

什么。为了能听懂更多东西，小索菲娅变得焦躁不安，她十分渴望能够识字、阅读。有时她连续一两个小时翻看报纸，努力使自己记住一些符号。然后她就跑到某一位大人身旁，可能是家庭教师，也可能是哪位未婚姑妈，还可能是她的保姆，索菲娅要求她们告诉她这些符号怎么读，是什么意思。开始并没有谁认真听她问些什么，当听明白之后，家庭教师自然是拒绝回答这些问题的："小索菲娅，你还不到认字的时候，等你长大些再告诉你。"于是她就去问姑妈，姑妈一是正在做自己的事情，二是也不能教这么小的侄女认字，所以也不愿意回答她。可小女孩不肯离去，过一会儿又回来问，姑妈嫌烦，只好告诉她，打发她走。姑妈不在时，索菲娅就缠住保姆不放。虽然保姆也不情愿，但毕竟好说话，也能耐心地纠正她的读音。

俄文字母的拼写与读音基本上是一致的。索菲娅就这样一点一点地自学，采取读不出就问的办法，很快就学会了拼音和阅读。经过几个月的自学，年仅6岁的索菲娅，对摆在她面前的任何一段文字，都能准确流利地读出来，尽管她还不能完全理解这段话的意义。

一天，她骄傲地给父亲背诵报纸上的一段文字，瓦西里·瓦西列夫斯基睁大了眼睛，奇怪地望着自己的小女儿问："是谁教你背的？"

"是我自己学会的！"索菲娅挺着小胸脯说。

"那怎么可能呢？是你姑妈教的吧！"因为这段时间索菲娅的姑妈常来她家，所以父亲是不会相信她说的话的。

索菲娅被父亲的轻视气得满脸通红，她大声喊道："我能读出任何一段文字，不信你就试试！"

父亲随意指出报纸上的某一段，索菲娅接过来高声朗读，再换一段她还能读。当瓦西里·瓦西列夫斯基将军确认女儿真的会阅读之后，惊喜异常。他把索菲娅举得高高的，并使劲地亲吻她。

索菲娅6岁自己就学会了阅读，使父亲非常感动。许多孩子到了该读书的时候，有家庭教师教还不愿学，或学起来非常吃力，小索菲娅需要多大的决心和毅力才能在没有人专门教的情况下学会阅读啊！从此以后，他开始对索菲娅刮目相看了。本来，索菲娅的出生使父母感到有点失望，所以父母对她一向不太在意。姐姐安娜是父母的第一个孩子，弟弟费奥多尔是唯一的儿子，他们得到的父母的关心和爱护都比索菲娅多。可是，自从索菲娅独立学会阅读之后，父亲对她的态度有了很大改变，他已经预感到自己的小女儿将来可能会做出一番大事业来。从这时起，瓦西里·瓦西列夫斯基的感情就倾向于索菲娅了。他经常在客人面前夸奖他的索菲娅，索菲娅开始成为父亲比较偏爱的孩子。

3. 移居庄园

1853年，克里米亚战争爆发了。尼古拉一世（1796—1855）在位期间，其扩张野心日益膨胀。他的野心是征服土耳其，控制黑海海峡，恢复俄国在近东和巴尔干半岛的霸权地位。这种野心影响到英国和法国的政治和经济利益，它们与奥斯曼帝国、撒丁王国联合起来，反对俄国的扩张，因而爆发了历时三年的克里米亚战争。战争以俄国的失败而告终。

克里米亚战争失败后，沙俄帝国动荡不安。有关战争前线指挥严重失误，圣彼得堡社会风气堕落，政府官员腐败、贪污、受贿等各种消息到处流传。

农村的形势日趋紧张。1848 年法国革命之后，农奴暴动开始增加。克里米亚战争中沙俄的军队几乎全部出征，农奴起义更以空前之势蔓延。有几个地主被他们的农奴杀死，农奴暴动汹涌澎湃，以致政府不得不动用几个完整的带炮部队的联军前去镇压，这在过去，只需派一小队士兵就足以使反叛的农奴屈服。

亚历山大二世(1818—1881)和他的高级幕僚们对农奴暴动的恐惧与日俱增。他们意识到：有必要在大规模的农奴起义之前，主动地取消农奴制。农奴即将解放的消息使广大农奴欢欣鼓舞，于是各处的暴动自行停止了。但是这种传闻却使许多地主感到不安。有一些地主在政府部门供职，他们也不喜欢乡村生活，因而很少到自己的庄园去。他们的财产不仅包括所占土地的税收，还包括他们所拥有的农奴。这样的地主大都是比较精明的、不问政治的或者是温和的自由主义者。虽然农奴暴动很少在他们的庄园里发生，但是废除农奴制的消息也使他们为自己的财产和前途感到担忧。这期间，有一些较为精明的官员决定辞去政府中的官职，回乡村去管理自己的土地。瓦西里·瓦西列夫斯基就是其中的一位。另外，他已经在俄国部队服役三十几年，年近60岁了。1858年圣诞节前，他告诉叶利查维塔·费多罗夫娜，他已经从军队退役，准备举家迁回庄园。妻子从来没有在农村住过，自然很不情愿，但她已经习惯于顺从丈夫，只好跟着他一起走。

波里宾诺庄园位于大卢基市东南方，美丽而富饶。庄园的北面以一片广袤的森林为界，其余各界丘陵起伏，林木茂密，许多有几百年树龄的大赤松随处可见。在丛林中，有弯弯曲曲的小路，忽隐忽现的峡谷，涓涓流水的小溪，一片片菩提树、桦树和白杨树，美丽的林荫道蜿蜒其间。这是一个很富有的庄园，有大片大片的田地、各种果园和花园，以及成群的马、牛、羊，还附设有奶牛场、伏特加酒厂和纺织厂。

瓦西里·瓦西列夫斯基家的住房建在菩提树林旁的小山坡上，这是一座带有浪漫色彩的三层钟楼式建筑，在它的东、南两侧有长长的附属建筑。当人们从远处向它走来时，它看上去好像是一个巨人，伸开双臂准备拥抱来者,使人感到亲切而温馨。

很多年来,这片田产管理得不够好,土地因此受到损害,农民的收入也不高。其实粮食和其他产品的销路挺好,主要是由于散漫和懒惰造成了收成不景气。瓦西里·瓦西列夫斯基回到庄园后,立即学习管理田庄的本领。他做了许多了不起的工作。他不断地到各处活动,大胆经营,并坚决执行自己的计划,很快就树立起了自己的威信。半年之后,庄园起了很大变化。瓦西里·瓦西列夫斯基当选为县长,紧接着又被选为省的贵族执行主席。

瓦西里·瓦西列夫斯基着手管理庄园,起初工作非常繁忙,他认为这是责无旁贷的,但是叶利查维塔·费多罗夫娜却拒绝管理家务,尤其不愿过问农民的妻子和家奴们纺纱织布的事。她几次对丈夫说,她只希望像个客人一样住在这里,什么事也不管,最多就是吩咐他们从卡鲁加带来的厨子烧点饭菜,对其他事包括对子女的教育,也不想过问。

大家很快就注意到,叶利查维塔·费多罗夫娜的心情变得很焦躁,好像非常烦恼。她在日记中写道:“……我的处境很痛苦,这里什么人也不了解我。

丈夫从早到晚忙着庄园的事，而孩子们年纪还小，不能分担我的烦恼。”这说明刚开始她对庄园的生活很不适应。

来庄园的最初的几个月，瓦西里·瓦西列夫斯基也放松了对子女的教育。他全身心地投入庄园的管理，放心地把孩子们交给了保姆和家庭教师，他还以为女儿们像在城里一样按部就班地学习呢。

这时的安娜和索菲娅，像两只刚出笼的小鸟，正兴高采烈地在新家园里奔跑。庄园里的一切对她们来说都是非常新奇的。她们到田野、果园、花园和荆棘丛生的乡村小道去游玩，采集野草、鲜花，经常流连忘返。

正是春暖花开的时节，此时要让 14 岁的安娜安下心来读书、写字是不可能的。这个时节，白桦树在发芽，野樱花在开放，散发着芳香；所有的树干上蜷缩的嫩叶都展开了，满山铺满了颜色不同的花蕾，形状各异的草叶悄悄地钻出地面；云雀整日在天空飞翔，尽情歌唱，瓢虫、甲虫、蝴蝶、蜜蜂飞舞在温暖的阳光下。

房间里的安娜和索菲娅难以静下心读书，她们会偷偷地溜到树林里去,看穴鸟是否蹲在巢里,看蚁冢开始复苏,蚂蚁成群结队地涌出来,开始辛劳地工作。有时她们正在聚精会神地观察,会突然蹿出一只野兔或幼鹿来,她们先是吓一跳,当认清是不伤人的小动物时,便会拼命地去追赶。但总是追不上,直到筋疲力尽,姐妹俩才肯坐在草地上休息,并商量下一步的"行动计划"。

乡村的野趣,对从未体验过的城市少女,是极具吸引力的,这里的一草一木都令她们兴奋。庄园北部的一片森林,成了她们尽情欢娱的乐园。到森林里去探险,常有熟悉地形的男仆陪同,对她们加以保护。有时她们还带上食物,深入密林进行"远征"。在"远征"中,随时可遇到各种不伤人的小动物,如啄木鸟、山雀、松鼠、幼鹿和野兔等。还可采集到一些野草莓和浆果。姐妹俩对庄园的护林人——雅可夫大叔产生了浓厚的兴趣。当她们到他的小木屋休息时,经常听他讲关于森林和动物的古老传说和神话,如《一个有趣的捕猴子的方法》和《牧羊人和老狼》的童话逗得姐妹俩捧腹大笑。

童年时代的这一段乡村经历,陶冶了小索菲娅,使她的心一直向往着大自然。她日后对自然科学的热爱与这一段生活经历不无关系。

对于这种过于散漫的生活，叶利查维塔·费多罗夫娜已感到不妙，曾试图加以制止，但未能奏效。因为她很不善于管理仆人，又和蔼慈善，缺乏主人的威严，有时甚至保姆和家庭教师也敢顶撞她。子女这样疏于管教，她也只能听之任之。

丛林探险活动直到姐妹俩吃多了未成熟的野草莓和浆果，病了好几天才告一段落。夏日的一个傍晚，姐妹俩上吐下泻，面色潮红，嗜睡不醒。叶利查维塔·费多罗夫娜赶紧找回瓦西里·瓦西列夫斯基将军。经了解，知道姐妹俩误食了不能吃的野果。经大夫诊治，休息了几天，她俩才恢复过来。至此，将军才得知两个女儿到庄园后的一切活动——简直成了毫无教养的孩子！瓦西里·瓦西列夫斯基勃然大怒。他雷厉风行地下达命令：解雇家庭教师，保姆调到奶牛场干活。同时调来两位新人——英国保姆兼家庭教师玛格丽特·弗兰切夫娜·史密斯和波兰家庭教师约瑟夫·伊格纳特维奇·马列维奇。

4. 早期教育

史密斯小姐是一位十分保守的英国人，她试图用英国传统的刻板的教育方式把姐妹俩培养成贵族姑娘。14 岁的安娜从一开始就不喜欢她。没过多久，她就厌倦了史密斯小姐的说教，讨厌这个面目可憎的女教师。史密斯小姐自然也不喜欢安娜。发生过几次顶撞后父亲出面进行调解，也未奏效。倔强的安娜坚决要求换新教师，从此以后史密斯小姐开始单独教导小索菲娅。

史密斯小姐的教育方式简单刻板。她每天早晨7 点钟唤索菲娅起床，然后帮她洗冷水澡。当索菲娅准备早晨的功课时，她就回到自己的房间仔细打扮起来。之后她带着索菲娅下楼向父母请早安，这正是瓦西列夫斯基夫妇用早餐的时间，索菲娅十分规矩地背诵“早安，亲爱的爸爸”和“早安，亲爱的妈妈”两句英文后，再吻他们的手。史密斯小姐也十分恭敬而文雅地一面鞠躬一面用英语说：“早安，将军阁下。”“早安，将军夫人阁下。”然后立刻退出。这种礼节每天早晨都要重复一次。

早餐后开始上音乐课。史密斯小姐用一块木板嗒嗒地敲着桌子教索菲娅唱英语歌和法语歌。每天上午还有文法课——这是当时俄国少男少女的必修课。以“文法者何？文法者乃善言能文之术也。”等名句开场的文法书需要背好长一段时间。每天史密斯小姐还要带着索菲娅进行所谓的英国式的散步。在整个散步过程中，小姑娘听到的都是关于如何进入上流社会的说教，索菲娅根本听不进去，她对此毫无兴趣，以至于本来美丽蜿蜒的林荫道也变得呆板、枯燥。

索菲娅学会阅读之后很快就认了很多字。在卡鲁加驻地，她已经从姐姐的陪读变成了一位真正的小学生了。她特别喜欢和姐姐一起学习诗歌，并且学会作些短诗。她还能背诵不少著名诗人的诗句。

在日复一日的烦闷枯燥的散步课上，索菲娅经常默默地背诵这些优美的诗句。史密斯小姐认为她学习诗歌为时过早，因而常把索菲娅手中的诗歌夺来撕得粉碎。索菲娅为此愤恨不已，她一点都不喜欢史密斯小姐。直到有一次她们在散步时遇到一只大母熊和两只小熊，这种乏味的林间散步才宣告结束。当史密斯小姐被吓得魂不附体时，小索菲娅却暗中庆幸。

史密斯小姐的教育很不成功，她的课大都没有引起索菲娅的兴趣。一有机会，比如当史密斯小姐有客人来访时，索菲娅便趁机溜掉。她或者跑到安娜姐姐那里去朗读诗歌，或者跑回育儿室，面对“神秘的糊墙纸”[①]一坐就是几个小时。

家庭教师约瑟夫·伊格纳特维奇·马列维奇与史密斯小姐完全不同。他颇有学问，态度又和蔼可亲。马列维奇负责教安娜与索菲娅学习文学、数学、历史和地理，他从来不做枯燥无味的说教，姐妹俩都很喜欢他。特别是马列维奇不反对索菲娅写诗歌。

索菲娅对文学的兴趣曾受到史密斯小姐的压制。当天气不好不能散步时，史密斯小姐会安排索菲娅在一间大客厅里拍上一个小时的球。这个客厅里放着许多成人读的书。当桌上摊开一本书或杂志时，索菲娅会边拍球边向书本靠近。无论从哪一页

① 在本章第5节将有详细介绍。

开始，她都会贪婪地一页一页地读下去。她读得过于专心，以至于常常听不到史密斯小姐回到客厅的声音，于是她会被这位家庭教师送到父亲那里去接受惩罚。这样一来，再拍球时她就不能偷偷地读书了。不能看书，索菲娅就改为作诗。她也曾把所作的诗歌写下来。但是，这些诗句一旦被史密斯小姐发现，她会当着安娜和费奥多尔的面朗读，并故意用非常幼稚和拙劣的声调念，以羞辱索菲娅。不过索菲娅并不在意，她会改为吟诵，并且一边拍球一边有节奏地吟诵。这样史密斯小姐也就无可奈何了。

马列维奇与史密斯小姐截然相反。他不但鼓励索菲娅作诗，甚至还非常欣赏索菲娅的诗句。他认为索菲娅有文学才能，他把索菲娅作的诗歌《珍珠采集者之歌》细心地收藏起来。在马列维奇的文学课上，索菲娅的写作能力有了很大的提高。马列维奇曾经幻想索菲娅将来能以文学为职业。事实上，后来索菲娅的作家名声几乎和数学家的名声一样大。

在马列维奇所教的课程中，索菲娅的数学学得最好。索菲娅跟随马列维奇学了两年半的算术、三年半的代数和几何。她在学习数学时十分专心，对老师讲授的内容很快就能理解和掌握。在童年时代，索菲娅就已显露出了很强的独立思考能力。

在一次几何课上，马列维奇讲了圆幂定理。当下一堂课复述这个定理时，马列维奇惊喜地发现，索菲娅并没有按他讲的方法去证明，而是用了她自己的方法。索菲娅的方法虽然有点绕弯，但是是正确的！马列维奇为自己的学生具有独立思考的精神感到高兴。

马列维奇不仅在科学上是索菲娅的良师，而且在政治意识方面也给了索菲娅重要的影响。在波兰起义时期，正是马列维奇影响了索菲娅的想法。

5. 科学熏陶

索菲娅从很小的时候开始，就有着强烈的求知欲。当然，她的成长也遇到过一些障碍。首先是她的母亲对子女，尤其是对她漠不关心，再就是她的保姆兼家庭教师史密斯小姐反对智力教育。但这些都没有影响她的健康成长。父亲的偏爱和马列维奇老师的精心培养足以补偿这些不足。公正地说，家庭环境对她童年时代的发育和成长是有利的,她受到了良好的科学熏陶。让我们先从育儿室的糊墙纸说起。

原来,瓦西里·瓦西列夫斯基一家刚搬到波里宾诺庄园时,没有带来足够的糊墙纸。当裱糊到育儿室时,糊墙纸用完了,人们又不愿到远处的城镇去买。将军命人到阁楼上去找旧报纸,却发现了一本比报纸质量更好的讲义——俄国著名数学家奥斯特洛格拉茨基(1801—1862)编写的《微积分学教程》,这就是瓦西里·瓦西列夫斯基在炮兵学院学习微积分时用的讲义,它成了育儿室的糊墙纸。

神秘的糊墙纸把索菲娅带入了奇妙的数学世界。她在那个年龄不可能看懂微积分讲义中的任何一段文字或者符号,可是她却被强烈地吸引着。她从小就好读书,并且已经出了名。6 岁时独立学会阅读,8 岁时就能自己看书。但是几次搬家已没剩下什么适合她看的书了。要是能看到一本看得懂的书,索菲娅会一头扎进去,什么也不顾了。

瓦西里·瓦西列夫斯基当上贵族执行主席之后,认识了一位名叫艾夫列马·艾弗谢维奇的执行委员。执行委员有两个儿子,都在圣彼得堡上大学。他听说将军有一个很聪明的孩子,非常喜欢看书,但是没有合适的书可看。这位老委员是有知识的,同时也是一位热心帮助求知者的人,他立即叫仆人找出一包书,让瓦西里·瓦西列夫斯基带回去给女儿读。

将军把书带回庄园后的情形是十分令人感动的。父亲把一包书交给索菲娅。啊,太好了!原来是一些有益于儿童身心的启蒙读物!索菲娅是多么的高兴啊!她一下子扑入父亲的怀里,差点哭了起来。然后兴奋地一跃而起,抱着书跑回育儿室,放下帐子,打开了第一本书。周围的一切都被她给丢在了脑后。吃晚饭的时候,大家四处找她,结果发现她正捧着书躺在床上看呢。索菲娅当时就像着了魔一样,既不说话,也听不见别人对她说的话,当然也不会去吃晚饭了。后来父亲把这本书收了起来,并威胁说,如果不吃饭就再也不能看这些书了。索菲娅这才起来吃饭。饭后她又抓起书本,一直看到很晚。

索菲娅怀着狂热的兴趣读这些儿童读物,尽管史密斯小姐和父亲给了她很多的限制。过了一个多月,她就把这些书读完了。这些读物使索菲娅的孩童思想有了根本性的变化,在她面前出现了一个新的世界。在《霹雳的故事》这本书中,她了解了闪电、空气和云朵的性质,明白了雨的形成过程和雪的起因。许多自然现象,她虽然看过也很感兴趣,但不知其所以然。现在懂得了其中的道理和意义,所以觉得更加有趣了。蚂蚁、蜜蜂,特别是蝴蝶,由卵变成毛虫,由毛虫变成蛹,最后由蛹变成可爱的蝴蝶。这些知识吸引着索菲娅的注意力,激发着她的求知欲。有些事在乡村是可以亲眼看到的。她回想着与安娜姐姐的丛林探险活动,心中充满了获得知识的喜悦。

在没有新书读的日子里,育儿室的糊墙纸成了她探求知识的目标。一有时间,她就面对神秘的糊墙纸,努力地阅读着,试图搞懂糊墙纸上的数字和符号。有时她一坐就是几个小时。许多奇妙的数字和神秘的符号深深地印在了她的脑海里。

索菲娅后来在她的自传中这样叙述她的这段经历:

“我经常在这面神秘的墙前一连坐上几个小时,企图至少解释一些个别的词句,找出这些书页的适当次序。通过反复的阅读，书页上的那些奇怪的公式，甚至有些文字表述，都在我的脑海里留下了深刻的印象，虽然我当时对这些内容可以说是一窍不通。”

在索菲娅刚开始学习算术时，一天，她又坐在育儿室的墙前，专心致志地阅读上面的内容。

“小索菲娅，你一个人坐在这里干什么？”忽然耳边响起了一个熟悉的声音。索菲娅回头一看，高兴地跳起来：

“彼得伯父，您来啦，太好了！给我讲讲这上面的故事好不好？”

彼得伯父看了看那些当糊墙纸用的书页，笑着对索菲娅说：

“亲爱的孩子，这不是什么故事书，这是一本数学书。你想明白它的意思，现在还不到时候。不过我可以告诉你，这上面所写的东西，比诗歌还优美，比任何故事都动人。”

“比诗歌还优美，比故事还动人。”这就是索菲娅对数学的最初认识，这种认识深深地埋在她幼小的心灵里。

彼得·瓦西列维奇·柯文·科鲁克夫斯基是瓦西里·瓦西列夫斯基的兄长。高高的个子，十分健壮，满头浓密柔软的灰白卷发，眼睛充满智慧，讲起话来很诙谐。索菲娅的父亲一向比较严肃，令人生畏。而彼得伯父则慈祥可亲，待人十分诚恳、直率。彼得早年是一位工程师、博览群书，兴趣广泛。退休后隐居在乡村。他不善管理，把田庄交给妻子经营。他的妻子是城市官僚的女儿，她的思想中地主与农民的等级观念，要比她的丈夫和她的亲属们强烈得多。她蔑视农民，在她管理田庄期间，对农民施行残酷的剥削。在19世纪50年代的农民暴动中，她被自家的农奴杀死。后来彼得又把田庄交给儿子，自己靠微薄的薪水过着闲散而简朴的生活。

妻子死后，彼得是波里宾诺庄园的常客，他经常在这里住上一段时间。他在这里的主要活动就是读书和向适当的对象讲述自己读的那些书的内容。

索菲娅经常趁史密斯小姐不注意时从她身边走开。有时她跑到读书室去翻阅自己喜爱的书籍。在这里，她常能遇到埋头读书的彼得伯父。每逢这时，彼得总是合上书，把索菲娅抱在膝上，和蔼地问：

“小索菲娅，你是不是又开小差了？”

“不是开小差，是史密斯小姐来客人了！”索菲娅搂着伯父的脖子，要求他给她讲数学故事。育儿室中神秘的糊墙纸吸引着她，她总想早一点了解数学。一次，索菲娅问伯父：“什么是数学呀？”彼得伯父认真地对她说：

“你现在学数数，学习四则运算，这就是最简单的数学。以后你要学几何学、代数学和三角学，再以后还要学更高深的数学。数学是一门奇妙有趣、用途广泛的科学。”

索菲娅眨动着美丽的大眼睛，仔细地听着，并力图把伯父的话全都记在心里。

“什么是高深的数学呀，彼得伯父？”

“哦，这个嘛，你现在还不懂。”

“那什么是几何学呢？”

彼得被小索菲娅缠住不放，他也乐得做索菲娅的数学启蒙老师。

“几何学嘛，就是研究一些图形之间的关系的学问。”

“那什么是图形和关系呢？”索菲娅刨根儿问底。

“……”彼得被追问得一时不知怎么回答。他停了片刻,望着窗外,凝视着远方,若有所思地问:

“索菲娅,你看过日出吗?”

“看过,看过好几次呢。”

“那你说说日出时的情形吧。”

“太阳是慢慢地升起来的。开始露出一点,然后逐渐变大,最后完全露出地面,再以后就不断地升高,天空中一片光芒。”

“说得好极了!”彼得接过话来说:

“我们可以把太阳的轮廓看成是一个圆,地平线看成是一条直线,圆和直线都是几何学中的重要图形。当太阳刚露头时,我们可以看到半个太阳在地平线上,这时圆与直线的关系是‘相交’;当太阳完全露出来但还没有离开地平线的瞬间,圆与直线的关系是‘相切’;当太阳高高升起后,圆与直线的关系就是‘相离’。”

索菲娅听得十分入神,她努力地消化着伯父所说的每一句话,圆与直线的三种关系就这样通过生动形象的比喻在天才的小索菲娅的脑海里留下了深刻的印象,虽然当时她还不能完全理解这些概念的意义。

彼得不是专门研究数学的，但他确信，完备的数学教育是一切科学技术的坚实基础。他通过广泛的阅读，积累了丰富的数学知识，同时也对数学产生了特殊的兴趣。一天傍晚，索菲娅又来找伯父，让他讲数学故事。彼得给小姑娘讲了这样一个“故事”。

“在古希腊雅典这个地方，许多数学家经常聚在一起公开地讨论或辩论几何问题。有一个名叫安娜萨哥拉斯的人，提出这样的几何问题让大家讨论。已知一个圆，求做出一个正方形，使它的面积与已知圆的面积相等。这个问题到现在还没有解决呢，人们把这个问题叫‘化圆为方’问题①。”

在索菲娅的童年时代，彼得伯父给她讲过许多有趣的数学故事，如大数学家高斯少年时代巧妙速算、阿基米德测量皇冠含金量以及一些趣味初等数学问题等。这一切激起了索菲娅对数学的无限向往，数学就像一座神奇的宝殿吸引着索菲娅。

---

① 化圆为方问题在1882年由德国数学家林德曼解决，他证明了用圆规与直尺不能完成化圆为方。

彼得很关心科学的发展，经常把他所了解的科学新闻报告给大家。他常在餐桌上谈论和赞扬最新的科学发现。一次吃午饭时，他十分激动地告诉大家，德国物理学家霍尔姆赫兹关于能量守恒定律的伟大发现。彼得宣传科学进展的做法早就引起了保守的史密斯小姐的不满，这一次她竟同彼得发生了激烈的争吵。

当时的欧洲社会流行社会达尔文主义，认为妇女的智能大大低于男性，反对妇女学习科学知识。史密斯小姐就是这种观念的忠实信奉者，因而对彼得向女孩子宣传科学十分反感。

索菲娅虽然不能完全听懂他们争论的内容，也不可能知道他们意见分歧的实质是什么，但她从感情上总是倾向于彼得伯父。事实上，彼得不仅是最早、最重要的引导她对数学产生兴趣的人，而且也是对索菲娅的政治观点产生重要影响的人。彼得的天真、不切实际、理想主义的激进的社会计划对索菲娅有着很大的影响。

索菲娅的小舅舅费多尔·费多罗维奇·舒伯特也是备受波里宾诺庄园欢迎的客人。索菲娅一家迁到庄园不久，他来住过较长的一段时间。当时他刚大学毕业，正在国防部里任职。

费多尔刚到庄园就博得了9岁的索菲娅的喜爱，索菲娅甚至有点“迷”上了这个舅舅。费多尔年轻英俊，有一双绿色的大眼睛，他经常睁圆了眼睛凝视着小索菲娅。他的性格很随和，索菲娅经常向他提出各种各样的问题，他不但不厌烦，而且很愿意和索菲娅对话。他们之间的谈话使索菲娅再一次沉浸在与彼得伯父讲数学故事一样的长知识的气氛之中。

费多尔早已耳闻姐姐的小女儿非常聪明，很小就喜欢读书。他来之后第一次与索菲娅谈话，就问了她许多问题：看过什么书？看过的书懂得多少？现在还记住一些什么内容？他听了索菲娅的回答后很满意，答应索菲娅，每天晚饭后可以和她在一起待一个小时，谈论她所感兴趣的问题，还可以给她讲一些有意思的事情。这就是索菲娅后来在她的《童年的回忆》中所说的“科学对话”。

每天晚餐之后，费多尔就让索菲娅坐在他的膝上，或把她揽在怀里，给她讲自己在学校学到的东西，如纤毛虫、水藻和珊瑚礁的形成等，使索菲娅增长了很多知识。

在丛林探险活动中,索菲娅收集了一些小昆虫和各种花草树叶的标本。在与费多尔进行“科学对话”时,她拿出来给舅舅一一过目,请他讲一些相关的知识。在对话中,索菲娅也把自己曾经读过的儿童读物的内容,如某些自然现象和动植物习性等讲给小舅舅听,有时讲得绘声绘色。在这段时间里,索菲娅生活得十分快活,她经常发出银铃般的笑声。

索菲娅十分珍惜与费多尔舅舅的“科学对话”,这是因为:一方面,这种对话有许多内容是属于成人范围的;另一方面,在这时她可以单独地与敬爱的舅舅待在一起。为了保证每天晚上能有一个小时的严肃的对话时间,索菲娅在白天可以表现得很听话,甚至屈从于某些安排。

有一次,邻居庄园的女孩奥莉娅到波里宾诺庄园来度周末。俄罗斯幅员辽阔,在人烟稀少的地方,所谓邻居是指那些能在“早晨乘上一辆好的三驾马车,不停地策马前进,黄昏前能到达另一庄园”的人家。这样一来,走访邻居都要过夜了。奥莉娅与索菲娅同龄,但她们缺少共同的兴趣。即使这样,索菲娅也偶尔乐得和她在一起玩玩,因为索菲娅家没有这样一个同龄的玩伴。另外,她似乎也很乐于从高耸的“智能山峰”上下凡,与一位普通的伙伴玩玩普通女孩子的游戏。可是令她担心的是,晚餐之后会怎样呢?奥莉娅肯定不喜欢听索菲娅与舅舅的“科学对话”,而费多尔舅舅很可能出于礼貌而改唱儿歌或讲童话故事。

为了保证这一个小时的“科学对话”,索菲娅决定与奥莉娅讲讲条件:如果奥莉娅不打扰索菲娅和舅舅晚上的谈话,那么这一整天的玩法都由她决定。一个小时换一整天,这笔交易对一个普通的女孩来说真是合算,奥莉娅愉快地答应了。就这样,索菲娅屈从于奥莉娅的兴趣玩了一整天。但是晚餐之后,奥莉娅食言了。她似乎被索菲娅与舅舅的显得很神秘的谈话吸引了,她请求参加进来,费多尔舅舅自然同意,因为人家是客人嘛。他把没有信义的小女孩抱在膝上,试图与她进行科学对话,但是开始了几个话题都没能进行下去,因为这个小女孩一点儿也听不懂,无奈,费多尔只得改讲童话《一朵小红花》:“在很久很久以前,在某个国家,有一个国王,……”索菲娅被激怒了，她已经陪奥莉娅玩了整整一天无聊的游戏，而现在奥莉娅又剥夺了她的“科学对话”！她越想越气，猛地在奥莉娅的手臂上咬了一口，教训了这个背信弃义的女孩。幼稚可笑的嫉妒足以看出索菲娅对科学的向往和热爱。

童年时代的索菲娅，活泼、欢快，有些任性。她的智力很突出，在她幼小的心灵里，充满了对未知世界的向往。她从6岁无师自通地学会阅读起，表现出了对文学和数学的特殊兴趣和天赋，这些都得到了父亲、家庭教师、伯父和舅舅的扶持和鼓励，他们自豪地关注着索菲娅的成长。

第二章　19世纪60年代的少女

1.19世纪60年代的俄国

19世纪60年代的俄国社会动荡不安。这一时期是俄国从农奴制向资本主义过渡的时期。

沙皇亚历山大二世面对克里米亚战争的屈辱败绩和农奴起义运动的空前高涨,被迫于1861年2月19日签署了废除农奴制度的宣言和安置农奴的《二月十九日法令》。农民从受压迫的奴隶变成了法律上的自由人。农民对地主的人身依属关系虽然被取消了,但是经济上的依附关系依然存在。改革后的农民所得到的土地,不仅比原来使用的土地的面积少、土质差,而且还要交很高的赎金。同时,政府还设置了由地方贵族控制的村社和乡组织,加强对改革后农民的管理。事实上,改革后的农民在经济上受地主的剥削比改革前还重。喧嚣一时的农奴改革实际上是对农民的一场掠夺,是维护农奴主利益的资产阶级改革。

为了揭露沙皇政府解放农奴的骗局,推翻沙皇的专制统治,在 19 世纪 60 年代的俄国,从乡村到城市开展了一场空前的革命民主主义运动。农民要求把过去使用的地主的土地无偿地转交给他们,要求从地主的经济奴役下完全解放出来。解放宣言公布之后,农民运动更广泛地在全俄各地展开。沙皇则派军队进行残酷镇压,许多农民被枪杀,农民领袖被处决。

农民争取土地和自由的斗争,得到了城市平民知识分子的支持。城市平民知识分子的出现,是农奴制度崩溃和资本主义发展的结果。沙皇政府为了适应新的形势,不得不从贵族以外的市民、商人、僧侣、农民和公务员的子女中选拔大批青年,对他们进行高等教育,把他们培养成医生、律师、工程师和有教养的官员等专门人才。这些平民知识分子比起贵族革命家来,圈子更大,同人民的联系也更密切,因此他们成为那个时代解放运动的支柱。

《二月十九日法令》激起了平民知识分子的愤怒。1861 年夏秋之际，圣彼得堡和喀山的大学生举行了大规模示威游行。沙皇政府对城市知识分子的革命运动十分恐惧和仇视。1862 年，政府逮捕了平民知识分子的领袖、革命民主主义的先驱车尔尼雪夫斯基(1828—1889)，开始对革命力量进行疯狂的镇压。但是，革命者并没有被白色恐怖吓倒，他们更勇敢地组织起来传播革命思想。在圣彼得堡等城市，无数个革命小组秘密地活动着。他们出版进步期刊，号召人们认清沙皇的真面目，起来投身革命。

在俄国的平民民主主义知识分子中，有一部分人特别引人注目。这个知识分子群体由一些进步的思想家、科学家和激进者组成。他们以著名作家屠格涅夫的《父与子》中的主人公巴扎罗夫为楷模，称自己是“虚无主义者”①。他们为铲除奴隶制的思想残余而斗争。在俄国，奴隶制存在了二百五十年，整

---

① 指那些参加 19 世纪 60 ~ 70 年代初革命民主运动、否定农奴制传统的人。

个社会已形成一连串的封建习俗，如家庭的奴隶制、父亲的专制，以及上司与下属、长官与士卒、主人与雇员之间的专制等。几乎俄国人的全部生活中，都带有专制的印迹。奴隶制一朝废除，但奴隶主专制的思想残余却依然存在。

法律当然不能以此实行制裁。虚无主义者试图以一场激烈的社会运动来铲除奴隶制的恶根。他们提倡以教育的力量去战胜迷信与落后，相信妇女的潜力与男子完全相同，信奉自然科学能征服人类的一切疾病。早期的虚无主义者的主要行动是：比如去当一名乡村医生，为农民诊病；或为农民办一所学校；或充当女青年的家庭教师，使她们将来有机会进大学学习。他们努力学习科学知识，努力提高自己的文化素养，以便为俄国的大众提供教育和帮助。

早期的虚无主义者还称自己是“现实主义者”“新男性”“新女性”或“60 年代的男性”“60 年代的女性”“60 年代的少男”“60 年代的少女”等。他们憧憬着一场不可避免的社会革命早日到来，并认为促进革命向前发展的最好方式是专心致志地研究自然科学。对虚无主义者来说，科学就是进步与真理的代名词。他们认为,从事科学工作的人越多,社会革命和人人自由平等之日来得就越早。

由于虚无主义者对科学的认识,以及他们对科学的热情与献身精神,使得俄国的科学事业在19世纪60年代开始繁荣起来。特别是在化学、生物学、数学、物理学、医学、地质学等领域的研究工作在欧洲占据了很重要的位置。

虚无主义者另一个重大贡献,是帮助妇女进入国家的政治思想领域,在这一领域为妇女争得一席之地。特别是帮助妇女接受高等教育,为妇女打开了高等教育的大门。

2. 没有世外桃源

有两位年轻人把革命思潮带到了波里宾诺。

一位是青年军官谢梅夫斯基,他是家庭教师马列维奇早年的学生。在1862年至1863年期间,他常到波里宾诺拜访马列维奇。在这里,他结识了19岁的安娜。谢梅夫斯基常与安娜讨论有关个性自由的问题,还给她讲自己的所见所闻。他的谈话内容对于安娜来说,真是闻所未闻。

谢梅夫斯基告诉安娜:沙皇解放农奴的宣言是一个政治骗局,各地农民纷纷起义;在俄国的每个城市里,年轻的知识分子们已经行动起来,组成各种读书团体,精读现实主义者和新历史学派的书报(沙皇政府已稍稍放宽了对书刊出版的审查)。谢梅夫斯基还给安娜看了宣传革命民主主义思想的《现代人》杂志,其中载有批评旧制度的文章。

开始时,安娜对新思想感到很不安,她认为太极端了。她只是非常高兴有谢梅夫斯基这样一个谈话伙伴,他让她了解到了许多新奇的事情。安娜长得十分漂亮,又活泼热情,可以说,谢梅夫斯基从一开始就爱上了她。但是当谢梅夫斯基向安娜求婚时,却惹恼了瓦西里·瓦西列夫斯基。他认为这个青年人一文不名,竟如此胆大妄为。他断然拒绝婚事并且不许谢梅夫斯基再来波里宾诺庄园访问。安娜本人并没有因此而产生不快。她对这位年轻的军官感兴趣并不是因为喜欢他,而是由于对他的谈话内容有好奇心,她很愿意接受这些新思想。

谢梅夫斯基的离去使安娜感到了短暂的失落,

她渴望对外部世界有更多的了解。时隔不久,又有一位年轻人替代了谢梅夫斯基,这就是当地牧师菲利普的儿子阿历克谢·菲利波维奇。菲利普牧师一直对他的儿子很满意,甚至为他感到骄傲。他曾经是那样地顺从父亲的意愿,以优异的成绩毕业于神学院。按照当地的习俗,阿历克谢·菲利波维奇应与另一个教区的牧师的女儿结婚,而该教区则被作为女孩的陪嫁接受她的丈夫为新任牧师。这桩婚事正在准备之中,突然,阿历克谢·菲利波维奇向父亲宣布,他不会到那个教区去任职,当然也就不会娶前任牧师的女儿为妻子。菲利普听后感到十分惊讶,他不明白儿子为什么会突然变得如此固执,他更不知道好戏还在后头。

紧接着,阿历克谢·菲利波维奇告诉父亲,他要到圣彼得堡去继续深造。开始父亲还以为儿子要到某个大学的法律系学习,这使他感到很宽慰,因为从法律系毕业后能从事令人羡慕的工作。然而,儿子却选了生物系。在第一个假期回家时,他向父亲讲人类的起源问题,使父亲感到恐怖至极。他还告诉父亲，人类并没有灵魂，谢切诺夫[①]的实验证明，人类有意识和无意识的活动决定于大脑的反射。儿子的这些话把菲利普牧师吓坏了，他抓起圣水盆，向儿子喷洒圣水，以期得到主的宽恕。

菲利普牧师拜访了本地的贵族执行主席瓦西里·瓦西列夫斯基，想请他出面规劝儿子回头。当阿历克谢·菲利波维奇得知父亲的意图之后，便于某一天的下午来访问波里宾诺庄园，他想与庄园主讨论一下个性自由与人人平等的问题。

瓦西里·瓦西列夫斯基闻讯后十分恼火，他命令管家转告这位牧师之子，自己只在上午会见“求见者”，下午概不会客。瓦西里·瓦西列夫斯基的这一举动把“两代人的冲突”引进了自己家中。

虽然瓦西里·瓦西列夫斯基没有接见阿历克谢·菲利波维奇，但是这位年轻人还是来过庄园几次，那是与大小姐安娜会面。开始安娜只是想用自己的这种行为来表示对父亲的不满，但很快她就被阿历克谢·菲利波维奇的谈话内容吸引住了。这位

---

① 俄国生理学学派创始人，唯物主义思想家。

年轻人从圣彼得堡来，他了解的事情比谢梅夫斯基更多。他还给安娜带来了几种杂志：《现代人》《俄罗斯言论》等。

仆人们原以为安娜小姐与牧师的儿子在偷偷地谈恋爱。然而，马车夫斯捷潘有一次看见了他俩幽会时的情景："就像他在给她上课一样，非常有趣。"安娜总是目不转睛地听牧师的儿子讲话，一言不发。而牧师的儿子则边说边打手势，有时情绪还很激动，偶尔从衣袋中拿出一本书或报纸来给安娜高声朗读，似乎在强调某一种观点。的确，他熟悉所有的最新思潮，他甚至还给安娜看了一份被查禁的报纸《钟声》。

《钟声》由早期革命民主主义者赫尔岑主编，宗旨是进行革命宣传，揭露沙皇专制制度。

由谢梅夫斯基在安娜心中播下的新思想的火种，经过阿历克谢·菲利波维奇的助燃，迅速在安娜的心中燃烧起来。特别是读了阿历克谢·菲利波维奇带来的杂志后，安娜的思想发生了剧烈的变化。

安娜从小就生得美丽可爱，又是父母的第一个孩子，因此备受大家的宠爱，父母经常当着她的面向客人夸耀她的聪慧。在全家搬到庄园之前，只要安娜参加儿童舞会，她就会成为公认的舞会公主。父亲经常逗她说："你长大之后应该嫁给一位王子。"不幸的是，当她到了对瓦西里·瓦西列夫斯基的戏言信以为真的年龄，当她开始盼望进入圣彼得堡社交界时，瓦西里·瓦西列夫斯基全家却迁回到了庄园。这对她无疑是一个不小的打击，所有童年的乐趣和关于荣耀婚姻的美梦就这样突然地中断了。

乡村的野趣也曾吸引过安娜，但那毕竟是单调的。当父亲禁止她们姐妹俩尽情地玩耍以后，她曾请求父亲把她带回到圣彼得堡，把她介绍给社交界，但这只能等到她成年之后。她感到生活正在把她遗忘，她开始烦躁不安。这时期她曾经有过对保姆、对家庭教师以及对仆人很不友好甚至是粗暴无礼的举动。后来，有一段时间她爱上了骑马，但很快又转向了读伤感小说，无端产生了一种莫名的对未知世界的恐惧。在她17岁时，一次成功的业余演出，使她觉得应该当一名演员。少女时期的安娜，兴趣广泛，但情绪不是很稳定。但是，她对妹妹的影响在大多数情形下是积极的。

索菲娅小时候一直非常崇拜姐姐安娜，认为她是世界上最漂亮、最聪明的女士，她在所有方面都比自己强。索菲娅从刚会讲话起，就与姐姐亦步亦趋，形影不离，总是追随着姐姐多变的信仰。可以说，在很多方面姐姐对索菲娅的影响远远超过她们的母亲。

安娜渐渐地从一个任性的女孩变成了一位严肃的女青年。她开始考虑社会问题，对舞会与招待会也不感兴趣了，她不再请求父亲把她介绍到社交界。安娜的生活也在起着变化：她的发型开始变得朴素，衣着也力求简单，零用钱不再用于买一些时髦的服饰，而用来购买严肃的书籍，她的学习变得自觉了，并在每天早晨教仆人的孩子识字，散步时遇到农妇就与她们在一起平等地谈话。

关于首都圣彼得堡的情形，在波里宾诺已有传闻。瓦西里·瓦西列夫斯基听到了关于圣彼得堡虚无主义者制造恐怖事件的消息，以及男女青年在“公社”里共同生活、自己操持家务，并做出一些有碍风化的事情的传闻。因此，当安娜向父亲提出到首都继续学习时，遭到了断然拒绝。

波里宾诺庄园两个对立的营垒形成了。瓦西里·瓦西列夫斯基与安娜公开表明了自己的观点。每逢吃饭,就会发生一些对时事的辩论。史密斯小姐指责安娜是虚无主义者,企图与牧师的儿子私奔去参加公社,并称安娜为"打先锋的女贵族"。她甚至侦察安娜的行踪,希望能发现一些不光彩的事情。这不仅引起了安娜,同时也引起了索菲娅的强烈不满。索菲娅甚至与史密斯小姐争吵。叶利查维塔·费多罗夫娜不能适应这种气氛,她接受了被激怒的家庭教师史密斯小姐的辞呈,并幼稚地以为史密斯的离去会使家庭恢复平静。

家庭的矛盾无疑给索菲娅带来了很大影响,她搞不清安娜姐姐为什么会与敬爱的父亲作对。在史密斯离开之后,她可以有机会与姐姐更多地接触。姐姐这时才激动地告诉她,俄国社会发生了变化,专制思想应该废除,女子也要和男人一样接受高等教育等。这时的索菲娅只有十二三岁,还不能完全理解姐姐说的一切。但是她的心里是赞成姐姐的。

瓦西里·瓦西列夫斯基将军家的两个营垒的斗争并没有结束。安娜希望加入虚无主义者的行列,她为争取去圣彼得堡学习的机会与父亲僵持了很长一段时间,但是瓦西里·瓦西列夫斯基毫不让步。最后,他终于发火了:"你这个愚蠢的姑娘!难道你不知道在出嫁前与父母住在一起是你的责任吗?你真的想做一个不规矩的小姐吗?我绝不允许你这样做!"

餐桌上的紧张气氛并没有缓和。在1864年夏季的一段时间里,安娜变得心事重重,学习时心神不定,索菲娅觉得姐姐有点不对劲。史密斯小姐离去后,索菲娅可以有机会和姐姐经常在一起了,安娜终于向她吐露了秘密。

原来,安娜在过去的一年内写了两篇小说。她把它们寄给了著名的费奥多尔·陀思妥耶夫斯基编辑的《时代》杂志,小说居然发表了!在1864年夏末,陀思妥耶夫斯基还给安娜写来了一封热情洋溢的信,鼓励她在文学创作方面继续努力。信的最后写道:"……请你回信写写自己的情况,您有多大了,生活在怎样的环境里。当收到您的信时我将感到非常的愉快。"

安娜给索菲娅看了这封信并给她朗读了自己的

小说。索菲娅对姐姐无比崇拜——姐姐已经是一位作家了。当时的索菲娅,对任何能有文章铅印出来的人都怀有极大的敬意,更不用说姐姐竟然与著名作家陀思妥耶夫斯基通过信了。

陀思妥耶夫斯基的名字对索菲娅来说并不陌生。原来,瓦西里·瓦西列夫斯基出于一时的妥协,已在家里订了《时代》杂志,自从这本杂志进入他家后,他和他的大女儿经常就杂志的主编陀思妥耶夫斯基发生争论。安娜自然对陀思妥耶夫斯基崇拜非常,而瓦西里·瓦西列夫斯基则认为这位作家不过是一位记者而已,他还因参与彼得拉舍夫斯基小组[①]而被流放到西伯利亚,不是什么了不起的人物。

安娜与陀思妥耶夫斯基通信是背着父亲进行的。信件由圣彼得堡的姑妈和波里宾诺庄园的管家库兹明娜负责传递。库兹明娜十分忠实于安娜,她在把邮件交给瓦西里·瓦西列夫斯基将军之前,一般都要仔细检查一遍,如有陀思妥耶夫斯基的来信就留下来单独交给安娜。这位将军与一般的贵族家

---

① 由革命家彼得拉舍夫斯基组织的革命社团。

长一样,掌握着家中所有人的通信关系,如果对信件有疑问,他会毫不犹豫地拆看。

1864年9月17日,这一天出事了。这一天是庄园女主人叶利查维塔·费多罗夫娜的命名日。管家库兹明娜一直忙着接待客人和准备舞会、宴会,忘记检查邮件了。就这样,邮件被直接送到了瓦西里·瓦西列夫斯基手中。他发现有一封《时代》杂志寄给管家的挂号信,他惊诧万分,立即把库兹明娜找来,命她当面拆信。不幸的是,大信封中不仅有陀思妥耶夫斯基给安娜的信,还有《时代》杂志付给安娜的两篇小说的稿酬——300卢布。于是,真相被瓦西里·瓦西列夫斯基知道了。

瓦西里·瓦西列夫斯基震怒了。他万万没有料到,安娜竟敢与陀思妥耶夫斯基单独通信,更想不到的是,她居然敢给《时代》杂志投稿,真是胆大妄为!他即刻解雇了管家库兹明娜,同时命人转告安娜和她的母亲,他的心脏病发作了,命名晚会不能露面见客,也不见任何人。

庄园中的每一个人都在关注着事态的发展,命名晚会和宴会勉强地在表面繁华中结束。

奇怪的是,第二天瓦西里·瓦西列夫斯基的心脏病竟奇迹般地好了。原来他被安娜气昏了头,假装心脏病发作给安娜施加压力。经过一夜的思考,他觉得有必要当面教训一下安娜,只好宣布心脏病好了。好在没有人怀疑他的心脏病来得太巧。

第二天一早,将军把安娜召到书房,高声训斥:“今天你能和一个陌生人通信,明天你就什么事都能干出来!现在你出卖小说,将来就会出卖自己!”安娜自然是默默地听着,在这种时候,最明智的做法就是一言不发。

瓦西里·瓦西列夫斯基虽然有着传统观念和家长意识,但他并不是一个暴君,而是一个受过良好教育的人,是一位明智的父亲。他看到安娜虽没有悔改的意思,但是更加专心地读书,对自己的未来充满信心。因而很快他就改变了自己的态度。

几天后,将军让他的大女儿在餐桌上大声地朗读她的小说《梦》。他居然也被故事的结局感动了。《梦》中描写一位贵族出身的姑娘,爱上了一个穷学生,但是由于父母反对,不能和相爱的人生活在一起,最终忧郁而死。

当瓦西里·瓦西列夫斯基心平气和地评价安娜的文学才华时,他的态度完全改变了。他重新雇用了管家库兹明娜。不仅如此,他还同意安娜与陀思妥耶夫斯基继续通信,并且准备在他们全家到圣彼得堡过冬时,邀请这位作家访问安娜。安娜通过这件事给了父亲一次现实的教育。

这类"子女给父母以再教育"的事件在19世纪60年代俄国贵族家庭中经常发生。"两代隔阂"往往表现在一些抽象的理论和原则问题上,而并不表现在具体的事情上。

安娜非常高兴,立即写信给陀思妥耶夫斯基,希望能尽快见到他,并为此而感到极为幸运。

冬天来到了,叶利查维塔·费多罗夫娜带着两个女儿来到圣彼得堡的妹妹舒伯特家。陀思妥耶夫斯基与安娜的见面过程非常顺利。这位作家很快成了舒伯特寓所的常客。安娜还骄傲地把15岁的妹妹索菲娅介绍给陀思妥耶夫斯基,向他显示了妹妹在数学和诗歌方面的才华。索菲娅对这位作家产生了无限的好感,敬仰之情油然而生。

安娜与陀思妥耶夫斯基的友谊很快升级,他们双双坠入了爱河。但是在他们几个星期的接触中，很快发现了彼此之间的不和谐。原来，这位进步的作家还有传统的大男子主义思想。当他向安娜求婚时，安娜拒绝了他。这使索菲娅十分不解。安娜告诉妹妹："他的要求太过分，做他的妻子要完全彻底地委身于他，只想到他。可是我做不到，我要独立地生活！"

把个人的独立看得高于一切，这就是安娜的生活信条。这种信条对索菲娅有着潜移默化的影响。

索菲娅这时的思想，是把自己的学习看得高于一切。她想，无论将来能做什么，现在都应该打好基础。

3. 表兄的榜样，当代的帕斯卡

家庭教师马列维奇比较明智，他没有参与瓦西里·瓦西列夫斯基将军家的争论，只是冷静地观察着事态的发展，他把主要精力放在对索菲娅的培养上。在马列维奇的精心教导下，索菲娅的学习成绩稳步提高，特别是数学成绩很突出。

在通常情况下,对女孩子的数学教育是很有限的。她们只需学完算术和初等几何就可以了。但是索菲娅却幸运地学到了更多的数学知识,这有两方面的原因。一方面,她是父亲比较偏爱的孩子,父亲对她在数学上表现出的早慧十分欣赏。况且数学也是瓦西里·瓦西列夫斯基本人所喜爱的学科,因此他对索菲娅继续学习数学就少了些限制。另一方面,有一个很偶然但却是很重要的原因,促使索菲娅能够继续早期的数学学习。索菲娅数学学得好的消息传到了她姑妈的耳朵里。姑妈有一个独生子米哈依尔,从小娇生惯养,不肯努力学习。在索菲娅13岁那年夏天,米哈依尔参加七年级预科升级考试落榜,考得最差的就是数学。姑妈带着儿子来到波里宾诺庄园,请马列维奇老师给儿子补习功课。米哈依尔还是不肯用功读书,整天想入非非,马列维奇想了很多办法都未能奏效。忽然他想到让索菲娅与表哥一同上课,希望通过索菲娅这个榜样来激励米哈依尔。这样一来,索菲娅就提前接触到了高中的数学课。

在米哈依尔与表妹共同上课的过程中,他看到一个小姑娘居然能理解老师讲的那么难的内容,有时还主动提出问题或回答问题,他感到很惭愧。榜样的力量确实是无穷的,米哈依尔终于改变了放任自流的态度,开始认真学习。马列维奇成功地把最必需的代数与几何知识塞进了米哈依尔的脑子里。

这种影响显然是双向的。在为表哥做榜样的日子里,索菲娅充分认识到了自己的数学能力,她理解了每一个展现在她面前的新概念,并急切地想接触难度更大的数学问题。她顺利地完成了这个假期的学习生活,对自己的未来充满信心。她着手读表哥带来的高中代数课本,但马列维奇不同意她过早地读超范围的书,于是她只好在晚上自学。在这一年的夏天,索菲娅学习了一些高中的代数知识。

在索菲娅 14 岁时,发生了一件非同寻常的事。在波里宾诺邻近的庄园中,住着一位名叫图尔托夫的物理学教授。他是沙俄时代为妇女开设教育课的倡导人之一。一次他来波里宾诺庄园访问老朋友瓦西里·瓦西列夫斯基,带来了一本他自己编的物理学入门教程。索菲娅见到后,立即抓住不放,她十分用心地读这本物理书。虽然,这是一本初等物理学教程,但是要吃透它还需要索菲娅没有学过的三角学知识。她为书中的三角公式大伤脑筋，便跑去问马列维奇老师。马列维奇是个循序渐进的人，他认为索菲娅还不到学习三角的时候，便故意回答说不知道。索菲娅回到自己房间，继续用心思考。她巧妙地用一条弦来近似地代替正弦，结果竟推导出书中的三角公式。由于她弄懂了这个三角公式，所以她顺利地读完了这本书。她心中充满了喜悦和激动，她多么希望能把自己的发现告诉图尔托夫教授啊。

这一天终于盼到了。图尔托夫教授再一次来访。索菲娅急切地要和他讨论他的教材。图尔托夫很勉强，他认为索菲娅不可能理解这本教材。索菲娅对图尔托夫教授表现出的轻视态度感到无奈。但她还是耐心地向教授解释，她是如何用一条线段来代替正弦，进而读懂这本书的。图尔托夫教授听了年仅 14 岁的索菲娅的讲解后大为惊讶，他变得很激动："这正是三角学发展史上用过的方法，她似乎又一次创立了三角学。"他盛赞老朋友瓦西里·瓦西列夫斯基的女儿，认为她是"当代的帕斯卡"。

帕斯卡（1623—1662）是 17 世纪法国著名的数

学家。他自幼丧母,体弱多病,是父亲的独子。他的父亲老帕斯卡也是一位数学家,他亲自对儿子进行早期教育。少年帕斯卡古典文学和外语学得都很好,他经常问父亲:“什么时候开始学数学呢?”“好孩子,你身体不好,不能过早接触数学。”父亲总是这样回答,并在帕斯卡第一次提出要学数学时就把家中一切数学书籍都收藏起来了。老帕斯卡虽然是一位好的数学家,但却不是一位好的教育家。他的这一禁令和举动反而激起了小帕斯卡的强烈好奇。在他12岁时,他按捺不住自己的好奇心,追问父亲数学是什么。父亲回答说:“数学是研究现实世界中数与形的关系的科学,包括算术、几何等学科。”“那几何学是什么呢?”父亲不愿回答,只是简单地说:“几何学给出正确作图的方法,并找出各图形间的关系。”“那‘图形’是指什么呢?”小帕斯卡紧追不舍。老帕斯卡显然是不耐烦了:“图形,图形,图形就是直线和圆。”说完之后马上禁止儿子再谈这些问题。而小帕斯卡激动的心情难以抑制,他早就渴望了解和学习数学了。他立即回到自己的房间里,仔细考虑父亲的话,用木炭和粉笔在地砖上作图,画出一些简单的几何图形:三角形、平行四边形、圆等,并竭力去理解这些图形的性质。他自行定义,称直线为“木棍”,圆为“车轮”,圆周为“戒指”,称正方形、矩形为“方块”“长方块”,平行四边形为“拉扁的方块”等。小帕斯卡面对这些图形冥思苦想,终于发现了它们的某些性质。他把这些性质分为两类,一类是“很显然的”,用这一类去证另一类“不是很显然”的性质。“公理”和“定理”的概念就这样出现在天才的小数学家的头脑中。他竟然用自己创造的方法证明了三角形内角和定理。当老帕斯卡发现儿子已建立起自己的“木棍与车轮”的几何学时,欣喜若狂,把儿子举起来,大声宣布取消对他的一切禁令,并亲自教他学数学。在父亲的教育下,帕斯卡进步很快,在他 16 岁的时候就建立了射影几何学的基本理论,成为该学科的奠基人。科学史上盛赞帕斯卡为早慧的或神童式的数学家。

听到图尔托夫教授的赞赏,索菲娅激动不已,更坚定了她进一步学习数学和自然科学的信念。图尔托夫是一位开明的教授,他十分同情 19 世纪 60 年代的革命运动,相信女子的智力发展与男性一样。他发现了索菲娅的数学才能之后，极力劝说瓦西里·瓦西列夫斯基，让索菲娅继续学习更高程度的数学。瓦西里·瓦西列夫斯基犹豫再三，最终还是同意让索菲娅学习三角学和初等微积分。从此，索菲娅认识了自己的能力所在，她要为发展自己的能力创造条件。

索菲娅对自然科学和数学的兴趣，与她对政治的兴趣是同步发展起来的。当她发现自己越来越被数学和自然科学所吸引时，她在政治上也日趋成熟。14 岁之后，她在这两个方面的目标都是很明确的。

4. 勇敢的小姑娘

在“邮件事件”发生后不久，波里宾诺庄园又发生了一件更让人惊骇的事。

这还要从波兰起义说起。根据 1815 年维也纳会议的决定，华沙公国的大部分波兰领土割让给俄国，称为波兰王国。俄国皇帝成为波兰王国的世袭沙皇。19 世纪上半叶，资本主义在波兰王国迅速发展，波兰的贵族和资产阶级都发了财，而广大农民却困苦不堪。在沙皇政府的民族压迫和本国地主的经济剥削的双重苦难之下，波兰农民不断举行起义。波兰贵族和新兴资产阶级在经济地位稳固之后，迫切想得到政治上的完全独立。因此，从推翻沙皇统治、恢复波兰国家独立的角度来看，波兰农民与贵族资产阶级的利益是一致的。

到19世纪中期，在波兰王国，以恢复政治独立为目的的秘密团体开始出现。

60年代初，波兰的民族运动广泛展开，沙皇派军队镇压，使民族矛盾日益加剧。终于在1863年爆发了大规模的波兰起义。这场起义持续了两年，最终以失败告终。数万名起义者阵亡，一千多人被处决，还有许多波兰人被流放到西伯利亚。

波兰起义给俄国境内带来了很大影响，波里宾诺庄园处于民族混居的边远地区，绝大多数地主或是波兰人，或是波兰血统。索菲娅的祖父就是波兰地主，因此她有四分之一波兰血统。

在波兰起义之前，索菲娅对自己的血统并没在意。由于波兰家庭教师马列维奇对索菲娅的影响，她开始把波兰人民争取民族独立的斗争看成是正义的事业，对俄国沙皇的专制统治表示不满。在波兰起义期间，马列维奇常给她讲波兰的历史和文学，还教她学波兰语。

索菲娅时常读报道华沙战况的报纸，她被那些战斗英雄强烈地吸引着，甚至幻想着自己也能去参加战斗。邻庄园的一位年轻的波兰人布伊尼茨基就是索菲娅崇拜的英雄。他在起义前曾多次来波里宾诺庄园访问，与索菲娅相处得很好。他十分喜欢这位十二三岁的少女，还在她的画册上写了一首爱国诗歌。波兰起义后，他离家出走，去参加战斗。

波兰起义的形势越来越坏。沙皇对国内参加起义的波兰人毫不留情。1864 年，布伊尼茨基家的庄园被政府没收，一家人流亡国外。后来有消息说他在战斗中牺牲，或者被流放到西伯利亚。15 岁的索菲娅听到布伊尼茨基牺牲的消息后十分难过。这时她才发现自己不仅是崇拜，而且是喜欢上了这位年轻人。她对俄国军队的暴行充满愤恨，她幻想着自己能杀死当地的军事总督，然后与布伊尼茨基一起被流放——她深信布伊尼茨基不会死。因此，她更加珍惜布伊尼茨基写在她画册上的诗。

在1865年夏末的一次家庭庆典上，当索菲娅得知父亲邀请了当地的军事总督雅科夫列夫上校时，感到十分愤恨和恐怖。

庆典看上去进行得很顺利，波兰的贵族们十分谨慎而有礼貌地对待上校，上校也力图显示出绅士风度。然而不幸的是，晚餐后客人们把注意力集中在索菲娅身上。大家的本意是夸奖她，有的说她有诗歌才能，有的说她数学学得好，还有的说她的画画得也不错。军事长官雅科夫列夫上校喜欢绘画，显然对索菲娅的绘画才能发生了兴趣，立即命令索菲娅上楼去拿她的画册来给大家看看。上校的本意是想通过赞扬索菲娅来表达自己对主人的敬意，然而这却把索菲娅吓坏了。她的画册中有布伊尼茨基的爱国诗歌！若被军事长官发现就了不得了，会殃及她们全家的。

可是索菲娅只能服从，别无选择。她惊魂未定地把画册拿下来交给上校。索菲娅几乎是机械地站着，并逐渐走近上校，当她看到自己心爱的画册攥在这个文明的摧残者的爪子中时，一种剧烈的仇恨感控制了她。她毫不犹豫地从上校手中抢过了画册，并很快撕下了有布伊尼茨基作品的那一页，把它撕成碎片，然后把这些碎片扔到地上，说：“喏，给你！”

雅科夫列夫上校一时不知所措，他受到一位15岁的小姑娘的侮辱！如果他发火，则显得更愚蠢。不发火又太失面子，他要求瓦西里·瓦西列夫斯基对小女儿的行为给以解释。父亲用非常严厉的声音责骂索菲娅，并命人把她送到育儿室去。然后他对上校说：“这个蠢姑娘可能是妒忌您的绘画本领。”

紧张的气氛很快就缓解了，所有客人，特别是波兰客人都对上校表示亲切的慰问，表面上都斥责索菲娅。到了晚上，瓦西里·瓦西列夫斯基安排几个人陪雅科夫列夫玩纸牌，他还故意输给上校几百卢布，这才使这位军事长官息怒。

这件事发生之后，瓦西里·瓦西列夫斯基并没有单独训斥索菲娅，反而为她的政治态度，为她的勇敢行为暗暗地感到高兴。他怀着自豪的心情看着女儿长大、成熟。

第三章　争取上大学的权利

1.初学微积分

瓦西里·瓦西列夫斯基同意小女儿索菲娅继续学习高等数学的决定,直到1867年冬才得以实现。称索菲娅为"当代的帕斯卡"的物理学教授图尔托夫从1864年开始就极力劝说他的老朋友瓦西里·瓦西列夫斯基,让他允许索菲娅继续深造数学。他已经领教了索菲娅的数学才能,认为如把她的才能埋没将是一种罪过。他还亲自在圣彼得堡为索菲娅找到了一名家庭教师——斯特兰诺留布斯基。

1867年深秋,瓦西里·瓦西列夫斯基夫妇带着两个女儿到圣彼得堡过冬。到圣彼得堡过冬,是沙俄时期外省贵族的一种习惯。在姑娘成年的时候,父母一定要带着她们到首都圣彼得堡的社交界去抛头露面，结交名门。

17岁的索菲娅已经是第三次来圣彼得堡了，但今年的心情与往年有所不同。从波里宾诺到圣彼得堡要经过一个多星期的长途旅行。由于心情所致，索菲娅通过这一次旅行得到了一连串新的印象。

带篷马车在铺满落叶的乡村道路上缓缓行进。索菲娅第一次感到旅行是一件非常有趣的事，它给人以强大的力量，使人心情平静，身心愉悦。叶利查维塔·费多罗夫娜每次旅行都感到不舒服，她坐的姿势很特别，经常是把整个身体都暴露在外边。瓦西里·瓦西列夫斯基坐在妻子的身旁，随时提醒和保护着她。安娜坐在车窗旁，若有所思地观看着外面的风景。

索菲娅坐在姐姐身后的车窗旁。开始时，她的思想感情集中在马车的小天地里，注意着车内的每一个人。当她想到自己时，禁不住为即将开始的新的学习生活而激动不已，她不断地回忆往事。

索菲娅6岁时凭自己的努力成功地学会了阅读，之后就十分渴望读书，她不放过任何一本可能读懂的书。很快，她就和姐姐一起学会了作诗。当她们全家搬到波里宾诺庄园后，她始终被育儿室的糊墙纸吸引着，总想了解其中的奥妙。之后，她又十分幸运地接受了彼得伯父和费多尔舅父的科学启蒙，使她小小年纪就被自然科学和数学吸引着。在跟随马列维奇学习的时候，她的善于独立思考的能力得到了充分的发挥。每当她的智力表现得很突出的时候，总能得到来自父亲、伯父、舅父、家庭教师及邻居伯父等人的鼓励和支持，他们都自豪地注视着她的成长。1866年，当叶利查维塔·费多罗夫娜带着女儿们到德国和瑞士旅行时，索菲娅还带上了数学书。她在瑞士用自己的零花钱买了一架小显微镜，一有时间，她就十分专注地观察植物与昆虫的细胞。

当索菲娅越来越为自然科学和数学所吸引时，她在政治上也日益成熟。她对政治的兴趣与对科学的兴趣一样是始终如一的。少女时代的索菲娅表现出的政治热情是幼稚的，她曾经热烈向往参加波兰起义，曾以自己非凡的勇气避免了布伊尼茨基的爱国诗句被发现，而使一位军事长官当众难堪等。随着年龄的增长，她接受了彼得伯父的空想社会主义的信念、布伊尼茨基和马列维奇对于暴政和民族压迫的憎恨、姐姐安娜及其朋友们的平等主义和早期虚无主义。

现在,索菲娅终于以自己的能力和勇气说服了父亲,被允许到圣彼得堡继续学习。她对未来充满了梦想和希望。

索菲娅不时地朝窗外望去,欣赏着大自然的风景。从波里宾诺到圣彼得堡要乘坐四至五天的马车,然后再转乘火车。在乘马车行驶的几天内,她们要经过许多村庄,但更多的时候则是在不见人烟的无人区行驶,地面上零零落落地长着几棵树。一路上,时而能见到几片很好看的树林,时而会看见低低的小山,时而又能遇到连绵不断的岩石重叠的高山。当马车驶过一条名叫卡尔马尔卡的小溪时,索菲娅被窗外美丽如画的景色迷住了:清澈的流水蜿蜒在一座小山的斜坡上,溪边是绿色的松柏。小溪最终汇入河岸非常陡峭的别拉耶河。渡这条河对索菲娅来说并不是第一次,但前两次并没有给她留下特别深刻的印象。而现在,湍急的水流,宽阔的河面,倾斜的沙岸,以及河对面茂密的树林,都使索菲娅觉得新奇与壮丽。干净洁白的沙砾、形状各异的鹅卵石组成的河岸，展现在人们面前，多么美呀。

经过几天的长途跋涉，经历了一些小的波折，索菲娅一家终于顺利地来到了圣彼得堡，他们住在舒伯特姨妈家。经过短暂的休整，瓦西里·瓦西列夫斯基拜访了海军学院著名的数学教师亚历山大·斯特兰诺留布斯基，请他为索菲娅讲授数学。

斯特兰诺留布斯基是乌克兰一个牧师的儿子，他的父亲有着高贵的身份。他小的时候，母亲不大关心他，而父亲则以母亲般的温情爱护着他。父亲见他在家中生活的不愉快，在他 11 岁时，把他带到了圣彼得堡，使他以官费生的身份进入一所大学的附属中学学习。斯特兰诺留布斯基十分依恋他的父亲，当父亲把他一个人留在圣彼得堡学习时，他感到十分痛苦和孤独。一年后，父亲来看望他，他因高兴过度竟病倒了。父亲因为公务不能守候着他，没等他痊愈就回去了。又过了一年，父亲死了。斯特兰诺留布斯基在进入圣彼得堡中学之后的十九年中，只回乌克兰家中探望过一次，此行留给他的印象是痛苦而悲惨的。他的发育、性情和外表，都已经完全没有了乌克兰人的特征。

斯特兰诺留布斯基是一位优秀的教师，他是平民学校的创始人，他对俄国妇女高等教育的发展做出过很大的贡献。他十分赞同杜波罗留波夫、车尔尼雪夫斯基和皮隆列夫这些革命民主主义者的思想。因为提倡妇女教育和平民教育，斯特兰诺留布斯基在 19 世纪 60 年代的青年人中很有影响，他以进步教育家的身份在那个时代赢得了声誉。

斯特兰诺留布斯基愉快地接受了做索菲娅私人教师的邀请。索菲娅定期到斯特兰诺留布斯基家听课。这年冬天，她学习了解析几何和微积分。斯特兰诺留布斯基很快就发现了这位女学生的数学才能。他第一次讲解极限和导数等概念时，就惊奇地注意到，索菲娅理解得非常快，也非常准确，就好像她早已知道这些内容似的。而对于索菲娅，斯特兰诺留布斯基的讲解，能使她立刻鲜明地回忆起波里宾诺庄园育儿室中的糊墙纸，正是那上面的公式和符号从童年时代起就激发着她的求知欲。这些谜一样的东西，现在她终于知道了它们的明确的意义，索菲娅兴奋不已。她马上对微积分产生了浓厚的兴趣,并告诉她的老师,她的童年时代是在微积分环绕的世界中度过的。

斯特兰诺留布斯基不仅教索菲娅数学,他还用革命民主主义思想影响她,用远大的理想激励她。他主动关心索菲娅的前途,希望她能进入高等学校接受正规教育,并为此做了重要的努力。他一方面让索菲娅认识到争取接受正规高等教育对她来说是十分重要的,另一方面他亲自帮助索菲娅寻找进入高等院校学习的机会。通过斯特兰诺留布斯基的不懈努力,19 世纪 60 年代中许多重要的有代表性的人物对索菲娅的情况都有了初步的了解。

索菲娅在斯特兰诺留布斯基的鼓励和帮助下,坚定了寻求机会以接受正规教育的决心。从这个时候起,索菲娅也一直在为妇女的权利和幸福而奋斗。

斯特兰诺留布斯基及其周围的人,都在为索菲娅能进入大学学习而四处奔走。那么,圣彼得堡的现状又是怎样的呢?

2. 妇女运动

19 世纪 60 年代的俄国妇女，拥有比大多数欧洲国家的妇女稍多一些的权利。比如，她们可以控制自己的财产；有钱的妇女甚至可以通过一位男性代理人在省、市选举中投票；而且，俄国政府从 19 世纪上半叶起就已禁止丈夫殴打妻子。事实上，按照俄国法律，妇女的社会地位确实比其他欧洲国家的妇女地位要高。

然而另一方面，妇女却又是完全依附于自己的父亲或丈夫的——她们的名字写在父亲或丈夫的国内护照上。如果未经父亲或丈夫的许可，她们是不能擅自去工作、学习和生活的。而按惯例，这种许可又是得不到的。

在圣彼得堡，妇女为争取受高等教育的权利发起了公开的运动，它是作为整个进步、平等、民主运动的一个组成部分而兴起的。其宗旨是相信教育的威力，强调妇女有接受教育的权利，希望能以自己的知识帮助普通民众。由于受这场运动的影响，在

1860年和1861年，进入圣彼得堡各高等院校讲演厅的女性非正式旁听生越来越多，并已形成一个不小的团体。这种形势很快地波及至俄国各地。莫斯科、多尔帕、基辅和哈尔科夫等地的大学也都开始非正式地接受女学生听课。圣彼得堡、基辅、哈尔科夫三地的大学则有希望向女子完全敞开大门。医学院先行一步，已经确定某些科目向女子开放。这些学校已半正式地招收了女学生。

在积极的入学者中，有娜塔莎·苏斯洛娃——一个富有的赎身农奴的女儿，是陀思妥耶夫斯基的恋人波林娜的妹妹。还有玛丽亚·博科娃·谢切诺娃——俄国社会活动家、医生博科夫的假婚[1]妻子。她是革命团体的成员，也是车尔尼雪夫斯基和皮萨列夫等人的朋友。她们不仅是妇女教育运动的倡导者，同时还活跃在更大的政治舞台上。

然而好景不长。1861年爆发了学生运动，开始是为了支持波兰学生暴动和反对农奴解放宣言的不彻底。后来学生们把要求扩展到改善教学条件，解

---

① 名义上的结婚，详见下文。

聘不合格教授,允许学生聚会,允许学生联合组织同吃、同住、同学习的合作社。学生运动很快被镇压了,许多学生被开除学籍,或被逮捕流放到西伯利亚。一个镇压学生运动的反动时期开始了。

这种镇压学生的反动局面造成的直接后果是,所有大学和高等教育机构全面清理未正式注册的学生。最不幸的是把所有妇女都排除在高等学校的门外。刚刚取得的受教育的权利就这样被剥夺了。

虽然政府已决定不允许大学招收女学生,但是妇女们并没有因为这种局面而放弃争取受高等教育的权利。妇女中的中坚分子组织起来,公开向教育部提出了开办女子大学的要求。教育部的官吏答复说,中学毕业的女学生还没有达到能听大学课程的程度。妇女们则表示:"很好,那么请允许我们开办大学预料吧!请教育部制订课程表,我们并不要求政府补助,只要求给予批准就行了。"教育部当然不会批准。

亚历山大二世对于受过教育的女子非常憎恨。如果他在街上遇见一个鼻架眼镜、头戴意大利圆帽的女郎,便会被吓得颤抖不已,以为她一定是一个虚无主义者，她会预谋来暗杀自己。政治警察也极力地排斥受过教育的妇女，他们以为所有女学生都是革命党人。差不多每一期报纸都有对妇女运动卑劣的诬蔑与攻击。然而，不论亚历山大二世如何公开地憎恨，也不论政治警察的诬蔑与攻击如何猖狂，妇女们最终还是违背政府的意愿，为开设女子大学而努力着。

妇女们首先在圣彼得堡开设讲习所和客厅演讲班。许多同情这一运动的大学教授免费出任教师，其中包括著名化学家门捷列夫、植物学家贝克托夫和物理学家尤索夫等。每年夏天他们总要在圣彼得堡郊外举行自然科学远足会，由大学教授指导，大多数会员都是女子。在产科讲习所听课的妇女，要求教授加深授课内容。老博士格鲁伯尔十分支持妇女运动，他允许妇女进入他的解剖实验室。妇女们利用休息日或晚上的时间来补课，她们抓住一切可能的机会来充实自己，力求取得优良的成绩。她们还利用课余时间到乡村去，为贫苦农民诊病。后来，不顾教育部的反对，妇女们以一个女子师范讲习所的名义开办了大学预料。课后还有关于学校各种教育方法的讨论会，几百名妇女对这类问题十分热心，她们分别集会进行专门讨论。同时，她们组织起翻译家协会、出版者学会、印刷人协会、装订人协会等，目的是为那些来求学的贫苦姐妹们谋职。她们中的贫穷者在圣彼得堡甘愿做任何艰苦的工作，为的是能积攒一点钱，以备将来接受高等教育。妇女们就这样一步一步地扩大着自己的权利。当她们得知在德国的某所大学里有一个教授可以接收女学生，便马上设法出国去叩他的门，结果居然被接纳了——有一些妇女在海德堡研究法律和历史。还有传闻说，瑞士的大学可以接受没有参加入学考试又没有毕业证书的外国妇女入学。从1864年起，想要接受高等教育的俄国妇女把苏黎世看成是她们朝觐的圣地。第一批到达的是在1862年大学向妇女关门之前就开始接受教育的人。娜塔莎·苏斯洛娃就是其中的一个。她于1865年在瑞士大学注册为旁听生，1867年成为第一个正式的女学生，她在同年8月通过考试，1867年底成为第一个在欧洲大学获得医学博士学位的妇女。

苏斯洛娃带着她的博士学位胜利归来，受到了俄国妇女界的极其自豪的欢迎。许多青年妇女召开各种规模的欢迎会,向苏斯洛娃请教成功的经验。这其中就有安娜和索菲娅姐妹俩。

苏斯洛娃取得的成就极大地激励了俄国妇女。在1867年底召开的全俄第一届自然科学家和医生代表大会上,著名女作家叶芙吉尼娅·孔拉季呼吁全社会要理解和支持妇女上大学的要求。大会对此表示了同情,但却无能为力。紧接着,以苏斯洛娃为首的几名女青年起草了一份致沙皇政府的请愿书,要求开设女子大学,使妇女接受高等教育。这份请愿书由孔拉季等人帮助散发,圣彼得堡的青年妇女争相传阅。不到一个星期,就有四百多名女青年在上面签了名,其中也有索菲娅和她的姐姐安娜。

这一行动得到了门捷列夫等著名科学家的支持,国外许多著名人士也竭力声援。但是,这份请愿书并没有马上产生效果[①],顽固的沙皇政府对此置之不理。在当时,女子进大学还是梦想中的事。

一个冬天的学习,斯特兰诺留布斯基教授把索

---

① 第一所女子医科大学是在1872年创办的。

菲娅带进了一个比她在波里宾诺了解和想象的更为广阔的数学天地,她多么希望能够深入到这个领域里继续学习,去挖掘丰富的宝藏,以推动人类文明的进步事业啊!

冬去春来,索菲娅不得不中断跟斯特兰诺留布斯基的学习,随父母回波里宾诺庄园。她心情十分苦闷,她想留在这里继续学习,还想进入大学。为此她四处奔走,甚至通过她的家庭教师直接拜访了当时俄国最著名的数学家切比雪夫。

切比雪夫是圣彼得堡数学学派的创始人,他把数学理论与自然科学技术的实践紧密地结合起来,取得了许多具有重要实用价值的科学成果,从而成为别具一格的科学家,获得了很高的声誉。他不仅是俄国科学院院士,还被选为许多国家科学院的外籍院士、学术团体成员。

切比雪夫认真地听索菲娅讲关于递送请愿书的事和她自己的请求。但这位大数学家紧锁双眉,表示爱莫能助。他甚至没敢答应索菲娅提出来的听他的数学课的请求。

求助于切比雪夫未获成功,并没有使索菲娅气馁。她的坚韧性格这时表现得比任何时候都明显。她很快忘记了一切不愉快,开始另谋良策。她和姐姐安娜已加入到了虚无主义者的行列,准备在志同道合者中寻求支持和帮助。加入虚无主义,对于贵族出身的小姐来讲是需要很大勇气的。刚到圣彼得堡,姐妹俩就发现,从安娜过去的求爱者谢梅夫斯基和波里宾诺牧师之子阿历克谢·菲利波维奇那里了解的情况,现在都得到了证实和补充。她们早就渴望着能加入到圣彼得堡进步青年的圈子里。索菲娅表现得更加积极,因为虚无主义者对自然科学的爱好正对她的胃口。索菲娅后来回忆当时的感受说:

> "啊!那是一种多么幸福的时刻!……我们是那样热情地对待新思潮,确信目前这种社会状态不可能持续很久。我们为自己描绘出自由和普遍觉醒的壮丽时代,我们梦想着这一切,坚定地信仰着这一切。除此之外,我们还有着一种真正的团结互助的意识。……我们准备为同一个事业做出自我牺牲!"

妇女运动的许多参加者或称女虚无主义者都来

自贵族之家。她们离开家庭，聚集在首都。她们剪短了头发，穿着朴素的衣服，自己料理生活杂务，与男虚无主义者平等交谈，如饥似渴地吸取着所有的知识，特别是自然科学和医学知识。

妇女对自然科学和医学感兴趣有几个方面的原因。一方面，许多西方科学家和社会学家都信奉唯物主义的世界观。这种世界观预言宗教与专制暴政的末日即将到来。普遍的信念是通过科学知识的传播可以加速社会的变革。这种信念使人们越来越相信科学的力量——人类只有潜心于科学研究才能最终战胜人类社会的所有敌人——饥饿、贫困、疾病。这种进步思潮自然也影响着妇女们。另一方面，一些社会达尔文主义者反对妇女接受大学教育，特别是学习科学知识。在18世纪，甚至有一位著名的德国医生著书，专门论证“女人的头脑是低能的”。这本书在欧洲有相当广泛的市场。正因为如此，青年妇女才特别希望通过努力来证明自己有能力在科学领域里取得成功。医学的选择则是想为贫苦大众解除病痛。此外，从事自然科学和医学研究的教授们往往都比较年轻，他们容易接受新思潮，比人文科学的老教授们更愿意接纳女学生。凡此种种,使妇女们对自然科学和医学有着特殊的兴趣。

但是直到1868年春季,妇女进入大学学习还是没有可能。这时的索菲娅和安娜毫不气馁,她们情绪更加激昂,准备反叛家庭。

3. 假　婚

1868年早春的一天下午,三位年轻姑娘由仆人把她们引进圣彼得堡大学一位轻教授的书房。她们表情十分严肃地面对主人坐下。年轻教授对这几位不速之客的闯入感到迷惑不解,因为他并不认识她们。但教授出于礼貌还是耐心地等待她们说明来意。

一开始三位女士显得很尴尬,她们有事要说似乎又难以启齿。教授的态度很诚恳:"三位小姐,找我有什么事吗?"经过一番推托之后,其中最年长的一位终于开口了:"我们几个人想到瑞士或德国的大学去求学,但是父母不同意。不知您是否愿意把我们解放出来,方法是同我们之中的任何一位举行婚礼,然后陪伴我们到国外去,并把我们留在那里。”她稳定了一下情绪,很平静地解释说:“至于您选择我们三个人中的哪一位无关紧要,因为这只是名义上的结婚,其他两人可以作为陪读一同出国学习。不知您的意见怎样?”年轻教授很吃惊,他听说过目前社会上有一些妇女采取“假婚”的方法来摆脱家庭的束缚,但完全没有想到会有人找上门来。他对面前这三位女士完全不了解,不可能做这种“傻事”。但是他还是努力镇静自若地听她们把话讲完,然后很有礼貌地拒绝了她们。三位女士离开时,四个年轻人客气地握了手。

这三个女人就是索菲娅、安娜和她们的表姐妹冉娜·米哈依洛夫娜·叶夫列伊诺娃。开口说话的是安娜·科鲁克夫斯卡娅,这是她们策划的第一次假婚。

假婚就是只举行婚礼并不结婚。在当时,想要外出工作或学习的青年妇女,为了摆脱父亲的管辖,会找一位男青年达成协议——同意和她举行婚礼,然后允许这位年轻妇女去追求自己的生活。而他作为“丈夫”要遵守道义上的约束,只与她保持精神上的关系。

19世纪60年代,青年运动的基本信条有两点:一是相信教育可以医治许多社会痼疾;二是信奉男女平等,主张妇女应该平等地享有与男子一样的权利。男虚无主义者愿意帮助女青年争取自由和接受高等教育的权利。有不少男青年不顾寒冷与疲劳,步行穿过城市,去为一名真心求学的青年妇女义务讲课。当某位青年妇女想摆脱家庭束缚,外出学习遇到困难时,可能会有男虚无主义者挺身而出,充当她的假婚丈夫,"假婚"是需要双方都做出自我牺牲的。

在当时,并不是所有的进步青年都赞成假婚。很多人更向往与女性建立一种相亲相爱的平等关系,他们不愿意把自己束缚在一位素不相识的女性身上,并因此而影响他们追求个人幸福。安娜与冉娜已经发现,能够成为假婚丈夫的人并不多。更使她们俩失望和恼火的是,为数不多的愿意接受假婚请求的男青年,他们愿意热心帮助的是索菲娅,而不是她们两位年长的女性。

这大概有两个原因。一是由于索菲娅的家庭教师斯特兰诺留布斯基对自己得意门生的宣传。他对索菲娅的数学能力和政治信仰十分钦佩，以致他主动帮助索菲娅创造条件外出学习。他向所有的熟人赞扬索菲娅的智力，推崇她的求学精神。通过斯特兰诺留布斯基，19 世纪 60 年代的大多数的重要代表人物都渐渐地知道了有索菲娅这样一位女性，她因此而声名远扬。另一个原因也是不容忽视的，即索菲娅比两位姐姐更年轻貌美。假婚这件事很麻烦，发展起来并不总是如人意。有的婚姻从始至终都是假的，是为了某种需要而做的一种公开安排。在这种婚姻中，“丈夫”自觉地服从“妻子”的需要。帮助她，使她在个性和智力方面得到充分的发展。而“夫妻”双方都有权拥有自己的情人。革命家舍尔古诺夫、车尔尼雪夫斯基的婚姻就是这一类型的。而另有一些婚姻，开始是假婚，后来两人竟真的产生了爱情，也就完婚了。所以男虚无主义者在选择假婚对象时，也很注重女子的才貌。

索菲娅显然在各方面都占有优势。有一个虚无主义者小组甚至决定推举出一个人，为把索菲娅解放出来他们甘愿做出个人牺牲。他们首先选派一位名叫伊凡·格里高里维奇·罗日杰斯特文斯基的青年。他是一位正直热情的虚无主义者,可惜长相较差,又有些嗜酒,看上去不大讨人喜欢。罗日杰斯特文斯基首先征得了索菲娅的同意,但是索菲娅和安娜都认为父亲肯定不会答应。不过姐妹俩没有别的更好的人选,只好让他去试一试。

罗日杰斯特文斯基的求婚过程颇具戏剧性。首先,他的朋友们为了他登门求婚能获得成功而兵分几路,积极准备。一路人马帮他选购服装,因为虚无主义者通常的打扮是不修边幅的。他们在礼品商店为罗日杰斯特文斯基购买了一件八成新的晨外套和大礼帽。另一路人马则教罗氏对着镜子练习鞠躬,及如何彬彬有礼地向索菲娅的父亲提婚。当相貌丑陋而又打扮得很不得体的罗日杰斯特文斯基走进瓦西里·瓦西列夫斯基将军的书房时,将军掩饰不住他的惊诧之情问:“年轻人,你现在的工作是什么?”罗氏镇静地回答,他是一位“自由教育工作者”。将军一听就明白了,实际上他是一名未正式受聘的家庭教师。罗氏还要说些什么,将军很有礼貌地阻止了他,并对他向小女求婚表示感谢。但是将军说,索菲娅还太年轻,请过几年再考虑吧。在罗日杰斯特文斯基走出房门之前，瓦西里·瓦西列夫斯基一直在竭力地控制着自己，以免流露出耻笑之情，而有失绅士风度。

罗日杰斯特文斯基解放索菲娅失败的消息不胫而走。一位年轻的出版商弗拉基米尔·奥努夫里耶维奇·柯瓦列夫斯基(1842—1883)了解到了柯文·科鲁克夫斯卡娅姐妹俩所面临的困境。

弗拉基米尔是一位归化俄国的波兰地主的次子。他的兄长亚历山大·奥努夫里耶维奇·柯瓦列夫斯基后来是俄国著名的生物学家，在比较胚胎学、生理学、实验和进化组织学等方面做了许多重要的奠基性工作。他的科学工作后来对弗拉基米尔有很大影响。

弗拉基米尔早年受教于一所上流寄宿学校，在那里，他学会了多种语言，他能流利地讲德语、法语和英语。在寄宿学校的学习结束后，在亚历山大的鼓励下，弗拉基米尔直接进莫斯科大学古生物学系攻读。他们的父亲得知后十分恼火，他坚决反对两个儿子都从事毫无功利的科学工作。在父亲的坚持下，弗拉基米尔不得不转入圣彼得堡的一所学院学习法学，准备按父亲的意愿将来进入上层社会担任公职。

然而，学习法学不久，他就结识了几位后来成为革命民主主义者的青年，如舍尔古诺夫、米哈依洛夫和雅可比等，开始接受民主思想。他中断了学习，与几位年轻朋友到国外旅游，又结识了一些俄国的政治流亡者。从此，他放弃了对文职官员生涯的追求，加入了虚无主义者的团体。他还与著名的革命家、作家赫尔岑相识，二人在英国同住了一年。弗拉基米尔自愿担任赫尔岑的女儿奥尔加的家庭教师。

在国外旅行期间，弗拉基米尔目睹了欧洲各国，特别是德国和法国先进的科学技术给这些国家带来的繁荣，深感俄国科学的落后，萌发了把外国先进的科学书籍引入到俄国的想法。

在1863年波兰起义期间，弗拉基米尔作为波兰人的后裔秘密地回到俄国，积极地参加了一个革命小组。这个革命小组以向贫苦的劳动妇女提供物质帮助和教育为基本目标，它的成员包括玛丽亚·米哈伊利、彼得·拉夫罗夫、瓦尔福洛梅·扎伊切夫和他的妹妹瓦尔瓦拉·扎伊切娃等，其中很多人后来成为著名的革命家和政治评论家。当这个小组想改组为正式的组织时，弗拉基米尔根据自己所学的法学知识和法律经验，为该组织起草了一份独特的章程，使其从内容上看与其他虚无主义团体有较少共同之处，从而得到了沙皇政府的批准。

1864 年，弗拉基米尔与玛丽亚·米哈伊利订婚。玛丽亚来自一个著名的革命知识分子家庭，她的母亲叶夫根尼亚·叶戈罗夫娜·米哈伊利是一位作家和争取妇女解放的战士。玛丽亚的妹妹柳德米拉是一位虚无主义者，她嫁给了革命者舍尔古诺夫。玛丽亚的兄长因参加 1862 年的学生示威而被流放到西伯利亚。

玛丽亚本人也是一位有名的进步青年。1864 年 5 月 19 日，民主革命领袖车尔尼雪夫斯基被押送去服苦刑之前，卑鄙的沙皇政府对他执行中世纪的“假死刑”。刽子手把车尔尼雪夫斯基押到圣彼得堡梅特年广场的断头台上，按他跪下，在他头上折断一把剑，然后用锁链把他拴在刑柱上。车尔尼雪夫斯基在大雨之中泰然自若，静待这一幕侮辱人格的丑剧收场。当他从断头台上被带下来时，在万人瞩目之下，一位姑娘向他投掷了一束鲜花，顿时全场大乱，欢呼声、抗议声响成一片。人们愤怒地高呼口号，抗议沙皇的卑劣行径。刽子手恼羞成怒，当场逮捕了这位姑娘，并判流放一年。这位勇敢的姑娘就是玛丽亚·米哈伊利。

玛丽亚的流放结束后，开始考虑她与弗拉基米尔的婚事。然而，他们最终未能走到一起。在1865年9月准备举行婚礼的那天早晨，两人谈了一次话，突然宣布解除婚约。

在即将举行婚礼时突然宣布解除婚约，自然会引来人们的许多猜测，这些猜测给弗拉基米尔带来了不小的伤害。这曾使他一度十分沮丧。不久，一位争取女权的姑娘——瓦尔瓦拉·扎伊切娃向弗拉基米尔提出假婚的请求，被他拒绝了。

弗拉基米尔开始把全部精力放到出版国外科学书籍和国内进步书籍的事业上，他试图成为一位科学知识和革命思想的传播者。他成立了自己的出版社，并很快赢得了声誉。

弗拉基米尔通过玛丽亚·博科娃的介绍，认识了安娜、索菲娅和她们的表姐妹冉娜，同时也知道了她们寻找假婚丈夫的事情。比索菲娅大 6 岁的安娜曾暗示弗拉基米尔,在她未出嫁前,要她们的父亲同意 18 岁的索菲娅出嫁是不太可能的。但弗拉基米尔还是毫不犹豫地选择了索菲娅。他已经从朋友们那里听到了许多关于索菲娅的事情。在虚无主义者的圈子里,安娜远没有她的妹妹有名。事实上,弗拉基米尔第一次见到索菲娅,就强烈地爱上了她。他被索菲娅的那种对科学的非同寻常的热情感动了。他写信给亚历山大哥哥说:

“最近,我认识了一位奇女子索菲娅。她虽然刚满 18 岁,却受过极好的教育。她讲外语就像讲俄语一样流利。她主要学习数学,目前正攻读球面三角学和微积分。她像蜜蜂一样从早忙到晚,但仍然是那样的活泼、温柔、美丽动人。很难想象会有比她更勤奋的人了。……她提出与我‘假婚’,然后由我带她到国外去求学,同时带上她的两个姐妹。

我不知道她会不会喜欢我,即使她真的不喜欢我,我也情愿在婚姻的神坛上牺牲自己,因为这是为了科学!”

索菲娅这时既高兴又忧心忡忡。如果弗拉基米尔选择安娜“结婚”,那将会万事遂顺了。而现在,他偏偏选择了自己,父亲肯定不会同意,怎样去说服父亲呢?前不久罗日杰斯特文斯基求婚失败,不仅仅是因为他长相不佳,父亲觉得他向18岁的小女儿求婚本身就是不明智的。索菲娅的确要精心策划一番。

经索菲娅同意,弗拉基米尔登门向瓦西里·瓦西列夫斯基将军求婚。将军支吾其词,停了一会儿,他仍说索菲娅还太年轻,等她再大几岁时再说吧。然而索菲娅十分坚定,她决定自行其是。

在瓦西里·瓦西列夫斯基一家陪着一些显贵的客人进晚餐时,索菲娅离家出走了。一封短信送给正在进餐的父亲:

> “亲爱的父亲,我现在在弗拉基米尔的住处,身边没有年长的妇女陪伴,您若不答应我们的婚事,我就不会回家。爱你的索菲娅。”

瓦西里·瓦西列夫斯基受到女儿的公然反抗,

而且是当着这么多客人的面：布雷洛夫舅舅——一位杰出的外交家，两位著名教授，三位将军。瓦西里·瓦西列夫斯基即将带领全家返回波里宾诺庄园，在临走前他举行家宴答谢各位亲朋好友感谢他们几个月来的关照。没想到竟受到女儿的当众要挟。

父亲没有别的选择，只好派人去把索菲娅和她的“未婚夫”招来，并把弗拉基米尔正式介绍给在场的客人。但是瓦西里·瓦西列夫斯基的心情是难以平静的，他难以忍受自己喜爱的小女儿对他的反抗。在女儿准备结婚的几个月内，他一直很沮丧。

波里宾诺庄园的气氛很紧张，尽管婚礼的准备仍在进行之中。父亲和索菲娅只在进餐时才能见面，双方的关系十分紧张。但是弗拉基米尔还是博得了许多人的好感。索菲娅的母亲和姨妈甚至有些喜欢弗拉基米尔。瓦西里·瓦西列夫斯基最后也只得听从劝告，对弗拉基米尔采取友好态度。

1868年9月27日，弗拉基米尔与索菲娅举行了婚礼。小索菲娅·柯文·科鲁克夫斯卡娅从此更名为索菲娅·柯瓦列夫斯卡娅。

索菲娅在18岁时便向自己的少女时代告别，准备开始新的生活。她为进入大学学习做好了准备。但眼前的道路会是怎样的呢？她选择的“假婚”会给她带来幸福吗？

4. 出国前的准备

婚礼之后，柯瓦列夫斯卡娅“夫妇”立即返回圣彼得堡，为赴欧洲学习做准备。柯瓦列夫斯卡娅深感自己知识的不足，她还需要学习好几种课程。在她们到达圣彼得堡的第二天，柯瓦列夫斯卡娅就去听谢切诺夫教授的生理学课。

这时正值大学新学期开学。同学们惊奇地发现，在生理学的课堂上出现了一位年轻貌美的女学生，尽管柯瓦列夫斯卡娅剪着短发，衣着朴素，但仍光彩照人。为了避免引起大学当局的注意，她的“丈夫”柯瓦列夫斯基、伯父彼得·瓦西列夫斯基和她的女友玛丽亚·博科娃的假婚丈夫博科夫等人陪同她一起进入课堂。谢切诺夫教授早就听说柯瓦列夫斯卡娅有着非凡的科学才华，他很想帮助她在生理学或医学上取得成就。因此,他冒着受舆论攻击的危险,让柯瓦列夫斯卡娅到自己的课堂上来听课。

柯瓦列夫斯卡娅此时心情十分愉快,她认为自己真正的生活已经开始了。她在白天听谢切诺夫的生理学课,晚上继续跟随斯特兰诺留布斯基学习数学。她很快又征得了化学教授——俄国著名化学家、圣彼得堡科学院院士济宁的同意,向他学习化学。同时还试图说服物理学教授彼得鲁舍夫斯基教她物理学。这位俄国物理学会第一任会长曾经支持过妇女教育,但在1862年学生运动之后,宣布退出任何与激进思想有关的活动。

在说服物理学教授的过程中,柯瓦列夫斯卡娅有幸结识了著名革命家车尔尼雪夫斯基。原来,为了说服彼得鲁舍夫斯基,她们拜访了这位物理学家的助手范·德·弗利特。而范·德·弗利特的妻子波林娜正是伟大的车尔尼雪夫斯基的表妹。波林娜十分钦佩柯瓦列夫斯卡娅的求学精神,并愉快地把她介绍给自己的表哥。当柯瓦列夫斯卡娅去访问车尔尼雪夫斯基一家时,受到了热情的接待。车尔尼雪夫斯基的夫人奥尔加给她留下了十分深刻的印象。她也是一位坚定的革命者。一次她对柯瓦列夫斯卡娅说:“我们已经开始了一个伟大的事业,也许会有两代人牺牲在这个事业上,然而这个事业是应该完成的。”索菲娅被她的话深深地打动了。

波林娜还把柯瓦列夫斯卡娅介绍给自己的弟弟——又一位激进的虚无主义者亚历山大·尼古拉耶维奇·佩平。从此以后,柯瓦列夫斯卡娅就没有间断过与这些政治朋友的交往,并成为车尔尼雪夫斯基一家以及佩平的终生朋友。

在出国前的几个月内,柯瓦列夫斯卡娅处于紧张的学习之中,她白天学习数学、生理学、化学和物理学,晚上则与圣彼得堡的进步团体交往。在这段时间里,无论是在专业学习上还是在政治上,圣彼得堡的生活都使柯瓦列夫斯卡娅感到愉快。

经过紧张的、集中的专业学习,柯瓦列夫斯卡娅最终还是选择数学专业继续深造。她虽然认真地在医学上做过尝试,甚至还在父亲的庄园里设立一个诊疗所为当地的农民看病,但她的兴趣还是在数学上。她发现自己只有沉浸在数学思维中才是最愉快的,她给安娜写信说:

“我正在拼命学习，主要是学习我在波里宾诺时学的科目，也就是数学。亲爱的姐姐，我已下决心完全放弃医学而直接进入数学物理系。无论是医学还是其他什么课程，都不是我的方向，我只有专心致力于数学思索时，才会感到快乐。如果我不能在一生中最好的年龄集中精力攻读我最喜爱的科学，那就会铸成大错，失掉一个永远不可复得的机会。我相信，一个人不可能什么都学。”

在圣彼得堡学习期间，柯瓦列夫斯卡娅还竭力帮助她的几个姐妹摆脱父母。首先是她的姐姐安娜。因为瓦西里·瓦西列夫斯基对索菲娅的婚事不满，所以拒绝索菲娅让姐姐在她婚后陪她一同返回圣彼得堡的请求。后来经过几次反复，瓦西列夫斯基才答应安娜在妹妹出国前到圣彼得堡与她会合。

柯瓦列夫斯卡娅的表姐冉娜的情况是最糟糕的。她的父母已经公开声称：“宁可看到她死也不愿见她进大学。”这还不算，她的父亲还竭力讨好一位名叫尼古拉·尼古拉耶维奇的大公，原因是这位大公曾色迷迷地看过冉娜一眼。在当时，宫廷对圣彼得堡社会的影响很大。如果某位大公注意上一位姑娘，她的父母就会尽力地让他们的女儿“疯狂般地”爱上这位大人物。而实质上这种做法绝不会导致婚姻。冉娜拒绝向大公献殷勤，而父亲对她的看管则更加严厉了。冉娜几乎绝望了。后来她偷偷地找到了一位她认识的政论家，雅各宾主义者——彼得·尼基季奇·特卡切夫，向他提出假婚的要求。“我正在寻找这样的男性，他们像我们一样献身于自己热爱的事业，他们并不是要与我们结婚，而是要解放我们。不知您肯不肯提供机会。”尽管特卡切夫很同情冉娜，但他还没来得及解放冉娜就被捕了。柯瓦列夫斯卡娅多次登门劝说冉娜的父母，请他们允许冉娜到国外做她的陪读，但是毫无结果。冉娜彻底绝望了，她甚至想到自杀。

冉娜还有一个表妹尤里亚·蒙莱托娃住在莫斯科，她也想到国外去学习。她的父母不像冉娜的父母那样顽固。当尤里亚提出想要接受教育时，父母为她聘请了家庭教师，还为她购买了书本。尤里亚还想把柯瓦列夫斯卡娅和冉娜招到莫斯科来求学。

她到莫斯科的几所理工院校去询问收不收女学生时，父母也没有反对，只是校方不同意。但是尤里亚的父母不同意她一个人到国外去求学。1868 年冬天，当尤里亚的父母到圣彼得堡过冬时，柯瓦列夫斯卡娅拜访了他们，并提出了让尤里亚和她一起到国外去学习的要求。这对父母经过再三考虑，终于答应了尤里亚伴读的请求。

第四章 在海德堡

1. 赴海德堡

1869 年 4 月，安娜、柯瓦列夫斯卡娅和弗拉基米尔一行三人，离开圣彼得堡，踏上了出国求学的旅程。

当火车穿过人口稀少的西北各省，在俄国境内行进时，柯瓦列夫斯卡娅有一种穿越沙漠的感觉。数百英里[①]的土地被一片不能称为树林的矮树覆盖着，随时可以看见一个个埋在积雪里的孤寒的小村落，或一条条崎岖、泥泞、曲折、狭窄的村路。跨过俄国国境之际，一股强烈的离别祖国的忧伤之情向柯瓦列夫斯卡娅袭来。

火车驶入德国境内，景色与环境突然地改变了。

---

① 1 英里 =1.609 344 千米。

美丽的村落与田庄，幽雅的花园，清洁的石路，一看就使人爽心豁目。而且，越深入德国的腹地，与俄国的反差就越大，就连那天气阴郁的柏林也显得比俄国的城市热闹。还有那相反的气候！几天以前离开圣彼得堡时，那里正飘着大雪，而如今到了德国中部却不需要穿大衣。三个人在车站的月台上闲步，沐浴着温暖的阳光，欣赏那含苞待放的花朵。他们从没有像现在这样深切地理解，俄国位于北方是一件何等不利的事，而俄国民族的历史又因它的地理位置受到何等大的影响。这时他们才完全明白了为什么南方土地对于沙俄政府会有那么大的不可抵抗的吸引力，为什么统治者会那样地热衷于达到黑海，而且不停地南移，直达中国。

柯瓦列夫斯卡娅、弗拉基米尔和安娜离开俄国的动机各不相同。柯瓦列夫斯卡娅追求的是能够专心致志地学习和工作的环境。“在德国或瑞士某个被遗忘的角落，在图书馆和书斋里过着平静、朴素的生活，不能想象还有比这更加幸福的生活方式。”——她离开俄国时是这样写信告诉表姐尤里亚的。弗拉基米尔离开俄国的主要动机是躲避他的债权人,因为他的出版生意破产了。但是在“妻子”的影响下,他很快就开始考虑如何认真地工作了。他一再向姐妹俩表示:“我不仅把自己的兴趣与她们俩的兴趣融合了,而且也与所有的充满活力的新型妇女的兴趣融合了。因此,你们不应把我看成是一个帮了你们忙的男人,而应看作是一个和你们一起为共同的目标奋斗的同志。”这时的安娜已经24岁,在政治上已相当成熟。她曾试图在文学创作上有所发展,但她的政治抱负很快就取代了她在文学上的追求。她向往着巴黎的革命运动,决心移居巴黎,去参加那里的工人运动,希望成为一名职业革命家。

在西欧,有两所吸引俄国学生的大学——瑞士的苏黎世大学和德国的海德堡大学。柯瓦列夫斯卡娅选择了海德堡大学。

海德堡是德国西部内卡河畔的一座古老而美丽的小城。海德堡大学始建于1386年,是仿照巴黎大学的风格及规模建造的,是德国最古老的大学。在这所著名的大学里,有许多卓越的学者,因此她吸引着欧洲各国的留学生。

柯瓦列夫斯卡娅一行三人于1869年5月到达了

海德堡，她们一下火车就直奔大学。尽管海德堡大学在当时是欧洲少数几个允许女学生入学的大学之一，但柯瓦列夫斯卡娅入学还是费了一番周折。

柯瓦列夫斯卡娅向学校递交了一份入学申请书以后，就在住所等待答复。她与弗拉基米尔是假婚，因此两人是分开住的。刚好她们住所的邻居也是来海德堡大学留学的，是一对来自英国的年轻夫妇。他们得知柯瓦列夫斯卡娅也是来求学的，使他们不能理解的是，这样一位年轻的姑娘，怎么可能自己单独外出留学呢？于是他们向大学当局告发，说有一位来路不明的女子想要入学，请当局注意。

就这样，当柯瓦列夫斯卡娅去询问入学事宜时，得到的回答虽不是直截了当的拒绝，但一听就是在故意找借口拖延时间。同时校方一再追问她是否结婚，并对她的肯定回答表示怀疑。的确，对于柯瓦列夫斯卡娅的婚姻状况，很多人是不能理解的。正如当时流行的说法一样："要理解这一类事情，你不需要一定是天才，但肯定得是个俄国人才行。"

一开始柯瓦列夫斯卡娅就被拒在大学门外。海德堡大学的行政长官甚至怀疑她是骗子，由于她生得美丽且衣着俭朴，故被怀疑为是来勾引小城的学者或是为了行窃的。这真是天大的误会！柯瓦列夫斯卡娅越是申辩结果就越糟。她本不想让弗拉基米尔出面，想凭借自己的能力入学，但是终告失败。最后她只得求助于自己的“丈夫”。

弗拉基米尔对校长的拜访，使形势发生了戏剧性的变化。原来，弗拉基米尔的哥哥亚历山大·柯瓦列夫斯基这时已因其在胚胎学方面的贡献而出名。当弗拉基米尔出示护照时，大学校长肃然起敬，接下来，当他提出“妻子”入学的要求时，也就十分顺利地通过了。

校长同意并不等于教授们接受，柯瓦列夫斯卡娅还需要一个一个地拜访教授，只有得到他们的许可，她才可以去听他们的课。结果表明，海德堡的自然科学和数学教授是愿意接纳柯瓦列夫斯卡娅的，因为教授们对她进行了严格的考核，都感到很满意。

柯瓦列夫斯卡娅就这样闯过了一道道难关，终于跨进了海德堡大学的校门。

2. 大学生活

从公寓所在地到大学课堂只需步行20分钟,途中经过的是海德堡城内最美丽的地带。在海德堡,柯瓦列夫斯卡娅感到很兴奋,入学前校方的误会给她带来的沮丧情绪已一扫而光。她觉得自己是这样的年轻,这样的有力量,她对自己的未来充满了希望。她从一个反对妇女接受高等教育的国度来到这里求学,海德堡给她一种不可思议的解放的感觉。她身上的每一个毛孔都感到舒畅,她有生以来第一次尽情地呼吸着自由的空气。

柯瓦列夫斯卡娅沿着一条微微倾向海德堡城堡的平直大道走着,这条大道引导她走向海德堡大学,走向新的生活。海德堡大学是德国所有大学中最令人向往和最富浪漫色彩的大学,它是柯瓦列夫斯卡娅心中的宫殿。

柯瓦列夫斯卡娅从教学楼门厅的布告栏中复杂的课程表里找到了她获准听的课程:著名物理化学家古斯塔夫·基尔霍夫的物理课,著名物理学家赫尔曼·霍尔姆赫兹——就是小时候常听彼得伯父讲起的能量守恒定律的发现者的生理课,著名数学家保尔·杜布瓦-雷蒙的数学课。她还获准可以进入基尔霍夫的实验室做实验。在那里有她一个位置,她可以运用各种仪器和试剂做简单的实验。柯瓦列夫斯卡娅真是高兴极了!她已成为海德堡大学的正式学生了。

在开始的几周内,柯瓦列夫斯卡娅遇到了事先没有料到的困难。她以为自己深通德文,但是她错了,常常有一整句话因老师说得太快而听不懂。她还要在课下拼命地补习德文。经过一段时间的努力,听力障碍被逐渐克服了。

柯瓦列夫斯卡娅总是提前来到教室,在圆形讲台的阶梯教室内选择一个离讲台很近的座位坐下。有次序地放好她的笔和布面笔记本。她开始就聚精会神,注意力集中,周围的闲谈声对她没有丝毫干扰。教授一走进教室,闲谈立即停止了。

这是基尔霍夫教授的物理课。教授穿着挺括的礼服,留着方形胡须,十分壮观。他的课极有分量,讲得极有条理。他那硕大的头颅里装满了科学的宝藏。他平静的语调中略带一点肯尼葛斯堡地区的重音,他的论证非常漂亮,非常清楚,他似乎掌握着一种法力,可以任意处置物质世界。

基尔霍夫由于在电磁学方面的重大贡献早已名声显赫。他勇敢地深入最不易捉摸的知识领域,研究着数字,琢磨着星辰。他曾在太阳光中发现了六种元素,可他的经纪人——一位银行家对他的发现很不以为然:“如果你不能把太阳中的金子取到地球上来,那发现它又有什么用呢?”当基尔霍夫因其研究成果而获得了英国授予的一枚奖章和一笔金镑时,他把它们交给了银行家,并说:“这难道不是太阳中的‘金子’吗?”

但“太阳中的金子”还远不止于此。后来基尔霍夫用一种绝妙的方法制造了一个“理想黑体”的替代物,对“黑体辐射”进行了成功的研究,最终导致了量子论的产生。

基尔霍夫讲课能够极大地调动学生的想象力。由于“太阳中的金子”的故事人所共知,他经常用极自然的语气,以自在得像个大财主似的姿势说:

“让我们拿起太阳来,取下上面的金子,再扔回去……”

然后才开始讲他的光谱学。

柯瓦列夫斯卡娅这位俄国女学生坐在前排的椅子上，脸上带着无限叹赏的微笑，她那浅灰色的眼睛里，发出快乐的光芒。

霍尔姆赫兹教授的生理课则是另一番情景。这位发现能量守恒定律的科学家早就是柯瓦列夫斯卡娅心目中的偶像。他身材瘦高，衣服宽大，不甚入时，松松地裹着他的身躯，却显得很适合他穿。他有一种自然的优雅与庄严，这也正是他的魅力所在。他充满激情，双眼闪闪发光地讲解着眼的功能，解释他的三原颜色视觉论。当他讲解人体的另一感官——耳的功能时，提出一种理论，认为耳通过内耳的螺旋形器官——耳蜗的作用，来分辨不同的音调。这引起同学们很大的兴趣。

霍尔姆赫兹还是一位有才华的音乐家，他把科学的原理应用于音乐，对音响的配合十分擅长。他由于研究肌肉运动而取得了使他最负盛名的生理学发现，并第一个证明了动物的体温主要由肌肉的收缩而产生，而肌肉在运动中产生一种物质——现在称之为乳酸。

柯瓦列夫斯卡娅惊奇地发现,她所获准听的课都是由著名学者讲授的。其实这也并不奇怪。这是一个科学复兴的伟大时代,德国在19世纪后期已经成为西欧科学技术发展的中心,而海德堡大学是德国的一所古老而著名的大学,自然是群英荟萃、名家辈出。

对于柯瓦列夫斯卡娅来说,这里的数学课最为奇特。数学教授是课堂上紧张、寂静气氛的制造者,学生们都低着头,仔细地抄录着教授写在黑板上的问题,然后专心致志地进行推导。紧张的智力活动使他们年轻的脸出现了皱纹。这个课堂里只有热心求学的学生,其他一切都不复存在。

这是保尔·杜布瓦-雷蒙教授的常微分方程课。他讲课的方式与众不同,给人印象极深。课前他总是不愿做足够的准备,习惯在课堂上把自己置于险境,对自己要讲的内容现想现推,有时推错了,再回到开始的位置重新推导,有时需经过几次碰壁之后才能得到正确的论证。还有很多时候他要求同学们在限定的时间内自己推导。这种授课方式自然不受多数学生的欢迎，但却会使学生们两极分化，竟培养出了一批十分优秀的学生。保尔·杜布瓦-雷蒙的学生回忆说，正是由于他的不善备课，“而使我们获得了一个机会，能看到最高超的数学思维的实际运作过程”。

柯瓦列夫斯卡娅的数学一直是由她的私人教师单独授课。保尔·杜布瓦-雷蒙的课使她感到新奇、紧张、兴奋。她有着坚实的数学基础，因此完全跟得上教授的思维。

在海德堡大学的三个学期内，柯瓦列夫斯卡娅每周听18到22小时的课。她发现，她在所有科目上都有很大的缺陷。为了能得到她羡慕的荣誉头衔——博士学位，必须投入更多的时间，更大的精力来学习。在这几个学期，她的精力完全在学习上。她的时间几乎是在寂静中度过的，很少有谈话声打破这种寂静——这正是她梦想中的生活。她在海德堡学习时期的女友回忆她当时学习的情形：

“索菲娅非凡的能力，她对数学的热爱，她温柔谦逊的性格，使大家对她产生了好感。她很有魅力，教授们都很器重她。她异常勤奋，为了解决一个数学问题，常常一连几个钟头坐在那里苦苦思索。”

“她消瘦、苗条，一张圆圆的脸，表情丰富，仪态动人。浓密的栗色头发，修得短短的。时而双眸闪闪发光，时而低头凝思。朴素和智慧在她的身上达到了完美的结合。她绝不矫揉造作，她以一种自然的美征服了所有人的心。她似乎全然没有意识到别人对她的关注，毫不讲究外表，衣着简单，甚至有点不修边幅。”

的确，柯瓦列夫斯卡娅不爱交际，也没有时间交际。她长时间地保持着沉静和孤寂，很少出头露面。但她的学习却取得了长足的进步，学习成绩不断地提高。这种朴实勤奋的行为博得了德国教授们的一致赞扬。他们极为尊重像柯瓦列夫斯卡娅这样一位研究抽象科学的杰出女性。

无论柯瓦列夫斯卡娅如何不爱交际，她每天也总难免要遇到一些人。有些男青年对她很友善而且很诚恳，还有的愿意对她表示亲近，甚至是过分的亲近——因为柯瓦列夫斯卡娅长得很美。

大多数同伴对她都是极为尊重和仰慕的，但也有少数人对她的学习欲望困惑不解，以为像她这样一位俄国贵族女子,完全没有必要为了学数学而远离家乡到海德堡来吃苦。不过这并不会使柯瓦列夫斯卡娅感到烦恼,因为她到海德堡来就是为了学习数学。她热爱科学,热爱数学,听教授们讲课是很愉快的。怎么会有人觉得科学枯燥无味呢?还有什么东西能比支配宇宙的不变规律更使人心醉呢?还有什么能比发现这些定律的人类智力活动更神奇呢?许多非凡的现象彼此之间有机地联系着,表面无序而实则有序,偶然中蕴含着必然。与它们相比,小说显得多么空虚,神话显得多么缺乏想象力啊!……

柯瓦列夫斯卡娅的心中涌出一种兴奋的感觉,她要向那无穷无尽的知识宝库进军,要向物理和数学的规律进军。她这种热爱科学的感觉越发强烈了。

3.妇女公社

柯瓦列夫斯卡娅不仅献身于科学,而且还献身于俄国的民主革命。她要争取的,并不只是她个人能够享受高等教育的权力,她还希望为广大的俄国妇女开辟通往科学的道路。

在海德堡，柯瓦列夫斯卡娅帮助过许多漂泊至此的女青年。第一个到来的是她的远房表姐尤里亚·莱蒙托娃。柯瓦列夫斯卡娅曾专程到莫斯科说服尤里亚的双亲。尤里亚在1869年秋到达海德堡，柯瓦列夫斯卡娅安排她与自己同住一个公寓。

尤里亚想申请听著名化学家本生的化学课。本生这时早已名声显赫：他最先引用碳－锌电池，并与基尔霍夫合作发现了两种新元素铯和铷。他还发明了一种能发出弱光的无烟喷灯，并将它普及，以至于任何一个曾在普通化学实验室里做过实验的人，哪怕他把其他一切都忘掉了，也还会记得本生灯。

就是这样一位有杰出贡献的科学家，却有着非常乖僻的性格。他终生未婚，信奉大男子主义，多年来他一直履行着自己的诺言："决不允许任何妇女，特别是俄国妇女亵渎他实验室的男性尊严。"在他的母亲去世后，他几乎不再与任何女性接触，就连他家的仆人也全是男性。

当尤里亚向本生提出申请时，他断然拒绝了，并把尤里亚训斥一通赶出了实验室。尤里亚无端受训,满腹委屈。她含着泪把事情经过告诉了柯瓦列夫斯卡娅。柯瓦列夫斯卡娅听后感到很气愤,她略加思索,决定亲自去会一会这位盛气凌人的怪教授。她帽子也没戴,只身前往本生的实验室。她十分得体地拜访了本生教授,对其科学成就大加赞赏,表现得十分虔诚。最后她说:“我和我的朋友都很崇拜您,很想跟随您学习化学,我想您不会因为我们的性别而拒绝我们吧?”

58 岁的老本生对柯瓦列夫斯卡娅的来访毫无思想准备,他以为尤里亚被他拒绝以后肯定会死心的,因为他知道自己的个性在海德堡大学早已人尽皆知。谁知来了一位美貌绝伦的女学生——他有生以来还没有见过如此漂亮而且对他如此崇敬的女学生,这使他十分惊诧。他瞪大了眼睛,听着来访者说的每一句话。不知道为什么,他竟言不由衷地连声说“好、好、好!”这使柯瓦列夫斯卡娅高兴异常,她向教授深鞠一躬表示谢意便告辞了。

等柯瓦列夫斯卡娅离去之后,本生才忽然醒悟过来,才明白她对自己说了些什么,但后悔已晚。就这样尤里亚成了本生的学生。从此,本生对柯瓦列夫斯卡娅十分愤恨，认为她愚弄了自己。有趣的是，几年以后当柯瓦列夫斯卡娅的导师外尔斯特拉斯访问海德堡时，他的老朋友本生告诉他索菲娅是"一个十分危险的女人。"本生把自己收一位俄国女学生的"遭遇"告诉了外尔斯特拉斯，并悲叹道："就这样，那个女人使我自食其言了。"其实他哪里知道，这时柯瓦列夫斯卡娅接受外尔斯特拉斯的私人授课已经两年多了。

本生的偏见并没有影响海德堡大学的其他教授对柯瓦列夫斯卡娅的器重。凡是教过她的教授，都对她勤奋好学的精神和朴实而独立的品质留下了深刻的印象。不仅如此，柯瓦列夫斯卡娅还在海德堡城赢得了尊重。当她从街上走过时，不少市民都投以赞许的目光。人们彼此谈论和夸奖这位才华出众、勤奋过人的俄国女学生。年轻的母亲会指着她教育自己的孩子："瞧，这就是索菲娅·柯瓦列夫斯卡娅。你长大了一定要像她那样热爱科学，像她那样努力学习。"在1869年至1870年间，海德堡市的报纸上还不时地发表关于柯瓦列夫斯卡娅的特写文章。

尤里亚的到来给柯瓦列夫斯卡娅的寂静生活带来了活力。她们出身于同样的家庭,有共同的理想与抱负,现在又同住一所公寓,在同一所大学求学。她们很快就成了最要好的朋友。

两位女友的星期天经常是在城外宁静、优美的乡村度过。她们喜欢步行,常到城外的一片森林里去。柯瓦列夫斯卡娅总是在森林里采一些花带回来。在她身上,田园姑娘的气质依然存在。现在来到城市,她仍留心树木的萌芽生长,而且只要有一点空闲的时间,她就要跑到树林里去。1870 年春,她写信给安娜:

"这个星期天我和尤里亚到海德堡附近的杜塞去了,这是一个美丽可爱的郊区。丁香花和所有的果树都在盛开,连苹果树和栗树也开了花。空气中充满了花香,到处是绿色。"

在 1869 年冬,表姐冉娜以非常惊人的方式与她们在海德堡会合。在几位女性中,冉娜的处境最糟,几乎面临绝境。是弗拉基米尔向她伸出了援助之手。他安排冉娜与一家书店的经理叶夫多基莫夫联系。叶夫多基莫夫同情革命,弗拉基米尔的大部分科学和进步书籍都是在他的书店中出售的，他还协助弗拉基米尔把一些禁运的政治书籍运入俄国。冉娜从家里逃出来后，叶夫多基莫夫给她一些钱并为她安排了偷渡的路线。在夜晚冉娜一个人勇敢地步行逃离边境，历尽艰辛，终于来到了海德堡。

冉娜的到来，为柯瓦列夫斯卡娅的公寓又增添了新的成员，弗拉基米尔只好让出房间到附近另租公寓。大家称柯瓦列夫斯卡娅的公寓为“妇女公社”。冉娜在海德堡住了一段时间后，就转入莱比锡大学学习法律，后来成为俄国的第一位女律师，为维护女权做出很大贡献。

弗拉基米尔这时在海德堡大学学习地质学和古生物学，他经常到野外去考察。弗拉基米尔还常去“妇女公社”看望柯瓦列夫斯卡娅及其女友，两位女友也常回访他。几位年轻人之间保持着同志式的纯洁友谊。此时，柯瓦列夫斯卡娅与弗拉基米尔之间的关系是田园牧歌式的，像一首童真的梦幻曲。他们努力以车尔尼雪夫斯基《怎么办?》中的薇拉和德拉特里[1]为榜样而生活。在冉娜到来之前，他们二人同租一所公寓但分住两个房间。弗拉基米尔像成熟的大哥一样尽量地在生活上关心和照顾柯瓦列夫斯卡娅及其女友，有时他们三个人一同去郊游。尤里亚后来回忆这一段美好的时光时说：

“我们三人常常到海德堡附近去远足，沿着平展延伸的小路走上很长一段，索菲娅和我往往要走到精疲力竭为止，恰似两个孩子。关于这段大学生活的回忆有多少乐趣与幸福啊！”

索菲娅当时看上去是那样的幸福——而且是以一种完全不同的方式：……弗拉基米尔完全是以精神的方式爱着她。显然，她也是以同样的方式温情地对待他。

可是到了第二年，情况就糟了。

姐姐安娜的到来打破了这种美好、宁静的生活。安娜到海德堡不久就移居巴黎，投身于那里的革命运动。1869 年底，她从巴黎来“妇女公社”探望几个姐妹。当她发现弗拉基米尔还活动在妹妹的生活圈

---

① 《怎么办?》中的男女主角，能够十分理智地对待婚姻。

子中时，很不以为然。她认为“假婚”就是假婚，这不过是一种用来帮助妇女出国的法律手续，弗拉基米尔作为假婚“丈夫”已经完成了他的使命，现在应该隐退了。她的这种态度也影响了冉娜。这两个人对弗拉基米尔开始变得冷淡，甚至有些不礼貌。

而事实上，弗拉基米尔与柯瓦列夫斯卡娅在共同生活的这段时间里，已经逐渐产生了好感，他们不过是把学业放在第一位，而控制着个人的感情继续发展下去而已。他们正处于既不能结合又难以分开的状态，安娜和冉娜的态度使双方陷于苦恼和尴尬之中。他们还没有成熟到能够处理好假婚的感情后果的程度。虽然柯瓦列夫斯卡娅的学习进步很快，但课堂外的生活是紧张而又复杂的。她的婚姻，既没有虚假到足以使双方都能泰然处之，又没有真实到使双方的感情得以满足。

个人感情和婚姻上的烦恼并没有影响柯瓦列夫斯卡娅对妇女解放事业的支持。“妇女公社”为许多来德国求学的女青年提供临时住所，帮助她们度过困难时期。公社的成员是流动的，长住的只有柯瓦列夫斯卡娅和尤里亚。柯瓦列夫斯卡娅不仅为公社成员提供住所，而且还在生活上资助她们。

在冉娜之后，柯瓦列夫斯卡娅还帮助冉娜的两个妹妹——奥尔加和安纽塔逃离家庭，走上出国求学的道路。女革命家纳塔利娅·阿姆菲尔德——柯瓦列夫斯卡娅的一位远亲，也在“妇女公社”避过难。纳塔利娅是一位将军的女儿，她在避难期间，跟随柯瓦列夫斯卡娅学习数学。但没过多久，她还是决定暂时放弃学习而投身革命。为了加入柴可夫派——一个向圣彼得堡工人进行政治宣传的组织，纳塔利娅回到俄国。不幸的是，她回国后不久便被沙皇政府逮捕，被流放到了遥远的赤塔地区，在那里病逝。

在海德堡，有一段时间，“妇女公社”保持着四位成员，公社里洋溢着紧张而热烈的气氛。为了一个共同的理想，她们走到一起，大家和睦相处，互相帮助，互相勉励。虽然在生活上非常清苦：她们通常的食物就是一点面包和茶，一点牛奶，一小块在酒精灯上烧炙过的肉，但佐以关于革命运动的最新消息或对最近所读书籍的热烈讨论。她们是俄国历史上第一批勇敢、杰出的科学女性。

4. 愉快的假期

在海德堡学习期间，柯瓦列夫斯卡娅和弗拉基米尔利用大学的假期进行了愉快的旅行。他们除了到德国的其他地区以外，还到欧洲各国。沿途，他们游览大自然的美丽风光和各地的名胜古迹。弗拉基米尔还进行地质探险，为他的地质学和古生物学研究积累素材。利用假期旅行还有一项很重要的内容，就是每到一地，他们都要设法去结识当地的数学家、地质学家、生物学家以及科学界与知识界的知名人士。他们经常慕名去拜访一些科学家。在这些活动中，他们总能受到热情的接待。通过假期旅行，他们不仅使紧张与疲惫了一个学期的身心得到了放松，而且还了解到了欧洲科学的发展，这样更加深了他们对自然科学和数学的热爱。柯瓦列夫斯卡娅冲破家庭阻挠，献身科学的故事也为更多的人所了解。

在 1869 年 10 月的英国旅行中，弗拉基米尔发展了与著名自然科学家、生物进化论的创始人达尔文（1809—1882）的友谊。

原来，早在俄国时，弗拉基米尔就因出版事务而结识了达尔文，他是达尔文进化论的忠实信徒和宣传者。达尔文的《动物和植物在家养下的变异》一书在尚未正式出版前，他就把校样寄给了弗拉基米尔，这一著作的俄文版在 1867 年先于英文原版(1868 年出版)在俄国出版。

弗拉基米尔与柯瓦列夫斯卡娅到达伦敦后，立即去拜访达尔文。两位忘年交①见面后格外亲热，达尔文双手捧住弗拉基米尔的双肩大声地说："我现在已经知道你是怎样的一个人了！""那你说我是怎样的一个人？""一个虚无主义者！"达尔文笑着大声地回答。达尔文了解弗拉基米尔为出版进步书籍和自然科学书籍而做的工作，对他很有好感。达尔文性格幽默，说话十分诙谐。他因身体不好未老先衰，刚过 60 岁，看上去好像已年逾古稀。然而他始终保持着童心，永远像一个"大孩子"。他对弗拉基米尔的来访十分高兴，连连地对他们讲自己现在所研究的人类的由来及性选择等问题，特别强调说，人类也是

---

① 达尔文比弗拉基米尔大 30 余岁.

由低级动物渐次进化而来的。弗拉基米尔被达尔文所谈的问题深深地吸引着,他甚至由此产生了运用进化论学说来研究脊椎动物种系发生问题的想法。正是这项工作,使他在科学界获得了很高的声誉。

通过达尔文的引见,弗拉基米尔和柯瓦列夫斯卡娅又结识了英国著名科学家、达尔文学说的主要支持者托马斯·赫胥黎(1825—1895)。达尔文的《物种起源》招惹了许多宗教人士、保守派和嫉妒他的人的反对。1860年6月30日,在牛津召开的英国科学促进协会的大会上,牛津主教威尔伯福斯组织力量攻击达尔文的支持者赫胥黎。赫胥黎义正词严、铿锵有力地反驳了威尔伯福斯主教及其追随者,不但捍卫了达尔文的进化论,而且还宣告,科学已从神学中独立出来。赫胥黎本人也致力于古生物学、分类学及人种学等的研究。他对弗拉基米尔的来访十分热情,两人讨论了一些大家都关心的问题。

当赫胥黎得知柯瓦列夫斯卡娅正在研究数学时,主动把她介绍给英国的数学家及更广范围内的英国的知识分子们。通过这些关系,柯瓦列夫斯卡娅在英国著名小说家乔治·艾略特(1819—1880)的沙龙里访问了她。艾略特在当天的日记中写道：

> "今天，一对有趣的俄国人来看我——柯瓦列夫斯基先生和太太[①]，后者是一位年轻漂亮的女性，有着富于魅力的朴实嗓音和谈吐，她在海德堡学习数学（经过基尔霍夫的帮助，才得到了学习许可）；弗拉基米尔和蔼、热情又聪明，他在学习某种自然科学——特别是古生物学，为此目的，他将到维也纳去6个月，而把他的妻子留在海德堡。"

柯瓦列夫斯卡娅在艾略特的沙龙里度过的那些日子令她十分兴奋。她对艾略特有一种说不出的崇敬。艾略特原名玛丽·安·埃文斯，早年献身宗教，宣称终身不嫁。后结识了自由思想者查尔斯·布雷，受其著作《基督教起源的调查》的影响，突然宣布与宗教决裂，声明不再进入教堂，但她仍参与翻译了施特劳斯的《耶稣传》。1851年，她结识了当时最有才华的、但家庭生活不幸福的乔治·亨利·刘易斯，

---

①即他们的公开身份是夫妻。

彼此志趣相投。刘易斯发现她的才华,鼓励她走上了文学创作的道路。她很快与有妇之夫刘易斯公开同居,他们共同居住25年,直至刘易斯去世,并更名为乔治·艾略特。她创造了现代小说中经常采用的心理分析的创作方法。与艾略特的交往,对柯瓦列夫斯卡娅后来从事文学创作有很大的影响。

一个星期天,艾略特把柯瓦列夫斯卡娅介绍给著名的哲学家、社会达尔文主义者赫伯特·斯宾塞(1820—1903)。斯宾塞主张用哲学方法来研究社会现象,认为哲学是各专门学科基本原理的综合,试图将自然科学及社会科学知识归结为一个综合的哲学体系。他和大多数社会达尔文主义者一样,认为妇女的智商大大低于男性,反对让妇女接受大学教育。艾略特有意挑起一场争论。她把柯瓦列夫斯卡娅介绍给斯宾塞之后,说:“这位男士——著名的斯宾塞先生,他坚持认为世界上没有一位妇女能够胜任科学工作,因为他认为如果让妇女从事科学工作,那会耗尽她们微弱的能量,以致没有精力从事分娩。”

柯瓦列夫斯卡娅一下子变得十分尴尬,她既不想失去礼貌,但还要驳倒这位社会达尔文主义者。

她与斯宾塞足足辩论了三个小时，中间艾略特还不时地加入辩论，站在她这一边与斯宾塞论战。可她们确实碰上了一位难以应付的对手，虽然没有驳倒对方的观点，但是柯瓦列夫斯卡娅十分出色地表现了自己。艾略特为了安抚她的失败，赞扬她："你很勇敢地捍卫了我们共同的事业。"柯瓦列夫斯卡娅在艾略特的赞扬声中退出了这场遭遇战。

虽然柯瓦列夫斯卡娅没能战胜对手，但她赢得了在场的几乎所有人的无声的同情。因为大家都知道她的对手是一位强悍的社会达尔文主义者，观点十分鲜明，又有着哲学家善辩的口才。而她是一位不到二十岁的女学生，双方力量如此悬殊，她竟能坚持三个小时，真是勇敢顽强。事实上，到后来连斯宾塞本人也十分赞许柯瓦列夫斯卡娅的勇敢，只是在观点上不能让步，他甚至没有因为战胜对方而欣喜。

柯瓦列夫斯卡娅离开艾略特的沙龙后，暗下决心，一定要以自己的努力来证明妇女的智力绝不低于男性！回到海德堡后，她学习更加刻苦，取得了可喜的成绩。她打算在海德堡大学争取数学、力学博士学位。但后来的情形使她改变了主意。

5. 到柏林去

1870年春季,柯瓦列夫斯卡娅又获准听著名数学家柯尼斯伯格教授的椭圆函数论的课程。

柯尼斯伯格教授四十多岁的光景,身材矮小,动作敏捷,有一对发亮的、智慧的眼睛和一副略带一点讥讽的面容,还有诗人般的宽宽的前额。当他走进教室上第一节课时,他压低了声音说,因为患过疾病而不能大声讲话,请同学们离他更近一些。这样,坐在后排的学生也都围拢过来,包围着半圆形的讲台。

在他的椭圆函数论课上,大家听到的并不是枯燥无味的讲解和计算,而是一些与大家的预料完全不同的东西。他首先提出一个问题:“同学们都会计算圆的周长吧,但怎样来求椭圆的弧长呢?”于是他开始像计算圆周长那样考虑一个定积分,由于圆的半径为常数,因而计算很容易。椭圆有长短轴之分,使积分计算复杂化。随后他告诉大家,椭圆的周长不仅不能像圆的周长那样计算出来,而且它竟不能通过初等函数表示为有限的形式!

柯尼斯伯格又拿过一个纸做的模型，这是一个有着倾斜剖面的圆柱，剖面正是一个椭圆。他通过轴的一端，沿着母线把圆柱剪开并展平，椭圆周竟变成一条正弦曲线。这种几何上的契合真是奇妙无穷！

学生们都被强烈地吸引住了，迫不及待地想听下文。柯尼斯伯格告诉大家，由于对椭圆弧长的计算而引发出了关于椭圆积分的研究，进而发展成19世纪函数论中最热门的课题——椭圆函数论。

柯尼斯伯格接着向同学们介绍了19世纪20年代才开始的椭圆函数论研究的历史。

“大数学家高斯[①](1777—1855)生前曾得到了关于椭圆函数论的许多重要结果，但并没有公开发表。挪威数学家阿贝尔(1802—1829)和德国数学家雅可比(1804—1851)是公认的椭圆函数论的创始人。”

“阿贝尔——一位极富传奇色彩的数学家。他是19世纪数学天空中最耀眼的天才之星，发射异彩

---

① 德国数学家，号称数学之王。若列出有史以来最著名的三位数学家，按时间顺序则是阿基米德、牛顿和高斯。

之后突然从天空中消失——因贫困与疾病交加不幸早逝。一位数学家说:“阿贝尔给数学界留下了足够人们忙上500年的东西。”

“阿贝尔是一位穷牧师的儿子,15岁时他的老师霍尔姆伯(1795—1850)发现了他的数学天才,并指导他学习许多古典和当代的数学名著。在霍尔姆伯的资助下,阿贝尔得以进入大学学习和研究数学。1824年,他证明了五次及五次以上的方程不能用求根公式求解,解决了困扰数学界二百多年的难题。

“1825年,阿贝尔在了解了欧拉①、拉格朗日②和勒让德③关于椭圆积分的工作后,产生了一种新的思路。他考虑第一型椭圆积分的反函数,发现了许多重要的、奇特的性质,他称这类新的函数为椭圆函数。

“春季的紫罗兰竞相开放。正当阿贝尔潜心研

---

① 1707—1783 瑞士数学家,历史上最伟大的数学家之一。

② 1736—1813 法国数学家,欧洲最伟大的数学家之一。

③ 1752—1833 法国数学家,也是欧洲最伟大的数学家之一。他与拉格朗日、拉普拉斯被称为法国数学界的“三L”。

究椭圆函数时,另一位数学家,比阿贝尔小两岁的德国数学家雅可比也独立地发现了椭圆函数。同时,他们考虑问题的出发点也是惊人地相似。与阿贝尔不同的是,雅可比出生于一个富裕的犹太人的家庭。他早年跟随舅父学习数学,也读大师们的著作——欧拉的,拉普拉斯[1]的,拉格朗日的。阿贝尔在椭圆函数论的一些重要细节上走在了雅可比的前面,但雅可比在完全不知道他的竞争者的工作的情况下,有了一个伟大的开端。

"1827 年,阿贝尔与雅可比像竞赛一样,争相发表关于椭圆函数论的工作结果。可惜的是,阿贝尔因肺结核与营养不良,于 1829 年便离开了人世。时年不足 27 岁。雅可比活到 1851 年,生命虽然也很短促,但比起阿贝尔来,他有时间发表更多的结果。他写于 1829 年的《椭圆函数论的新基础》已成为这一领域的一部关键性著作。"

柯尼斯伯格介绍了阿贝尔和雅可比的工作后,显得十分激动和兴奋。

---

① 1749—1827,法国数学家、天文学家。

“现在我还要向大学介绍当代最著名的数学家外尔斯特拉斯(1851—1897)——我的导师——对椭圆函数理论近期的发展所做的重要贡献。他把椭圆函数表示成两个幂级数的商来研究,从而使这一理论更加完善。”

椭圆函数论课程强烈地吸引着柯瓦列夫斯卡娅。她对这个严密、奇妙而深刻的数学理论着了迷。当把圆压扁时竟会产生这么多奇异的性质,数学是何等的神秘而奇特呀。而发现这些奇特性质的数学家又是何等的令人钦佩啊!

柯尼斯伯格在课堂上经常地、不失时机地宣传现在柏林大学任教的外尔斯特拉斯教授,对导师的崇拜时常溢于言表。

外尔斯特拉斯对数学的许多领域都有划时代的贡献。特别是由于他的工作,澄清了微积分基本概念中存在的混乱局面,使数学分析①得以形成现代的严格形式,因此他被当代人誉为“现代分析之父”。外尔斯特拉斯桃李满天下,他的学生遍布欧洲各国,

① 指微积分及相关数学分支。

柯尼斯伯格是他早期的学生。

在椭圆函数论的课程结束时，柯瓦列夫斯卡娅有了一个十分大胆的想法——到柏林去！直接向崇拜已久的大师外尔斯特拉斯求学，听他的课，在他的指导下研究数学。柯瓦列夫斯卡娅的这一想法越来越强烈。

柯瓦列夫斯卡娅把自己的想法告诉了尤里亚。尤里亚非常支持她，而且她自己也想到柏林大学进一步深造化学。于是两位女友决定同往柏林。

可是，像外尔斯特拉斯这样一位大数学家，肯收一位默默无闻的外国女学生吗？事到临头，柯瓦列夫斯卡娅又有些胆怯了。但无论如何，她决心试一试，她确认："你敲门，门才能开，你寻找，才能找到。"

第五章　大师与学生

1. 初露锋芒

1870 年 8 月 16 日上午，柏林大学外尔斯特拉斯教授的办公室。一位俄国女青年来到这位 55 岁誉满天下的大教授面前，用缓慢清晰的德语，诚挚而坚决地要求大师收她为学生。外尔斯特拉斯正在修改一份讲义，他以十分疑惑的目光打量着眼前的这位女学生。只见她身穿朴素的衣服，梳着短发，头戴一顶宽边下垂的大帽子，使人看不清她的脸，也很难判断她的年龄。但可以察觉到，帽檐后一双美丽动人的大眼睛发出了恳切而智慧的目光。看到教授吃惊的样子，女青年又向他详细述说了自己的情况，表达了自己喜爱数学及选择数学为终生职业的决心。

外尔斯特拉斯终于被女青年对数学的热爱和诚

恳的态度打动了。但他是一个很理智的人，他知道学习任何一门科学，光凭热情是不够的，还需要有坚实的基础。于是他出了一些关于双曲函数的题目交给女青年，告诉她如果能在一周之内解出这些题目，就再来找他。言外之意，如果做不出来就不要再来了。这些题目都是外尔斯特拉斯用来考高才生的难题，他想这位俄国女学生多半做不出来。结果不到一个星期，柯瓦列夫斯卡娅又返回到了外尔斯特拉斯的办公室，交上了全部题目的答案："教授，题目我做好了，请您过目。"外尔斯特拉斯半信半疑，他连忙请柯瓦列夫斯卡娅坐下，请她稍等，他要当场看一下答案。外尔斯特拉斯的脸上先是露出十分惊异的神色，然后不住地点头，最终露出了满意的微笑。使他吃惊的是，交来的答案，不仅每个题目都答对了，而且条理分明，逻辑严谨。不少题目的解法很有独创性。许多答案还显示出她的直觉能力，这种能力在比她更年长的、更成熟的学生中也是不多见的。经验丰富的外尔斯特拉斯马上意识到，面前这位女青年是难得的数学人才。

坐在一边焦急等待的柯瓦列夫斯卡娅听到外尔

斯特拉斯的赞许后,轻轻地舒了一口气,悬在心里的一块石头总算落了地。原来她到柏林大学申请入学,遭到校方拒绝,别无选择,她只好再鼓足勇气来直接拜见这位大数学家。可是心中难免有些胆怯,为了掩饰这种心态,她故意戴一顶能遮住脸部的大帽子。这时,柯瓦列夫斯卡娅取下帽子,脸上焕发出了青春的光彩。从这一时刻起,柯瓦列夫斯卡娅就成了外尔斯特拉斯最喜爱的学生。他告诉她先回去等待消息,因为入柏林大学学习,必须经过校方批准。

在征得校方同意之前,外尔斯特拉斯先给海德堡的柯尼斯伯格去了一封信,向他了解柯瓦列夫斯卡娅的个人品德和数学能力。

沙俄政府为了诋毁妇女运动,在欧洲各国散布流言蜚语,说所有在国外的俄国妇女都是狂热的革命者,而且个人道德败坏。他们甚至暗示,之所以有许多俄国妇女选择医学专业,是因为这样她们就可以给同伴堕胎。沙皇政府的这些诽谤是很有影响力的,到欧洲各国留学的俄国妇女果然受到了无端的怀疑和盘查,很多学校拒绝接收俄国妇女。柯瓦列夫斯卡娅在海德堡入学前受到的怀疑和本生对尤里亚的态度都与此有关。

由于俄国妇女的名声不佳,外尔斯特拉斯对收柯瓦列夫斯卡娅为学生采取慎重态度就不足为怪了。其实,他收柯瓦列夫斯卡娅为学生,并不仅仅是为自己担心,他更为她担心,怕她的国籍会引起柏林大学当局对她的歧视。

柯尼斯柏格很快就回了信,他高度赞扬了柯瓦列夫斯卡娅的数学才能和个人品德。外尔斯特拉斯拿着来信与大学评议会交涉。他还得到了柏林大学的同事——著名数学家埃米·杜布瓦－雷蒙的支持。埃米从他的兄长,柯瓦列夫斯卡娅在海德堡大学的数学教授保尔·杜布瓦－雷蒙那里得到了称赞柯瓦列夫斯卡娅的证明材料。尽管有外尔斯特拉斯与埃米·杜布瓦－雷蒙对柯瓦列夫斯卡娅入学申请的支持,又有病理学家鲁道夫·维尔霍和声望卓著的霍尔姆赫兹(柯瓦列夫斯卡娅在海德堡的另一位教授,现已调入柏林大学工作)的声援,但是,还是没能打破柏林大学对女生的偏见,大多数教授,包括许多著名的科学家反对接收柯瓦列夫斯卡娅入学。

外尔斯特拉斯失望地回到办公室,他又想起了几天之前柯瓦列夫斯卡娅交给他考卷时的情形。这样一位数学人才,难道真的要把她拒之于大学门外吗?他不能想象怎样面对这位数学天才。

2. 名师高徒

柯瓦列夫斯卡娅的入学申请被大学评议会拒绝的那天晚上,外尔斯特拉斯心情很不平静,他辗转反侧久久不能入睡,他想起了几十年来自己走过的曲折道路。

卡尔·外尔斯特拉斯出生于一个普通的海关官员家庭。父亲是一位虔诚的天主教徒,早年曾当过教师。卡尔是父亲的长子,他还有一个弟弟和两个妹妹。卡尔从小天资过人,在学校里深得老师和同学的喜爱。他总能用少于规定的时间学完每门课程,而且所有课程的成绩都很优异。在他所学的功课中,他最喜欢数学。在读中、小学时,卡尔获得过多种奖章和奖金。在他 15 岁的一个假期里,他曾为一个女商人管理账目,并管理得井井有条。

老外尔斯特拉斯是一个务实的理想主义者，他正直，但很顽固，在家庭里具有支配一切的权威。卡尔高中毕业后，父亲送他到波恩大学去学法律和财经，希望他将来能当一名高级的文职官员。但是卡尔十分讨厌商人的欺诈和律师的诡辩，尽管对父亲的安排很不满，但他必须服从。入校后他根本不用心学习专业，而是把时间和精力放在饮酒、击剑和结交朋友上。闲下来时，他自学拉普拉斯的《天体力学》、雅可比的《椭圆函数论的新基础》和阿贝尔的著名论文。这些著作为他后来从事数学研究奠定了基础。

四年以后，卡尔结交了许多朋友，并成为一名百战百胜的击剑手，他常以魔鬼般的准确、闪电般的速度击败对手。同时他也形成了独立自主的个性，他立志把一生献给数学研究。他在大学里度过了8个学期，既没有参加法律系的毕业考试，也没有获得法律博士学位，两手空空回到了家里，受到父亲严厉的谴责。这件事对老外尔斯特拉斯来说也是一个很大的教训。在一位朋友的建议下，他决定改变主意，让儿子做教师，并送儿子到明斯特神学哲学院去准备参加教师资格的国家考试。

在明斯特,外尔斯特拉斯遇到了使他终生难忘的数学教授克利斯托夫·古德曼(1798—1852)。古德曼当时正热衷于椭圆函数论的研究,他的指导思想是把函数展开成幂级数来研究,这成为后来外尔斯特拉斯进行解析函数论研究的起点。古德曼在神学哲学院讲授椭圆函数论,第一堂课有13位学生,可从第二堂课起就只剩下外尔斯特拉斯一个人了。古德曼很高兴还有一位听众,他鼓励这位年轻人,并悉心指导他,师生相处得十分融洽。通过古德曼的指导,外尔斯特拉斯才很好地领会了雅可比关于椭圆函数的工作。古德曼还为他唯一的学生讲授解析球面几何学。

第二年,外尔斯特拉斯报名参加国家考试,考试分口试和笔试两部分。笔试部分要求在6个月内完成三篇论文。古德曼应外尔斯特拉斯的请求,为他确定了一个很难的论文题目:求椭圆函数的幂级数展开式。外尔斯特拉斯遵循这一方法获得了极大的成功,他把椭圆函数表示成了幂级数的商,推进了椭圆函数的理论研究。

古德曼对外尔斯特拉斯呈交的数学论文给予了高度的评价。他在给校方的报告中指出:“这个问题对于一个年轻的分析学者来说是过于困难了,但是外尔斯特拉斯做得非常出色。他完全可以与这门理论的享有盛名的发现者相提并论!”古德曼还建议校方,不要让这位年轻人当中学教师,应该把他推荐到高等学校去发挥作用。但是校方并没有采纳这个建议,外尔斯特拉斯得到了一份中学教师的资格证书。

在这以后,外尔斯特拉斯当了14年的中学教师。他什么课都教过,除数学、物理外,还教历史、地理、德语、书法,……,甚至还教过体育!

外尔斯特拉斯身体健壮,毅力惊人。他能随遇而安,但志向不改。在当中学教师期间,他没有做出一副怀才不遇的样子,而是待人亲切和蔼,富于幽默感。他不修边幅,真诚质朴,他的所有中学的同事都认为他是一个地地道道的好人,一位快活的酒肉朋友。

但是,除了偶尔与一些酒友夜间出游外,他在大多数夜晚,都与他的同伴们不知道的另一个“神交”——“阿贝尔”在一起。他常和“阿贝尔”一起熬夜——阿贝尔的著作永远在他手边。他对阿贝尔无限钦佩,他从阿贝尔的著作中发现了永恒的、不朽的东西。当他成为世界上第一流的分析学家和欧洲最伟大的数学家时,他对他的每一个学生的第一个忠告都是:"读读阿贝尔!"

中学里的研究条件极差,既无图书,又无同志,经济拮据,信息不通。但是外尔斯特拉斯自强不息,在这种环境中他竟锤炼出自己独特的个性和思想方法。他以批判的目光审视着分析学的每一个领域,成为把严格的论证引进分析学的一位大师。他在这一时期的潜心研究,为他后来做出重要的贡献奠定了基础。这期间他留下了许多珍贵的论文手稿,其中大部分在他成名之后才正式发表。

1842 至 1843 年间,他在乡村中学不定期发行的《教学大纲》上发表了一篇《关于解析因子的注记》的文章。这个问题曾困扰着许多老分析学家,外尔斯特拉斯圆满地解决了这个问题。但这种印刷品上的文章当然不会引起人们的注意。

1848 至 1849 年间,他又在另一所中学(外尔斯特拉斯已调到这里工作)的《教学大纲》上发表了一篇《关于阿贝尔积分论》的论文，这是一篇有划时代意义的论文，可惜仍然无人觉察。

1854年的努力使他获得了成功。这一年，他把经多年精心研究并解决了的关于阿贝尔和雅可比留下来的难题的结果写成论文《阿贝尔函数论》投到著名的《克雷尔杂志》[①]上，这一次轰动了整个数学界！

一篇出自一位默默无闻的乡村中学教师之手的杰作！在柏林没有任何人知道他！更令人惊奇的是，如此完满的工作竟由一位孤独的研究者个人完成，他从来没有发表过任何最初的进展情况，而是以令人钦佩的克制，把一切都暂时保留着，待到成熟时让它一鸣惊人！

请看数学界的反映吧！

柯尼斯堡大学教授，雅可比的继任者里歇洛(1808—1875)立即意识到了外尔斯特拉斯做了些什么，他马上说服校方授予外尔斯特拉斯荣誉博士学位，并亲自前往乡村中学颁发学位证书。

---

① 由德国数学家克雷尔(1780—1855)创办的数学杂志，许多著名数学家都是经过该杂志的帮助而崛起的。

《克雷尔杂志》的主编博尔夏特(1817—1880)随即赶赴乡村中学,向外尔斯特拉斯表示祝贺,并从此开始了两人长达20年之久的友谊(直到博尔夏特去世)。

1855年,教育部提升外尔斯特拉斯为高级教师,并放他一年的假让他从事科研工作。

1856年6月,柏林皇家综合工科学校任命外尔斯特拉斯为数学教授,柏林大学任命他为副教授,同年11月他当选为柏林科学院院士。

在外尔斯特拉斯40岁时,德国数学界终于发现了这位当代最伟大的分析学家。得到如此迅速、如此慷慨的重视,他深受感动。但对这一切他似乎又没有放在心上,他禁不住对过去的生涯投之一瞥,更加怀念他最初的启蒙老师古德曼。这时古德曼已作古三年了。

许多年之后,当他想到40岁时那个重大时刻带给他的幸福,以及那个重大时刻为他带来的美好前景,他不无悲哀地说:"生活中的一切都来得太迟了,……我的那些乡村的教师、律师和年轻军官朋友,都认为我是一个热诚而令人感到亲切的人。但是如果没有那项使我成为一个遁世者的艰苦工作，那些年的无限空虚和烦闷会让人无法忍受的。”

外尔斯特拉斯从此成为一位举世瞩目的数学家。他对当初古德曼收他为学生，在他的成长道路上所给予的帮助十分感激，他永远也不能忘记古德曼对他的栽培。个人的经历使外尔斯特拉斯对有科学抱负的年轻人总是抱有深切的同情之心。他确信，发现和培养年轻人，对于科学的发展有决定性的意义。

现在，面对柯瓦列夫斯卡娅这样一株充满希望的数学新苗，难道能看着她自生自灭、枯萎凋谢吗？难道能让她再重复自己那曲折的经历吗？绝对不能！外尔斯特拉斯决定不顾任何反对舆论，在百忙中抽出时间来亲自培养柯瓦列夫斯卡娅。

外尔斯特拉斯利用每个星期日的下午在他的住处给柯瓦列夫斯卡娅讲授数学，他把本周内在学校教的课给她复述一遍，并把一些讲义给她带回去让她读，还布置一些习题。然后在每星期的另一天，外尔斯特拉斯到柯瓦列夫斯卡娅与尤里亚合住的公寓回访一次。为他的学生辅导、答疑，讲解自己尚未发表的著作,同她一起讨论最新的科学成果。

这种每周互访式的授课从1870年秋季开始,一直继续到1874年秋季,只是在假期或生病时才稍微中断一下。当他们因故分开而不能互访时,就通过信件来讨论数学问题。

在外尔斯特拉斯身边学习四年,柯瓦列夫斯卡娅亲眼看见并亲身感受到了这位数学大师的伟大风格。

外尔斯特拉斯治学严谨,推理细致。他总是反复推敲自己的观点、理论和方法,使理论建立在牢固的基础之上。他不仅对椭圆函数论和阿贝尔函数论进行过重要研究,而且是分析基础严格化的完成者,是解析函数论的奠基人。他所建立的分析学,仿佛是座自下而上建筑的坚实而完美的数学大厦。"外尔斯特拉斯的严格性"已成为现代数学严格性的标志。外尔斯特拉斯思想活跃,勇于创新,他总是力求寻找崭新的途径,以新颖的形式发展数学理论,并使之达到自然完美的程度。20世纪最伟大的数学家希尔伯特(1862—1943)认为:"外尔斯特拉斯以其酷爱批判的精神和深邃的洞察力,为数学分析建立了坚实的基础。通过澄清极限、函数、导数等概念,他排除了微积分中仍在涌现的各种异议,扫清了关于无穷大和无穷小的各种混乱观念,决定性地克服了起源于无穷大和无穷小概念的困难。今天分析学达到如此和谐、可靠和完美的程度,本质上应归功于外尔斯特拉斯的科学活动。”

外尔斯特拉斯是一位无与伦比的数学教师,他教过数学系的几十门课,培养了大量善于思考的、富有创造性的人才。他讲课充满激情,善于用一种不可言传只能意会的精神激发学生的灵感和创造欲。他创办了柏林大学第一个数学讨论班,与学生共同讨论他所开创的新观念和新理论。在讨论班上,他的新思想朴实无华,自然而然地涌现。他讲授新理论的消息很快传遍欧洲,各国学生闻风而至,听课人数剧增。所以要不断地调换较大的教室,否则会有不少学生席地而坐。

在外尔斯特拉斯培养的学生中,有一百多人成为大学的正教授。大学正教授的职务在当时的德国是很难谋到的。一百多人,真是一个惊人的数字!而其中已有一大批人成为19世纪著名的数学家,请看下面所列的不完全的名单。

巴赫曼(1837—1920),基尔大学教授。基尔几何学派创始人,在几何作图法方面有重要贡献;

博尔查(1857—1942),获博士学位后移居美国,任大学教授。主要贡献在椭圆积分、椭圆函数论和变分法等方面;

恩格尔(1861—1941),莱比锡大学教授。主要贡献在变换群和微分方程理论等方面;

弗罗贝尼乌斯(1849—1917),格丁根大学教授。对群论有重要贡献;

亨泽尔(1861—1941),马尔堡大学教授。在函数、代数学和数论等方面有重要贡献;

赫尔德(1859—1937),柯尼斯堡大学教授,在分析学、几何学和群论等方面有重要贡献;

胡尔维茨(1859—1919),柯尼斯堡大学教授,在代数数论、函数论和级数论方面有重要贡献;

克莱因(1849—1925),先后任爱尔兰大学、格丁根大学和莱比锡大学教授,是19世纪末到20世纪初德国数学领袖;

基灵(1847—1923),明斯特大学教授,主要贡献在非欧几何和连续群理论方面；

克内泽尔(1862—1930)，布雷斯劳大学教授，在几何学、分析学、函数论等方面有重要贡献；

柯尼斯伯格(1837—1921)，海德堡大学教授，柯瓦列夫斯卡娅的老师，在分析学、代数学和力学等方面都有贡献；

莱尔赫(1860—1922)，瑞士弗里堡大学教授，在数论、几何学和函数论等方面有建树；

默滕斯(1840—1927)，克拉科夫大学教授，在解析函数论方面有重要贡献；

闵科夫斯基(1864—1909)，柯尼斯堡大学、苏黎世大学和格丁根大学教授。在代数几何方面有重要贡献，与爱因斯坦共同奠定相对论基础；

米塔-列夫勒(1846—1927)，瑞典斯德哥尔摩大学教授，主要贡献在函数论方面；

内托(1848—1919)，吉森大学教授，在函数论、代数学和几何学方面有所建树；

普林斯海姆(1850—1941)，慕尼黑大学教授，在分析学和数学史方面有贡献；

龙格(1856—1927)，格丁根大学教授，主要贡献在函数论、代数学、计算数学和数学物理等方面；

朔特基(1851—1935)，苏黎世大学教授，主要贡献在函数论方面；

施瓦兹(1843—1921)，柏林大学教授，外尔斯特拉斯的继任者，德国数学界领袖人物之一；

斯托尔茨(1842—1905)，奥地利斯布鲁克大学教授，在分析学领域颇有建树。

大家还将看到，在这个名单中还要加上柯瓦列夫斯卡娅的名字。

外尔斯特拉斯之所以培养了这么多优秀的学生，与他的教育思想和个人品格有很大关系。他对学生总是循循善诱。在讨论班上，他不断提出富有启发性的想法，并为学生指定研究课题。他对学生毫无保留，甚至还把自己尚未发表也未留纪要的手稿借给学生。有的学生拿去后竟不再归还，他也毫不介意。

外尔斯特拉斯粗犷豪放，豁达大度，善于结交各类朋友。他在学生面前从来不摆架子，在他成为大人物之后，也丝毫没有一点矜持，而是从学术上和生活上真诚地关心和帮助他的学生们。在他周围总是聚集着一群极能干的年轻数学家，他们对自己的导师崇拜至极。外尔斯特拉斯对于发表论著一向不积极，他的学生成为他学术思想的义务宣传员。他很高兴与他的学生或同事一起散步回家，途中有说有笑，既谈论学术问题也谈论人生问题。他最高兴的事是与几位大弟子坐在一起喝上一杯，这时他兴高采烈，仿佛也变成了一个学生，并且坚持为大家付款。凡此种种，使外尔斯特拉斯深受学生的爱戴。

外尔斯特拉斯对柯瓦列夫斯卡娅十分器重。她在1870年至1874年这四年内，学习了椭圆函数论及其应用、综合几何学、阿贝尔函数、复变函数和变分法等课程，师生共同研究了许多相关的课题。外尔斯特拉斯很快就发现，对于他的数学思想，柯瓦列夫斯卡娅是一位能为其注入新鲜活力的热情的参与者。在和她的讨论中，许多他已经猜测到的或正在摸索的东西变得清晰了。

柯瓦列夫斯卡娅很快成为外尔斯特拉斯最得意的门生，外尔斯特拉斯曾对他的朋友说："可以肯定，在我的学生中，在勤勉、才能、热情和热爱科学方面，可以和她相媲美的实在不多，她是我最有才华的一位学生。”

柯瓦列夫斯卡娅没有辜负老师的培养和希望，她的学习比以往任何时候都刻苦。尤里亚这时在柏林大学学习化学，两位女友的生活比在海德堡时更艰苦。在海德堡，她们在学习、工作之余可以和公社的其他妇女、弗拉基米尔及其他俄国学生共度周末。而此时此地，两位女友几乎没有什么娱乐活动。弗拉基米尔这时到耶拿大学做学位论文，很少来访问两位姑娘。她们每天工作都在 16 小时以上，只是中间稍微停顿一下，去吃很简单的午饭——面包、茶及很少的肉。尤里亚每天至少要到实验室去一次，她就以步行代替锻炼。而柯瓦列夫斯卡娅却整天不离开房间，她是工作，工作，再工作。

柯瓦列夫斯卡娅的生活看上去既艰苦又单调，但事实上，她的思想却在数学王国里翱翔。外尔斯特拉斯好像是一名优秀的导航员，引导她不断地达到新的境界。她受到了外尔斯特拉斯纯粹理论分析和函数论的熏陶，完全掌握了他的方法中最深奥的东西。

柯瓦列夫斯卡娅经常连续几个小时伏案工作，

她这种持续进行艰苦脑力劳动的能力是十分惊人的。当她考虑一个难题时，是那样地全神贯注，以致忽略了周围的一切，当她把问题解决后，竟兴奋地在房间里来回走动，并大声地自言自语，甚至爆发出愉快的笑声。她还时常一个人高声地朗读阿斯尼克①的抒情诗：

寻找真理所放射的光芒，
寻找那未知的新径。
让自己的眼光更敏锐吧，
以便发现那神圣的奇迹。
每个时期都有自己的梦想，
抛弃昨天的空想吧。
高举知识的火炬，
在几个世纪的大厦上创造出新篇章，
再建筑一座未来的宫殿！
……

偶尔访问外尔斯特拉斯全家，是柯瓦列夫斯卡娅和她的女友在柏林仅有的社交活动。

---

① 19世纪欧洲著名抒情诗人。

外尔斯特拉斯是个独身主义者,他与两位也是独身的妹妹克拉拉(1823—1896)和爱丽丝(1826—1898)同住。她们为他管理家务,照顾他的生活。外尔斯特拉斯一家都是虔诚的罗马天主教徒,他们兄妹四人都未曾结婚。弟弟彼得一度曾有过结婚的愿望,但马上被父亲和妹妹们压下去了。外尔斯特拉斯虽豁达开朗,善交朋友,然而两位妹妹性格孤僻,所以他的朋友很少到家里来,柯瓦列夫斯卡娅可能是唯一的例外。她从一开始就博得了两位妹妹的喜欢,她们对她既热情又和蔼,好像她是外氏家族的后代一样。

1870 年圣诞节将要来临,外尔斯特拉斯向柯瓦列夫斯卡娅及其女友发出邀请。两位姑娘很高兴,可是柯瓦列夫斯卡娅一贯忽略自己的衣着,这时竟找不出一件适合自己穿的衣服。尤里亚劝她去做一件新衣,她怕耽误学习不肯去。两位朋友为这件事差点吵起来。几年来,两人的友谊日益加深,她们的亲密程度甚至超过同胞姐妹。两位非凡的女性个性刚好互补。柯瓦列夫斯卡娅热情奔放,独立自主,但在生活上不拘小节;尤里亚善良、温和而又比较胆小，她对柯瓦列夫斯卡娅总有一种感恩的心理，因此在生活上对柯瓦列夫斯卡娅总是多一些照顾。在两人相持不下时，总是尤里亚做出让步。最后，还是尤里亚代她去选购了一套新衣。

外尔斯特拉斯家兄妹三人精心地准备了一株五彩缤纷的圣诞树，各色蜡烛、糖果和小甜饼用丝带和纸链吊挂在了常青树的枝上。客厅又高又大，壁火与灯光相映。两位女客人到达后双方互祝圣诞快乐。外尔斯特拉斯一家为两姐妹准备了精美的圣诞礼物。他们对尤里亚也十分慈爱，大家共进晚餐，欢度良宵。

整个晚上外尔斯特拉斯都非常高兴。他觉得自己年轻了许多，他与两位年轻人一起呷酒，一起过节，心中充满了激情。柯瓦列夫斯卡娅望着自己学术生涯上的一位知音，一位把自己视为女儿的父亲般的导师，眼中含着感激的泪水，说了许多祝福的话。

1871 年春天，由于法国事态的发展，柯瓦列夫斯卡娅的学习不得不中断。

3. 同情巴黎公社

前一章已经提到，柯瓦列夫斯卡娅的姐姐安娜在海德堡经过短暂停留之后，移居巴黎。起初，姐妹俩制造假象瞒着她们的父亲，但很快就被父亲知道了。瓦西里·瓦西列夫斯基对安娜的擅自行动十分气恼，中断了对她的经济支援。柯瓦列夫斯卡娅只好把自己的一半生活费寄往巴黎。为了减轻妹妹的负担，安娜到印刷厂里当排字工人，她穿上了朴素的衣裳，头上裹着棉布方巾，和工人一样地劳动和生活。当时她还有一个愿望，即通过体验生活、观察社会成为一名革命作家。很难想象，她就是几年前曾生活在俄罗斯贵族家庭中的千金小姐。

巴黎的革命形势使安娜很快打消了当作家的念头。帮助大众，才是当务之急。她加入了巴黎的革命团体，参与创建了一些秘密的社团组织。她的勇敢演讲征服了巴黎工人，为革命大家庭招募了许多成员。她在逐步实现着自己的伟大计划。这时的安娜不仅是一个彻底的"民粹派"[1],同时也是一名革命家,一名坚强的战士。她有一张照片照得非常好,其间显示出了她的热烈和勇气,明晰的智慧和仁爱的性情。

在一次革命团体的集会中,安娜结识了马列主义者维克多·雅克拉尔(1840—1903),这是一位帅气的法国青年,共同的革命理想把他们联系在一起,他们很快确定了恋爱关系。维克多在巴黎公众中声誉很高,因此受到反动当局的追捕。当他陷入危险境地时,安娜同他一起逃到了瑞士的日内瓦。在日内瓦,安娜参加了第一国际的俄国支部。在此期间,他们认识了革命导师马克思,并与其他俄国的、法国的政治流亡者打成一片。这一时期,她为《家庭晚报》写连载小说、用稿费来维持生活。安娜还给波里宾诺的父母去信,请求他们原谅,并要求为她提供正式文件,使她能与维克多正式结婚。

---

① 指19世纪晚期,俄国革命者的一种社会主义运动的成员,主张向人民学习,而不是向人民说教。其中不少人采取恐怖手段,试图加速革命进程。

流亡瑞士的法国流亡者，都在密切注视着国内事态的发展。1870 年 9 月，在法兰西第三共和国成立之际，他们秘密回到法国，维克多当选为新议会代表。这时的巴黎正是山雨欲来风满楼，资产阶级和王公贵族纷纷逃离了往日的乐园。为了反对“国防政府”的卖国行径和对革命运动的镇压，3 月 18 日，巴黎的无产阶级举行了武装起义，控制了巴黎，并宣布巴黎公社成立。

3 月 26 日，公社举行了选举。这一天，阳光明媚，街上分外热闹，特别是工人居住区，更加活跃。人们成群结队，兴高采烈。许多人把象征个人神圣权利的选票插在帽子上，喜气洋洋地去参加选举。维克多和安娜都参加了巴黎公社的起义，参与了决策，并光荣地当选为公社委员会成员。安娜当选为教育委员会的五位委员之一，分工负责妇女教育。她和法国的女权主义者、社会主义者安德烈·莱奥创办了报纸《社会》，在巴黎公社期间几乎每天都出版。维克多当选为巴黎安全委员会成员兼国民自卫军第 17 军团司令。

此时的弗拉基米尔正在耶拿大学写博士论文，

他听说巴黎有著名的古生物收藏品，于是他与安娜联系，准备到巴黎去。然而安娜回信阻止了他，因为战乱正在迫近巴黎。巴黎公社成立之后，形势更加紧张。法国和欧洲的反动派纠集反革命力量准备对巴黎公社进行反扑。柯瓦列夫斯卡娅很少收到姐姐的来信，而听到的消息越来越不祥。4月初，出于对姐姐安危的忧虑，也出于对巴黎公社革命运动的向往和同情，柯瓦列夫斯卡娅和弗拉基米尔决定冒险进入巴黎。

这时的巴黎正处在普鲁士军队的重重包围之中，他们没能从围城的驻军处得到通行证，因此只能沿着塞纳河步行。他们徘徊许久，寻找着穿越封锁线的机会，最后终于找到了一条被弃的小船。两人当机立断，敏捷地跳上船，解开绳索，离岸而去。刚划出不久就听到哨兵查问口令的叫声，他们沉着机警，不顾警告划得更快了。哨兵放了几枪，但天色已暗瞄得不准，没有打中他们，他们终于冒险渡过了塞纳河，进入了巴黎市区。

他们很快找到安娜，姐妹相逢，分外激动。柯瓦列夫斯卡娅为巴黎公社的革命斗争所鼓舞，马上决定加入公社的救护队，与姐姐一起救治和护理4月2日以后因凡尔赛政府炮击而负伤的伤员。柯瓦列夫斯卡娅在圣彼得堡受过一些医学训练，正好在这里派上了用场。她奋不顾身地抢救公社的负伤战士，细心热情地护理他们。硝烟弥漫、弹片横飞、腥风血雨、惊心动魄的战斗场面，没有使她畏惧退缩。相反，柯瓦列夫斯卡娅意识到，在自己的周围，发生着具有世界意义的历史事件。眼前的一切，就像是壮丽宏伟的诗篇，激励着柯瓦列夫斯卡娅年轻而火热的心。在巴黎公社的医院里，她还遇到了好多在这里做护理工作的俄国进步妇女，有几位女青年竟是在圣彼得堡认识的，她们在一起谈论着公社的壮举。

局势稍微稳定之后，柯瓦列夫斯卡娅告别了姐姐返回到柏林继续学习。但她刚到柏林不久，就传来了公社失败的消息。麇集在凡尔赛的法国反动势力，勾结普鲁士军队于5月22日冲入巴黎，与公社社员发生了激烈的巷战。这场历时一周的巷战史称“五月流血周”。在这一周内，被反动军队枪杀的男人、女人和儿童超过1万人。巴黎公社的革命烈火就这样被扑灭了。

柯瓦列夫斯卡娅收到了姐姐的告急信,说维克多已被逮捕,生命危在旦夕,希望她能出面请求父亲帮助。因为瓦西里·瓦西列夫斯基与巴黎反动当局的头目梯也尔有过旧交。

柯瓦列夫斯卡娅立即给波里宾诺庄园寄去了令人忧虑的信,并于6月10日,与弗拉基米尔再次返回巴黎。这次她看到的是惨不忍睹的公社废墟,前不久使她欢欣鼓舞的那些崭新的事物已不复存在了。她想起自己曾日夜守护的公社战士,那些正直、勇敢、充满理想的人们,现已多半倒在血泊之中。她的心情十分沉重,满腔悲愤。唯一令她感到宽慰的是安娜尚一切平安,但她的战友安德烈·莱奥已被捕。安娜也正处于当局的追捕之中。柯瓦列夫斯卡娅协助安娜偷渡到了伦敦,在那里通过革命导师马克思的帮助,安娜获得了一处临时住所。

柯瓦列夫斯卡娅立即返回巴黎,为营救维克多而奔走。7月初,瓦西里·瓦西列夫斯基与叶利查维塔·费多罗夫娜赶到巴黎。瓦西里·瓦西列夫斯基一直反对安娜的进步观点,尤其反对她参加革命活动。但经过柯瓦列夫斯卡娅的劝说,特别是当他看到未来的女婿将面临死亡的危险时,他做出了让步。他带来了一封他在外交界的朋友给俄国大使写的信,信中写道:“我请求您帮助这位不幸的老人,……尽可能地提供支持。”

瓦西里·瓦西列夫斯基直接去找反动政府的头子梯也尔,向他提出保释自己女婿的要求。梯也尔愉快地会见了他,但是表示不能赦免维克多。两位老相识谈了好长时间,临分手时,梯也尔漫不经心地说,包括维克多在内的一批犯人明天将要转移到另一所监狱,囚犯将会经过一幢大楼,那里正在举办一个大型展览。

瓦西里·瓦西列夫斯基认为梯也尔实际上是在给他提供机会。他赶紧把这个消息告诉了女儿,柯瓦列夫斯卡娅连夜商量营救计划。第二天,当囚犯们从熙熙攘攘的大街上走过时,突然有一位妇人抓住维克多的手臂,迅速离开了囚犯的队伍,并一起消失在来展览大厦参观的人群当中。他们进入展览大厅,从另一个门逃走了。所有这一切都发生在数秒钟之内。押解囚犯的武装人员还没来得及看明白是怎么回事,维克多就已经消失了。那个救他的妇人就是柯瓦列夫斯卡娅。随后弗拉基米尔把自己的通行证给了维克多,这位公社社员很快就逃到了瑞士,安娜和年迈的父母在那里与他会合。在父母的主持下,安娜与维克多举行了婚礼,两个人终于得到了父母的谅解。

营救姐夫成功后,柯瓦列夫斯卡娅又回到柏林。两次巴黎之行,给她留下了终生难忘的印象。她深深地怀念和敬仰那些用鲜血和生命谱写历史篇章的公社的英雄们。许多年之后,当她重游巴黎时,还专程去探望几位幸存的公社社员。

4. 博士学位

回到柏林之后,柯瓦列夫斯卡娅很快恢复到原来的常规生活之中,恢复了与外尔斯特拉斯的互访。外尔斯特拉斯把在大学里讲的课扼要地给她讲述一遍,然后两人进行讨论。随着时光的流逝和柯瓦列夫斯卡娅数学知识的日益丰富,外尔斯特拉斯开始与她讨论自己当前的研究工作。他向来很愿意把自己的想法告诉别人,同时也从别人那里吸取有益的思想，这种科学交流是极重要的，使外尔斯特拉斯的许多数学发现成为世界数学的财富。这些财富并不完全存在于他所发表的论著之中，更多的则是在他的演讲中，存在于他与别人交流的数学思想之中。

外尔斯特拉斯的学术思想为柯瓦列夫斯卡娅打开了科学的大门，她下决心要竭尽全力阅读和研究她的导师所写的与所讲的一切。外尔斯特拉斯乐观、热情，他那清澈明晰的行文风格反映着他特有的思维方式。他对科学价值的不可动摇的信仰，对于他的学生来说有着不可抗拒的魅力。柯瓦列夫斯卡娅仿佛听到了一个粗犷豪放的吹笛手吹奏出了甜蜜的笛声，这笛声吸引着一大群蜜蜂跟着他飞进数学的殿堂。柯瓦列夫斯卡娅在给姐姐的信中写道：

> “我仿佛在一片阳光灿烂的开阔地上疾步穿行，在需要攀登一座山峰之前，放眼环顾，山石轮廓和连通的道路都一目了然。我可以取径一直向上，没有迂回曲折，也不容徜徉自在。”

她后来一直认为，跟随外尔斯特拉斯学习的几年，是她一生中最愉快的时光。

柯瓦列夫斯卡娅的数学能力得到很大提高。除外尔斯特拉斯本人以外,在对他的分析体系的理解上,没有任何人可以和她媲美。她常常被要求向其他数学家解释外尔斯特拉斯的工作。

随着学习的进步,柯瓦列夫斯卡娅与外尔斯特拉斯的私人友谊也日益加深。外尔斯特拉斯经常公开地对数学界宣称,柯瓦列夫斯卡娅是他最喜欢的学生。而柯瓦列夫斯卡娅对自己的导师总有一种感恩的感觉,她对外尔斯特拉斯崇拜至深。

从 1872 年秋季开始,柯瓦列夫斯卡娅把全部精力都投入到准备学位论文上。由于废寝忘食地学习和钻研,她的体质越来越差。1873 年春,在一场大病之后,医生力劝她休养一段时间。这时正值姐姐安娜临近分娩,她决定到瑞士苏黎世的姐姐家去。

在苏黎世,经姐姐介绍,她结识了在苏黎世大学学习数学的俄国女青年叶利查维塔·利特维诺娃,两人一见如故。原来叶利查维塔也是斯特兰诺留布斯基的学生。从她那里柯瓦列夫斯卡娅了解到了近两年俄国国内革命民主运动的形势,她还特别关注女权运动的进展。然而,在沙皇政府统治下的妇女的社会地位没有丝毫的提高,青年妇女想要到大学深造只能走出国这一条路。共同的命运、共同的理想和共同的专业,把两位姑娘紧紧地联系起来。她们很快成为亲密的朋友。柯瓦列夫斯卡娅得知,利特维诺娃正跟随外尔斯特拉斯早年的学生施瓦兹(1843—1921)学习数学。施瓦兹作为数学家具有极强的几何直觉能力,他将几何学溶于分析领域,为综合几何学的发展开辟了崭新的道路。在当时,施瓦兹已经是一位很有成就的数学家了。

利特维诺娃十分崇拜自己的老师。一天,她带柯瓦列夫斯卡娅拜访了施瓦兹教授。施瓦兹早就听说过柯瓦列夫斯卡娅,对她的来访十分高兴。他们愉快地谈论着他们共同爱戴的导师外尔斯特拉斯。柯瓦列夫斯卡娅还就自己目前正在准备的论文请教了施瓦兹,得到了施瓦兹的悉心指导。

在苏黎世休养的两个月内,柯瓦列夫斯卡娅多次访问施瓦兹,与他讨论数学问题。施瓦兹发现她不仅聪慧好学,而且已经掌握了外尔斯特拉斯分析理论中最坚深的内容。她的思想充满活力,经常迸发出创造性的火花。他对柯瓦列夫斯卡娅的才华十分欣赏。

有一天,施瓦兹告诉柯瓦列夫斯卡娅他刚刚收到的消息,外尔斯特拉斯已被任命为柏林大学校长。听到这个消息,柯瓦列夫斯卡娅既高兴又担忧。高兴的是自己的导师担任了更重要的职务,担忧的是外尔斯特拉斯已年近六旬,身体还不太好,担任校长之后,行政事务一定很繁忙,再让他挤时间为自己个别讲课,实在于心不忍。柯瓦列夫斯卡娅于是给外尔斯特拉斯写了一封信。在对他的任职表示祝贺之后,说她在大学的最后一年里,可以到苏黎世来听施瓦兹教授的课。

外尔斯特拉斯很快就回了一封短信,说总会找到时间辅导她的,请她不必担心,并要求她在身体允许的情况下尽早回到柏林。接到导师这封充满关怀的信后,柯瓦列夫斯卡娅感动得热泪盈眶。她必须听从外尔斯特拉斯的召唤。

在离开苏黎世的前一天,柯瓦列夫斯卡娅在利特维诺娃的陪同下,出席了施瓦兹教授的一次讲演会。在会上,施瓦兹向在场的数学同行和听众介绍了柯瓦列夫斯卡娅,高度赞扬了她的才华,并称她是一位杰出的数学家。这使柯瓦列夫斯卡娅局促不安,她脸色微红,连连摆手。她目前还只是一位大学生,她只有23岁啊!

尽管柯瓦列夫斯卡娅还很年轻,但数学家这个称号她是当之无愧的。回到柏林之后,又经过一年的苦心钻研,她完成了三篇具有重要学术价值的数学论文。

第一篇论文题为《关于偏微分方程理论》,属于偏微分方程领域。许多物理规律都是用偏微分方程来刻画的,如细弦的振动、热的扩散和传导、位势问题等。人们在物理世界中经常遇到的是多变量的函数,如大气的温度可由经度、纬度、高度和时间等四个因素来确定。这种函数的偏导数就是它关于某一个自变量的变化率。在实际问题中,人们往往容易获得多变量函数的偏导数以及这些偏导数之间的关系,用等号联系的关系就称为偏微分方程。偏微分方程是纯粹数学与应用数学的最重要、最基本的研究领域,一直是最活跃的数学分支之一。

柯瓦列夫斯卡娅在《关于偏微分方程理论》的论文中,证明了在某些条件下,一类很一般的偏微分方程有一个解,并只有一个解,这个结果叫作解的存在唯一性定理。法国大数学家柯西(1789—1857)在1842年就提出了这个定理并给出一种证明,但是直到1873年,外尔斯特拉斯和柯瓦列夫斯卡娅都不知道柯西的工作。柯瓦列夫斯卡娅在比柯西所考虑得更一般的条件下得到了与柯西相同的结果,同时她对定理的表述和证明十分简捷,受到数学界的高度赞扬。法国著名数学家庞加莱(1854—1912)对她优美的论文留有深刻的印象:"柯瓦列夫斯卡娅极大地化简了柯西的证明,并赋予这个定理以最终的确定形式。"

外尔斯特拉斯不仅对他的学生最终所取得的成果表示满意,而且对她在研究中能另辟蹊径感到十分高兴。她考查了热传导方程,得到的结果对外尔斯特拉斯很有帮助。他在1874年5月6日写给柯瓦列夫斯卡娅的信中说:

"你看,最亲爱的索菲娅,你对偏微分方程特点的清澈的观察,不仅激起了我的兴趣,而且成为极富启发性的研究起点。"

柯瓦列夫斯卡娅独立于柯西所证明的解的存在

唯一性定理是当时偏微分方程理论研究的最高峰，这一定理从此被称为柯西－柯瓦列夫斯卡娅定理。它的最简单形式为：对任意形如

$$\frac{\partial u}{\partial t}=f(t,x,u,\frac{\partial u}{\partial x}) \tag{1}$$

的方程，若 f 在点 $(t_o,x_o,u_o,\frac{\partial u}{\partial x}(t_o,x_o))$ 附近的解析的，叫方程(1)有且仅有一个解 $u(t,x)$，这个解在 (t_o,x_o) 附近解析。

直到现在，在所有的偏微分方程的教科书中，都把这个定理列为重要内容。它有助于解决物理、几何上的大量问题，使人们对这些问题的解的存在性和在逻辑上的合理性深信不疑。例如，由于有了这个定理，人们认为电动力学的麦克斯韦方程、流体力学的欧拉方程等都是可解的。又如，从这个定理可以得出把两个未知函数的二阶偏微分方程化为标准形的方法。利用这个定理，还可以证明微分几何中关于解析黎曼流形的一些结果。19 纪初，经过嘉

当[1]、克勒[2]等人的努力，以这个定理为分析基础，形成了解析函数领域中偏微分方程组的最一般的理论[3]。总之，柯西-柯瓦列夫斯卡娅定理意义重大，影响深远。这是柯瓦列夫斯卡娅对数学最重要的贡献之一。

第二篇论文是《论某一形式的第三类阿贝尔积分简化成椭圆积分》，论述了如何把阿贝尔积分化简成较简单的椭圆积分。在文中她使用了外尔斯特拉斯的一些最新结果，以高度的技巧有效地解决了一个很困难的问题。

柯瓦列夫斯卡娅完成的第三篇论文是《对拉普拉斯土星光环形态研究的补充和意见》，文中论述了土星光环的形状，这是古典天文学的一个问题。众所周知，土星是太阳系九大行星之一，它带有其他行星都没有的独特的光环。长期以来，这圈美丽的光环一直是科学家倾心研究的课题。柯瓦列夫斯卡娅

---

① 1869—1951，法国数学家。

② 1906—2000，德国数学家。

③ 以嘉当-克勒解的存在定理为核心。

经过严密的论证和计算,改进了法国科学泰斗拉普拉斯(1749—1827)关于土星光环形状的原有模型的理论。拉普拉斯曾确认土星光环是椭球形的,而柯瓦列夫斯卡娅则确认它的光环必然是卵形体的,并且以某种形式显示出方向性。现在已经证明土星光环是由固体而不是由流体组成的,这样柯瓦列夫斯卡娅的研究结果已不再有实际意义。但是她所使用的计算方法后来被一些数学家用来解决其他问题。同时她的阐述方法是那样地肯定与自信,即使是现代的数学家读她的这篇论文,也完全可以得到观看高手巧妙处理计算难点的乐趣,更何况当时人们还不知道她的理论假设是错误的呢。因此这篇论文也获得了数学界的一致喝彩。这一点从她去世后著名数学家米塔－列夫勒(1846—1927)敬献的挽诗可以看出:

只要土星光环依然放射光辉,
只要地球上还有人类,
全世界将铭记您不朽的英名,
那荣誉的桂冠,您永当无愧!

三篇出色的论文,每一篇都足以使她获得博士学位。但到哪里去申请学位呢？柯瓦列夫斯卡娅在写作论文时非常专心，以致无暇考虑送到何处去。柏林大学既然不能接受柯瓦列夫斯卡娅入学，自然也不会接受她的学位申请。外尔斯特拉斯想试一试格丁根大学。这所大学可凭论文授予外国人学位。于是他们把三篇论文和学位申请书寄往格丁根大学。经过学位委员会严格的审查和必要的书信来往，1874 年 8 月，在柯瓦列夫斯卡娅未到场的情况下，既无口试也没有进行答辩，格丁根大学数学系以最优异的成绩授予柯瓦列夫斯卡娅数学哲学博士学位。柯瓦列夫斯卡娅成为人类历史上第一位数学专业的女博士！

按照规定，获得博士学位应有一位正教授推荐，还要经过口试。由于柯瓦列夫斯卡娅的几篇论文均十分出色，远远超出一般水平，格丁根大学破例免除口试。推荐书自然是由外尔斯特拉斯来写的，其中他对自己得意门生的工作给予了实事求是的评价，并指出："在我的来自世界各国的学生中，没有任何人可以胜过她。"

5. 是数学家，也是女人

柯瓦列夫斯卡娅获得博士学位后不久，便不断有谣言从居住在德国的俄国侨民中散出，说她的几篇论文都是外尔斯特拉斯代写的，至少是在他的密切指导下完成。甚至还出现了两人关系暧昧的传闻——在柯瓦列夫斯卡娅跟随外尔斯特拉斯学习不久，便不断出现这种传闻，更甚者则明确地说两人已私通。

后来人们终于搞清楚了，这些传闻的主要制造者竟是当时著名的生物学家、病理学家梅契尼科夫①。原来他是弗拉基米尔一家的密友，早在1868年，经弗拉基米尔介绍，他便与柯瓦列夫斯卡娅相识了。柯瓦列夫斯卡娅已听说他不同情妇女争取权利的斗争，所以不太喜欢这个人，但碍于弗拉基米尔的

---

① 1845—1916，比较病理学、进货胚胎学和免疫的奠基人之一，发现吞噬现象，创立多细胞生物起源学说。1908年获诺贝尔生理学奖。

面子才与他友好相处。他很快就钟情于柯瓦列夫斯卡娅,热烈追求她并试图向她的父亲提婚,在被柯瓦列夫斯卡娅拒绝后他很生气。

梅契尼科夫一生大肆宣扬“智力、能力和天才是与性别相关的个性特征,正如胡子是男性的专有特征一样。”他在70年代初到德国深造,当他得知柯瓦列夫斯卡娅正跟随外尔斯特拉斯学习时,心情很复杂。他不断地向人们讲述着这样的故事:“她在著名的柏林数学家外尔斯特拉斯的指导下工作,后者当时已是中年,他很迷恋她。在这种迷恋心情的影响下,他为她的研究工作提供了思路,她只是把这些思路贯彻到底而已。”

由于梅契尼科夫是一位杰出的科学家,又与弗拉基米尔家是世交,所以人们总以为他的说法是有根据的。

对于学术上受到的诽谤,柯瓦列夫斯卡娅甚至还没有她的一些朋友和一些了解内情的数学家气恼。她甚至还在某种程度上纵容了关于她过分依赖外尔斯特拉斯的说法。她总是广泛地引证外尔斯特拉斯的方法,她把自己想法的来源(不管是不是)全部归于他。甚至对一些外尔斯特拉斯只是模糊地提到过的问题,当她得到解答时也把这些问题说成是外尔斯特拉斯给她的现成结果。外尔斯特拉斯对她恩重如山,为了报答他,也为了使他更高兴,她宁愿放弃个人独创的荣誉。所以对于梅契尼科夫散布的谣言她并不介意。

一位研究生在导师的严密指导下撰写学位论文,这是很正常的事。她的三篇学位论文的题目是外尔斯特拉斯提出的,但论文却是她自己独立完成的。外尔斯特拉斯曾写信给柯瓦列夫斯卡娅在海德堡时的数学老师保尔·杜布瓦-雷蒙,说柯瓦列夫斯卡娅在几篇论文中所给出的研究结果和他预期的结果完全不同,其重要性也远远超过他的预料。他只是给了她问题,而她是通过与他的思路完全不同的途径得到结果的。他对她的工作十分满意。

至于两人私通的传闻更是无稽之谈。

柯瓦列夫斯卡娅年轻美丽,外尔斯特拉斯中年独居。他们的教学采取的是互访的方式,他们的师生情谊很深,当他们不能见面时就互相通信——内容不仅涉及数学问题,而且还表达着对彼此的深切关心。通过这些现象，就是没有任何世俗偏见的人，也极容易相信那些桃色传闻。所以有关于他们私通的传闻也就不足为怪了。

使人奇怪的是，所有了解他们的人都认为两人的感情是父女之情，而不是男女之情。柯瓦列夫斯卡娅对外尔斯特拉斯的依恋与爱戴，外尔斯特拉斯对柯瓦列夫斯卡娅的喜爱与呵护完全是女儿对慈父、慈父对女儿的情感。柯瓦列夫斯卡娅在给弗拉基米尔的信中说，她与外尔斯特拉斯的友谊是“富于诗意的、理想主义的和真诚的。这给了我难以置信的幸福与欢乐、不过可惜的是，这里面一点浪漫的事都没有！”

柯瓦列夫斯卡娅最亲密的女友尤里亚后来经常回忆她们在柏林的学习生活，她说：“外尔斯特拉斯一家三口人都很喜欢索菲娅，对我也很慈爱，好像我们是他们的孩子一样。”她的另一位亲密的女友、瑞典作家安娜·卡洛塔·列夫勒，十分乐于捕捉和描绘朋友的浪漫感情，可她也不无遗憾地说，外尔斯特拉斯只是像喜爱女儿一样喜欢柯瓦列夫斯卡娅。

柯瓦列夫斯卡娅的姐姐安娜也听到过甚至相信

了侨民间关于自己妹妹与她导师关系的流言。但是当她亲眼看见了两人的关系之后，才知道那些传闻都是诽谤。因此，当柯瓦列夫斯卡娅在1873年夏季认真考虑离开柏林去苏黎世师从施瓦兹的时候，她坚决反对这一计划，认为这样做会使外尔斯特拉斯伤心。

弗拉基米尔也知道关于柯瓦列夫斯卡娅的传闻，他认为是笑话，完全不把它当回事。他给亚历山大哥哥写信说："我很欣赏这些关于索菲娅的传说。不过我应该补充的是，如果与她一同学习（每周见面两次）的那位教授不是已经接近60岁了，那么这些传闻中的事肯定已经发生过了。"

还有一些人，比如安娜·卡洛塔·列夫勒则认为，真正遗憾的是，柯瓦列夫斯卡娅与外尔斯特拉斯之间没有形成婚姻关系。如果柯瓦列夫斯卡娅当时没有"结婚"（外尔斯特拉斯十分尊重哪怕仅是协议的婚姻关系），如果他们俩人年龄不是相差35岁，如果外尔斯特拉斯兄妹们不是那样虔诚地信奉独身主义，他们很可能确立婚姻关系。事实上，除了民族不同以外，两人的确有很多共同之处，在很多方面可以互相配合。外尔斯特拉斯个性比较稳重,刚好与柯瓦列夫斯卡娅的高昂情绪互补。外尔斯特拉斯发现,对于他的一切思想,柯瓦列夫斯卡娅总能注入新鲜的活力,她总是扮演他的思想共振器的角色。在和她的交谈中,许多他已经猜测到的或正在摸索的东西都变得清晰了。她处理问题的独特方法令他赞叹不已。如果他们能够结合,那么他们一定能像后来的居里夫妇那样对科学做出更大的贡献。后来柯瓦列夫斯卡娅一度脱离数学,又遭遇家庭悲剧以致英年早逝,这不能不说是一种遗憾。

柯瓦列夫斯卡娅命途多舛。关于她私生活的传闻和其他一些谣言像幽灵一样反复出现,给她带来了很大的负面影响。她也时常被这些传闻搅得心烦意乱。但柯瓦列夫斯卡娅毕竟是一位思路清楚又有政治头脑的人。可以说,她从一开始走上科学研究的道路,就对自己将要面临的世俗偏见有了比较充足的思想准备。她获得成功之后,将要面对的是同时代的各方面人的嫉妒。来自女性的嫉妒不足为怪,而她面临的更多的是来自男性的嫉妒。她在一个过去完全属于男性的科学领域中获得了最高学位,当然会引起那些唯恐失去智力优势的男人(比如梅契尼科夫和斯宾塞等人)的嫉妒。再加上她与俄国民主革命团体有着密切的联系,同情与支持妇女解放事业,使得同时代人对她的评价带有很大的偏见。这自然会引来一些人对她与外尔斯特拉斯友谊的诽谤。

在她成为世界上第一位获得数学哲学博士学位的女性时,对她的诽谤达到了高峰。后来当她成为世界上第一位女数学教授时,当她获得法兰西科学院的"鲍廷奖"时,以及当她成为俄国科学院第一位女院士时,对她的诽谤又不断地出现。命中注定,流言将伴随她一生。

这就是19世纪末期一位决心献身科学事业的女性所面对的人生。她是数学家,也是女人。

重温高斯的话,会使我们对年青的女数学家更加理解和敬佩:一个人仅仅因为是女人,囿于习俗和偏见,她要踏上布满荆棘的科学研究之途,就必然遭受比男人更多的挫折,然而,她却能克服这些障碍,并且专心致志于数学中最坚韧的理论部分。

毋庸置疑，她必定拥有最高的胆略、非凡的天才和超人的禀赋。

6.“完婚”

学习岁月终于结束了，新的生活即将开始。柯瓦列夫斯卡娅和弗拉基米尔所面临的首要问题就是改变她们的婚姻状况，是完婚像正常夫妻那样生活还是离婚，他们必须尽快做出选择。

几年来，两人经历了漫长的情感过程，关系时好时坏，若即若离。柯瓦列夫斯卡娅的婚姻是很不幸的。

在1868年，他们决定“假婚”时，弗拉基米尔真心地、强烈地爱上了柯瓦列夫斯卡娅。他对她表现出极大的热情，在生活上尽量关心和照顾她，把她的利益置于自己的利益之上。他很希望有朝一日他的感情能够得到回报。

而柯瓦列夫斯卡娅选择假婚则完全是为了能出国受教育。虽然，她对弗拉基米尔的印象不错，但绝无恋情，她的全部情感都倾注在了科学上，不过她也乐意接受弗拉基米尔对她的关心。

出国后在海德堡学习期间，当他们与尤里亚同住时，两人有了进一步的了解，感情也有所发展。那一时期，他们的关系最为和谐，弗拉基米尔总是源源不断地把柔情和关怀慷慨地倾泻在她的身上，而她对他无论是在公开场合还是在私下里都是温柔体贴和充满情感。但是两人的性格不是很合得来。柯瓦列夫斯卡娅聪明、热情、执着，具有罕见的青春活力。而弗拉基米尔虽能以真诚的兄弟态度对待妇女，可他却有不稳定而又高度敏感的个性，对事业的追求也缺乏执着，所以时而消沉，时而欣快。

正当两人感情顺利发展时，安娜和冉娜来到了海德堡。这两位姐妹对假婚的理解与两位当事人有着很大的距离。她们认为弗拉基米尔应该从柯瓦列夫斯卡娅的生活圈子中撤出来了，所以很讨厌他向她“献殷勤”。

由于两位姐妹的干预，在公开场合，柯瓦列夫斯卡娅按照姐姐对假婚的理解，开始粗暴而冷淡地对待弗拉基米尔。而当他们单独相处时，她又回到了弗拉基米尔对假婚的理解上——顺其自然，把他的关心视为当然。由于心情烦乱,她变得十分任性与苛刻,甚至抱怨安娜她们来之后他对自己有所怠慢。弗拉基米尔很伤心。他不能理解柯瓦列夫斯卡娅为什么会变得这样反复无常。他尽量减少到“妇女公社”访问的次数。后来他离开海德堡到耶拿去学习了。

两人的通信也不甚友好。到1871年冬天,弗拉基米尔产生了离婚的念头。他不再需要假婚妻子,他也不能接受一位有知识、有独立性,但是很难相处的妻子。在他们偶尔见面时,弗拉基米尔故意挑起事端。

弗拉基米尔把自己的苦恼和离婚的想法写信告诉了安娜,安娜终于理解了弗拉基米尔,并打算帮助他。她把弗拉基米尔离婚的想法转告给了妹妹。这时,在柯瓦列夫斯卡娅的周围正流传着她与外尔斯特拉斯的“绯闻”。她现在还不能离婚,因为这样一来又会授人以柄。

在以后的两年内,两人的关系变幻无常。1873年春,弗拉基米尔在耶拿大学获得了博士学位。之后他拜访了达尔文等著名科学家。他对这些朋友幸福的家庭生活十分羡慕,渴望着自己早日建立一个幸福的家。

以后他不再提离婚的事了,而是求助于安娜,希望她能促成他与柯瓦列夫斯卡娅的结合。这时安娜正在苏黎世准备分娩。瓦西里·瓦西列夫斯基也从波里宾诺赶来,以迎接他们第一位孙辈的降生。安娜听说妹妹的俄国家庭教师斯特兰诺留布斯基的另一位女学生叶利查维塔·利特维塔娃正在苏黎世跟随外尔斯特拉斯早年的学生施瓦兹教授学习数学,安娜设法与她建立了联系,利特维诺娃对柯瓦列夫斯卡娅早有耳闻,并一直视她为榜样。当柯瓦列夫斯卡娅到苏黎世休养时,安娜与利特维诺娃都劝她留下,等待弗拉基米尔的到来。

弗拉基米尔这时正在敖德萨参加硕士考试[①]。他对此事掉以轻心,以为不过是走走形式,便毫无准备地进了考场。他哪里知道,主考官们对他所受的德国教育完全不信任,正准备对他进行严格考核呢。

---

① 要在俄国的大学里任职,必须要通过本国的硕士考试。

主考官被他傲慢而蛮横的态度激怒了。他与这些人大吵大嚷之后，又经过了十分尖刻的辩论，最终还是惨败在考场上。这位德国博士在俄国的同行面前丢尽了脸。弗拉基米尔在俄国科学界的坏名声很快便传开了，他的心情十分沮丧，因此推迟了去苏黎世的时间。

由于弗拉基米尔没能及时赶到苏黎世，所以父母对柯瓦列夫斯卡娅不与丈夫在一起生活感到很蹊跷。他们开始怀疑她的婚姻，为她的幸福而担心。

柯瓦列夫斯卡娅因弗拉基米尔没有及时赶来而十分生气，她与姐姐彻夜长谈。她对自己的婚姻状况十分苦恼，她甚至后悔最初做了假婚的选择。如果当时通过斯特兰诺留布斯基和图尔托夫去说服父亲，父亲也许会同意送她出国深造。安娜认为自己对妹妹的婚姻也要负很大的责任，当时她受虚无主义思想影响，热衷于追求假婚这一令人兴奋而又时髦的事。妹妹的假婚，实际上是她一手策划的。

柯瓦列夫斯卡娅还对姐姐讲了她与外尔斯特拉斯的深厚友情。虽然她不十分介意相关传闻，但有时也为此而烦恼。她视自己的恩师为慈父，心中充满了对他的感激。每当她与弗拉基米尔发生龃龉时,她首先想到的就是外尔斯特拉斯对自己的厚爱。如果他不是过于年长,如果他身边没有两位老处女妹妹对他的独身主义进行监督,她真会考虑与弗拉基米尔分手而与外尔斯特拉斯结婚。

安娜很理解并同情妹妹,她把弗拉基米尔写给她的几封信拿给妹妹看。柯瓦列夫斯卡娅从这些信中看出弗拉基米尔与自己一样,也很不幸。她开始后悔,她在他面前总是很任性,有时过于专横,有时对他的好意故意嘲笑。但最终她还是决定继续维持两人的关系,并努力恢复原有的友情。

在苏黎世的这一个夏季,许多朋友经常能见到一对热诚相待、情意绵绵的夫妇。柯瓦列夫斯卡娅在苏黎世的青年中知名度很高,几乎所有人都知道她是假婚,所以他们的亲密又招来了一些中伤,许多人认为这位杰出的俄国女青年的生活方式有些怪。

1873 年夏天,他们的感情得以恢复。他们一起旅游,租借相临近的房间,联名写信。到 1874 年上半年,他们之间自然而然地生活在了一起,他们决定完成已有 6 年"婚史"的结合,开始像一对正常夫妻那样生活。因为他们两人必须面对现实：离婚很难，同时双方都对单身生活感到厌倦，而且两人谁也没有爱上其他任何人。就这样，他们向所有的朋友和亲属宣布，他们已经"完婚"了。

婚后两人的生活幸福吗？柯瓦列夫斯卡娅能够处理好家庭和事业的关系吗？"假婚"所带来的更大的悲剧在等待着她。

1874 年，柯瓦列夫斯卡娅夫妇回到了俄国。

第六章　报国无门

1. 荣归故里

1874年9月29日，瓦西里·瓦西列夫斯基全家聚集在他们的波里宾诺庄园里，庆祝小女儿圣·索菲娅·柯瓦列夫斯卡娅的命名日。这一天全家团聚：安娜和她丈夫带着年幼的儿子一起从圣彼得堡回来，维克多正准备当一名法语教师，柯瓦列夫斯卡娅的弟弟菲迪亚已长成18岁的青年，他听从二姐的意见正在圣彼得堡大学学习数学，现正在波里宾诺度假。

在带有三层钟楼的附属建筑的高大石屋里，宾客满座。远在莫斯科和圣彼得堡的亲戚和周围涅韦尔地区的"邻居"，几天以前就到齐了。

在这个喜庆的日子里，照例有一出由家庭年轻成员演出的话剧。瓦西里·瓦西列夫斯基一家是话剧的业余爱好者,家里有设备完善的小剧室,有专门的舞台。这一天,他们演出的是一部法国喜剧,表演十分成功。每个“演员”演得都极投入、极认真。

演出之后,瓦西里·瓦西列夫斯基将军宣布舞会开始。舞会一直延续到凌晨二三点钟,这时客人才坐下来享用精美的夜宵。上甜食时,侍者为每一个人递上了一杯香槟酒。这时,年高德劭的家庭教师约瑟夫·伊格纳特维奇·马列维奇突然起身致辞。

“先生们、女士们:

今天我们庆祝索菲娅·瓦西列夫娜·柯瓦列夫斯卡娅的命名日。让我们大家给她以最美好的祝愿!

同时我还提议,请大家,亲爱的来宾们,为她被授予数学哲学博士学位,为妇女的这一胜利,而向她表示衷心的祝贺!

在过去的十几年中,引起公众关注的妇女问题使社会分成两个对立的营垒。但是这给许多充满活力的妇女一种强烈的刺激,激励她们在科学上独立地做出成绩。在近十年间,俄国出现了许多女专业人员,她们在各科学领域里进行着有益的工作。然而,我们不能不注意到,有一些妇女的努力并不是非功利的,她们并不单纯是出于对科学事业的热爱,也并非只是为了科学的发展。

但是,这时出现了一位女青年,她意志坚定,决心去追求崇高但又极端困难的事业。她献身于最富有挑战性的科学分支——数学,在纯粹数学领域里不屈不挠地工作着,她与一位志同道合的明智之士结合。同时也没有停止在科学上的攀登。她放弃了世俗的欢乐,她牺牲了一位妇女一生中最美好的年华。她不顾疲倦,以超人的毅力在德国最好的大学里攻读。当她在海德堡获得了优异成绩后,又转向德国的学术中心——柏林,并且遇到了外尔斯特拉斯这位科学大师、欧洲最著名的教授。索菲娅以自己的知识征服了他,而他则经常会见索菲娅，并对她进行有价值的启发和指导。这样，在5年的学习中，她获得了最高学位。这一学位在数理科学中只授予极少数人。

可能你们中的许多人会问我一个问题——这个问题我不止一次地被人问及：研究纯粹数学而不研究应用数学，这有什么用处？有什么利益（特别是对一位妇女来说）？对于这个问题，我要毫不犹豫地回答：牛顿、赫歇耳[①]和其他的知识界英杰，他们不曾在任何时候想到过要从科学、从他们的伟大发现中获取物质利益。物质利益对于他们的天才赖以翱翔的领域是没有价值的，对于尊他们为高级教士的科学来说是没有价值的。他们无私地工作，不求任何报偿，他们只是为科学本身而工作，科学就是他们的一切。可敬的索菲娅·柯瓦列夫斯卡娅，就是以这样的态度工作的。我

著名天文学家，恒星天文学的创始人。

希望她能一如既往。

我向你致敬，索菲娅·柯瓦列夫斯卡娅，你在学者的行列中处于高位！我也要以今天聚集在这里的人们的名义向你致敬！我还要以家乡的名义向你致敬，因为俄国妇女第一次在最艰深的科学领域里获得了最高的学位。

先生们，我提议，为第一位俄国女学者索菲娅·瓦西列夫娜·柯瓦列夫斯卡娅的健康，干杯！”

热烈的掌声在客厅中回荡，大家都举杯为柯瓦列夫斯卡娅的健康干杯。柯瓦列夫斯卡娅显然十分感动，她的脸因为羞涩而涨得通红。马列维奇对她的某些评价使她感到极为不安，她深知自己只不过是“60年代少女”中的一个成员。尽管她是那样的热爱数学，又有着非凡的数学才能，但她的确是这一代科学女性中的一分子。娜塔莎·苏斯洛娃、玛丽娅·博科娃、谢切诺娃、尤里亚·莱蒙托娃和冉娜·叶夫列伊诺娃等人才是更勇敢、更杰出的女性。如果没有这一代人的努力，也很难有她个人的成绩。

马列维奇本来还准备了一束鲜花要献给她，她怕这样一来更受不了，于是抢上前去向她的家庭教师致敬“先生们，让我们大家为我的启蒙老师马列维奇的健康而干杯！”接着她深情地回忆起了她在波里宾诺庄园度过的美好时光，她感谢马列维奇老师早年对她的教育。她还提到了彼得伯父、费多尔舅舅以及邻居图尔托夫教授在她青少年的时代给她的影响和帮助。

回到波里宾诺庄园的最初几个星期，柯瓦列夫斯卡娅的体力得以恢复。国外6年的艰苦学习使她的身体极端虚弱。她经常一个人漫步在旧居，回首6年前，她对自己的婚姻和个性解放曾经是那样地兴奋，现在对这一切已经淡漠了。6年来，她经历了很多事情，她把自己一生中最美好的时光献给了数学，实现了自己的强烈愿望——获得数学哲学博士学位。她还亲身经历了巴黎公社的革命战火。但是，现在不能陶醉于波里宾诺所给予的极大尊敬和荣誉之中，也不能因所取得的成就而自满。

弗拉基米尔与柯瓦列夫斯卡娅的心情一样，他于1872年3月以一篇《现代马起源于史前马》的经典论文在耶拿大学获得了博士学位。他是第一位运用进化论学说研究脊椎动物种系发生问题的古生物学家,他发现了形态、功能变化与生存条件的相互关系。他的工作使他获得了欧洲科学界的普遍赞誉,并为其确立了进化古生物学奠基人的地位。之后他到各地旅行,会见了达尔文、赫胥黎等一些自然科学家。弗拉基米尔也是载誉而归。

他们夫妻俩很快结束了俄国农村的闲散生活,来到圣彼得堡。他们想进入首都科学界,希望尽快在大学或科学院里获得一个职位。

但是,他们报效祖国的热切愿望能实现吗?圣彼得堡等待着他们的是什么?

2. 报国无门

1874 年 10 月,柯瓦列夫斯卡娅和弗拉基米尔来到首都,住进了柯瓦列夫斯卡娅一房远亲为他们准备的公寓。这时,尤里亚也回到了俄国。她在前不久在格丁根大学通过了博士学位考试和论文答辩,从而成为俄国第一位获得化学博士学位的妇女。

尤里亚到圣彼得堡与柯瓦列夫斯卡娅会合，她又搬来与老朋友同住。尤里亚也希望在圣彼得堡获得一个职位。

柯瓦列夫斯卡娅、弗拉基米尔和尤里亚得到首都科学界的热情接待，她们应邀出席了由著名化学家门捷列夫主持的招待晚会。首都数学界、生物学和古生物学界、化学界不少著名人士参加了晚会。这些科学精英们对三位博士学成回国表示热烈欢迎。数学界的头面人物切比雪夫还在晚宴之后与柯瓦列夫斯卡娅进行了单独会晤，他们在一起讨论共同关心的数学问题直至午夜。他很欣赏柯瓦列夫斯卡娅的学识，这使柯瓦列夫斯卡娅感到很欣慰。她表示愿意到大学或科学院任职，切比雪夫对她的愿望表示赞许。

在得到首都科学界的热情欢迎之后，三位年轻人都在热切地盼望着科学院或者大学的任命。然而，一个月过去了，没有任命；两个月过去了，仍没有任命；三个月、四个月过去了，还是没有任何职位的任命！

在此期间，柯瓦列夫斯卡娅拜访了切比雪夫。切比雪夫很真诚地接见了她。他向柯瓦列夫斯卡娅透露，目前，俄国科学界刚刚开始摆脱德国专家对科学院和大专院校学术的控制[①]，因此不愿意信任和接收那些在德国接受训练的俄国青年。是他们三人在学术上的德国倾向影响了他们获得工作。柯瓦列夫斯卡娅是外尔斯特拉斯精心培养的分析学派的年轻成员，大多数俄国数学家对她的专业训练持怀疑态度，甚至抱有敌意。切比雪夫本人也是经过（较短的）犹豫之后才对柯瓦列夫斯卡娅表示了应有的热情。而他又是唯一的一位对她表示友好的俄国数学家。他对她的处境十分同情，但却很难提供帮助。

由于他们获得了德国的博士学位而被认为是学成而归，因而受到了科学界的欢迎。然而，恰恰是他们的德国学位又影响了俄国科学界对他们的任命，这真是一个自相矛盾的逻辑怪圈！

柯瓦列夫斯卡娅很不甘心，她还要再试一试。她向教育部提出申请，要求到女子大学预科学校高年级或任何一所大学讲授数学。教育部的官员答复

---

① 圣彼得堡科学院 19 世纪中期以前，几乎只从外国——多半是德国科学家中筛选院士，这些外国院士一般都很蔑视他们的俄国同行。

说，任这样的职位必须得获得俄国的硕士学位。柯瓦列夫斯卡娅立即表示愿意参加硕士学位考试，她还有现成的可以作为硕士论文的研究工作。然而这位官员拿出了法律文件，上面明明白白地写着："妇女不准参加硕士考试。"柯瓦列夫斯卡娅目瞪口呆，无可争辩，她悲愤地离去了。

她突然发现，自己似乎生活在梦中。她想起6年前自己偷偷到圣彼得堡大学听课的情景。当时大学当局禁止妇女入学，她是在弗拉基米尔、彼得伯父等人的掩护下进入课堂的。当时她也曾为妇女所受的压制而愤愤不平，但她毕竟还能采取个人行为来反抗不合理的制度。而6年后的今天，沙俄统治下的俄国妇女的地位不但没有丝毫的改变，连她自己面对歧视妇女的规定也无能为力了。几个月来，自己盼望能进入俄国大学供职，这成了不切实际的梦想！

弗拉基米尔的处境也很糟。自从敖德萨考试惨败之后，他在俄国科学界的名声很差。回国后，又使许多人联想起6年前他所欠的债务。这双重的坏名声再加上他的德国博士学位使俄国同行们对他十分冷淡，甚至有些反感。这还不算，他自己还没有自知之明,丝毫不知收敛自己的行为。他还时常在同行面前表现出一种专业上的优越感。他的自负引来了一些俄国古生物学家和古人类学者的嫉恨。这种局面很难扭转,尽管他在1874年11月因工作受到了圣彼得堡矿物学会的奖赏,在1875年3月获得了俄国的硕士学位,但他的前途同样令人失望——在首都他无法得到任何适合于他的职位。他伤心地给在莫斯科工作的哥哥写信说:“后悔回到了俄国。”

三人之中,尤里亚的处境勉强好些。那也是经过几年的努力之后才得到的:她被获准在圣彼得堡科学院布特列洛夫院士的实验室工作,同时为《俄国化学学会月刊》的评论栏目撰稿。尤里亚觉得自己比柯瓦列夫斯卡娅幸运多了,她总算得到了与自己的学历勉强相称的职务。

柯瓦列夫斯卡娅和弗拉基米尔报国无门,十分沮丧。他们对学术和个人生活满怀希望回到祖国,希望能为祖国的繁荣进步贡献力量。然而,俄国还是那样的黑暗,它竟然拒绝归国学子的赤诚之心。美好的愿望破灭了,他们还要回到现实生活中来。他们未来的道路将怎样走下去呢?

接下去的9年，是梦幻与挫折越来越多并最终导致悲剧的9年。

3. 蹉跎岁月

求职的失败正好使柯瓦列夫斯卡娅闲散下来，以恢复体力。她在得到博士学位后，感到在精神上、体力上的耗损非常大，以至于在很长一段时间内都不愿意马上开始新的研究工作。

在失望的打击下，弗拉基米尔也曾非常苦闷。不过他们很快就做出了新的选择——一项决定两人今后命运的选择。他们都没有殷实的私人财产，而就当时的形势，他们在短时间内很难谋得合适的工作。因此，他们的当务之急是尽快在经济上获得独立。

不幸的是，弗拉基米尔首先产生了靠投机聚敛钱财的想法，而柯瓦列夫斯卡娅很快被他狂躁的乐观所感染，以欣快的心情积极支持并参与了他的活动。

与此同时，经过6年枯燥得近乎隐居的大学生活之后，柯瓦列夫斯卡娅很快被圣彼得堡的生活所吸引。她像喝醉了酒似的，几乎忘掉了自己的数学研究，突然对进入社交界产生了浓厚的兴趣。她到处结交朋友，努力使自己适应各种不同的社交圈。她带着好奇心观察、参与并最终陶醉于看上去十分吸引人但实质上极为空虚的各种喧闹的社交活动。

事实上，出身于贵族家庭的柯瓦列夫斯卡娅，原是应该喜爱剧院和社交活动的。可是，由于对科学知识的追求，压抑了她对娱乐的渴望。现在，她的渴望重新露头了，她穿上了上流社会小姐、夫人的服饰，进出于首都的各种沙龙。同时她还协助丈夫实现敛财的计划。这样一来，她很快就断绝了与科学界的接触。

最初，柯瓦列夫斯卡娅也有过激烈的思想斗争。她也不情愿放弃为之奋斗了多年的科学事业，她曾试图把数学与首都的沙龙生活结合起来。比如，她与外尔斯特拉斯保持着通信联系，还计划于1875年夏末去柏林访问他；她还出席了圣彼得堡科学界的一些会议，偶尔与切比雪夫等讨论数学问题；她还准备为一些女学生做家庭教师，给她们讲授数学。但是这些事情都没能坚持下去。

1875年9月,柯瓦列夫斯卡娅的父亲瓦西里·瓦西列夫斯基将军去世了。父女之间除她"假婚"的一段时间以外,一直保持着强烈的亲情,父亲甚至对她有些偏爱。她从国外学成回来之后,父女间的感情更为亲密。父亲的去世无疑对她是一个很大的打击。过分的悲痛使她在相当长的一段时间内提不起精神来,只有新的生活能减轻她的悲伤。从此,她彻底离开了数学。从1875年10月到1878年8月这整整三年的时间内,外尔斯特拉斯没有收到柯瓦列夫斯卡娅的任何信件。

这时的柯瓦列夫斯卡娅已经完全沉溺在首都的沙龙生活和资本的冒险之中。许多熟悉她的人都惊奇地发现,眼前这个柯瓦列夫斯卡娅与柏林那个志向明确、刻苦求学的大学生判若两人。几乎是一夜之间,她把自己变成了典型的上流社会的少妇,对上流社会的浮华虚荣津津乐道。她开始讲究穿戴,每周都在家里招待客人,定期出现在歌剧院或戏院。她很快便成为社交界里引人注目的活跃人物,她成了浅薄的记者、艺术家、平庸的文人吹捧的中心,他们对她的“无比的天才”喋喋不休。这些肤浅的奉承使她兴奋、激动。

与此同时，弗拉基米尔正在着手复兴他那负债累累并已停业的出版社，还不切实际地准备扩大业务。他的充满投机的复杂计划遭到了亚历山大的反对。柯瓦列夫斯卡娅这时则竭力为丈夫辩护。

瓦西里·瓦西列夫斯基将军去世时留给柯瓦列夫斯卡娅3万卢布的遗产，其实应该是5万卢布，但将军生前已付给弗拉基米尔2万卢布，以支付他原有的出版债务。这笔数额不大的遗产如果能谨慎投资的话，是能够维持他们正常生活的。

令人遗憾的是，夫妇两人谁也不懂谨慎投资，他们热衷于自己制订的迅速致富的计划。他们不仅投入了自己的钱，还尽可能地说服亲属和朋友投资。柯瓦列夫斯卡娅夫妇计划在圣彼得堡附近建造公寓和公共浴池，并用来出租。她说服了母亲、姐姐、弟弟和舅舅，共同投资来完成这一宏大的工程计划。亚历山大和尤里亚抵制了一段时间，不过到最后时刻，他们还是改变了主意，投入了一部分资金。

弗拉基米尔热衷于造房有许多原因。首先，数学家切比雪夫就是靠先买进后卖出抵押的农村资产而致富的。据说他在俄国的每一个省都有庄园。柯瓦列夫斯卡娅想要胜过他。她对女友利特维诺娃说："我要让每一条街上都有我的房子。"再就是亚历山大，他不该把自己想买一两幢房子作为投资的打算告诉弟弟，这无疑助长了弗拉基米尔的投机心理。还有柯瓦列夫斯卡娅的好几位熟人，都在类似的计划上交了惊人的好运。所有这一切足以使这对年轻夫妇染上"造房热"。

最初，他们干得似乎很成功：他们搬进了一座新的大公寓，然后又迁到一幢带有花园和果园的房子里，他们甚至有了自己的奶牛。这在圣彼得堡是富有的标志。所有的人都认为他们很富有，关于他们发了财的新闻很快传播开来。可是有谁知道，他们是靠抵押和贷款来维持这一繁荣景象的！他们真是一对急躁的、愚蠢的投资者！

这时的柯瓦列夫斯卡娅，已成为圣彼得堡沙龙中的活跃分子。她对文学的兴趣很快显露出来了。她通过母亲的几位艺术家和作家亲戚，以及安娜与陀思妥耶夫斯基的友谊，结识了许多作家。陀思妥耶夫斯基、屠格涅夫、萨尔蒂科夫－谢德林、涅克拉索夫、潘捷列耶夫、斯特拉霍夫等，都成了柯瓦列夫斯卡娅家的常客。他们的公寓成了知识分子和社会名流聚会的场所——这是一个勉强可以称作是沙龙的房间。“勉强”是指柯瓦列夫斯卡娅不善理家，他们的房间总是那样地零乱、随意，他们的生活又总是那样地杂乱无章。这对夫妇的朋友经常取笑他俩。一位说：“我们永远也不知道男女主人是否在家，也不知道能否有一张没有堆放杂物的椅子让我们坐。”另一位则说：“他们的公寓看上去总像是搬家还没有搬完。”最后大家一致认为：“他们本质上是吉卜赛人。”总之，柯瓦列夫斯卡娅始终没有营造出一个舒适而精致的家。尽管如此，他们的朋友圈子还是在不断地扩大，他们总是热情地招待来访的每一位客人。

1876 年，年轻的瑞典数学家米塔－列夫勒[1]来访。他高高的个子，十分英俊，长着浅黑色的头发和

---

① 1846—1927，早年追随外尔斯特拉斯研究函数论，著述颇丰。后成为积极的数学教育家。

胡子，一双眼睛炯炯有神，鼻子上架着一副学究式的眼镜，看上去温文尔雅。米塔－列夫勒也是外尔斯特拉斯的学生，他是从他们共同的导师那里来的。米塔－列夫勒试图重新激发起她对数学的兴趣，但未获成功。不过柯瓦列夫斯卡娅的知识、智慧和魅力给他留下了极美好的印象。后来他对一位朋友说："在圣彼得堡，最愉快的事是结识了柯瓦列夫斯卡娅。她是一位迷人的女性。她讲话时十分美丽，她的脸庞由于一种女性的温柔和高度智慧的表情而神采奕奕，这种神态令人目眩。她的态度朴素而自然，没有一丝一毫的卖弄学问和虚伪做作。她在各方面都是一个完美的'世界女性'。现在我才完全理解为什么外尔斯特拉斯认为她是自己最有才华的学生。"

柯瓦列夫斯卡娅的魅力和青春活力的确超群。几乎所有认识她或接触过她的人都认为，她到哪里，哪里就有生气；只要有她在场谈话就不会显得沉闷。著名社会活动家潘捷列耶夫常常向朋友描述柯瓦列夫斯卡娅的某种特殊的活力："只要她在某处出现，就立刻会成为那里的中心人物。"瑞典女权主义者埃伦·凯[1](1849—1926)称柯瓦列夫斯卡娅为"对话方面的米开朗琪罗"。正是因为如此,尽管她不能为大家提供一个理想的房间,但作为沙龙的女主人,她能够吸引很多人。柯瓦列夫斯卡娅与当时俄国的许多大作家、政治家以及一部分科学家都是好朋友。她在社交界成为引人注目的人物。

在此期间,柯瓦列夫斯卡娅开始尝试写作。在为苏沃林[2]创办的《新时代》工作时,发表过一些戏剧评论和科普文章。外尔斯特拉斯曾几次来信劝她重返数学界,但都未能奏效。这使外尔斯特拉斯十分伤心。

1878 年 10 月,28 岁的柯瓦列夫斯卡娅生下了一个女孩。她怀孕及分娩异常的艰难和痛苦,并留下了心脏衰弱的后遗症,这很可能就是最终导致她早逝的原因。分娩之后,她休息了好几个月,才开始从事正常的工作。

---

① 瑞典男女平等主义者,她有关性、爱、婚姻及道德行为的激进主张影响深远,被誉为"瑞典的雅典娜"。

② 俄国著名作家、诗人、出版商。

她的女儿也叫索菲娅，为了和母亲区别开来，又起了一个小名叫芙发。她是柯瓦列夫斯卡娅夫妇唯一的孩子，她的降生给他们带来了无限的喜悦，夫妇俩都十分宠爱她。他们请尤里亚做芙发的教母。

柯瓦列夫斯卡娅与她的母亲叶利查维塔·费多罗夫娜完全不同，在孩子出生后，她满怀深情地把全部精力都用在了孩子身上。她安排好几个房间给芙发用，并用当时最现代的育婴方法来哺育芙发。她为孩子请了保姆，但许多具体事她都信不过保姆，而是由她自己来做。这样一来，本来就杂乱无章的家就更加的狼狈不堪了。

柯瓦列夫斯卡娅非常关心芙发的智力状况。她很快就发现，芙发的智力很正常，她继承了父母双方的智能，是一个十分聪明可爱的女孩。

在外人看来，小芙发不仅有健全的智力，她还可以继承上百万卢布甚或更多的财产。但是当她仅有几个月大时，弗拉基米尔的建房事业就崩溃了。原来，他把建房战线拉得太长，并利用尚未得到的利润作为抵押去争取贷款购买更多的土地。同时他的出版社也很不景气。这样，当他的债权人试图收回贷款时，才发现他们夫妇的财产纯属乌有！

面对发财梦的破灭，柯瓦列夫斯卡娅夫妇的心态很不相同。弗拉基米尔精神紧张，心烦意乱，显得越来越神经质，无法集中精力做事。他变得很孤僻，精神几乎到了失常的地步。他故意挑起与妻子的争吵，把事业的失败完全归罪于妻子。但另一方面他又不甘心失败，他不顾一切地试图稳住阵脚，向新的债权人借钱去还旧的债权人的债。这种拆东墙补西墙的做法使他们陷入了更大的危机。

柯瓦列夫斯卡娅则较为平静，能淡泊地面对破产。她开始反思，三年来她已经体验到了圣彼得堡社交界的浅薄与无聊，她开始对自己的现状不满，希望过更为严肃一点的生活。她继续尝试写作文学作品和新闻报道，并恢复了与进步人士的来往，会见革命派中较年轻的一些人。她旁听了“193 人审判案”①，还帮助一位女友实现了假婚，以便能够出国接受高等教育。

特别是柯瓦列夫斯卡娅还积极参与了 1878 年为

① 受审的是参加“到民间去”运动的激进主义者。

开办圣彼得堡“高等女子专修班”[1]而进行的筹款活动。她被选为该校12人筹款委员会的委员。她与该专修班的创始人娜塔莎·斯塔索娃和斯特兰诺留布斯基(柯瓦列夫斯卡娅出国前的家庭教师)等人一起,紧张地筹备课桌、书本、资金等,并四处物色教师。柯瓦列夫斯卡娅很希望能被邀请在这里任教。如果能实现这一夙愿,她将毫不犹豫地放弃一切社交活动。

但柯瓦列夫斯卡娅很快就发现,政府根本就没有聘请女教授的意思。女子专修班的设立是众多女权运动者竭力争取的结果。教育部还是以妇女不得参加硕士考试为由,有效地阻止了妇女成为教授。妇女只能做这所学校的实验室和教室的管理人员。

柯瓦列夫斯卡娅再次感到失望。但这次与三年前不同,她已经厌倦了浅薄的社交生活。在分娩后卧床休养期间,她认真地回顾了三年来自己的所作所为,她认识到自己已陷入“资产阶级生活方式的泥

---

① 沙俄为妇女设立的高等学校,即别斯图热夫高等女子学校。

潭”之中。她为自己思想麻木到如此程度而吃惊。她不停地回忆9年前自己是如何毅然地选择假婚，离开父母去国外求学的。她回忆起海德堡和柏林的学习生活，回忆起慈父般的导师外尔斯特拉斯、回忆起得到博士学位时的喜悦。现在她决心要把握住自己的命运，要回到知识界，重新从事数学研究。但是，她所面临的困难很多，她的回归过程是漫长而痛苦的。在她成为一名专业数学家之前，她将遭到更大的打击。

4. 缓慢地回归

柯瓦列夫斯卡娅是在1878年8月临产前收到导师外尔斯特拉斯的来信的，信中写道：

> 你是否收到我的信？不知是什么力量阻止你像往常那样向我——你最好的朋友，吐露你的秘密？……去年切比雪夫来柏林访问时，曾转告我说，你已经放弃了数学，进入社交界了。我相信这一定是谣传，请你告诉我这不是真的。你曾经是那么的

优秀，那样地专注于数学，你是我最喜爱的学生。

亲爱的索菲娅，请你回信，把你的信寄到柏林的老地址。我随时等待着你的来信。

在此之前，外尔斯特拉斯还来过几封信，但柯瓦列夫斯卡娅都没有回信。甚至于当他得知她父亲去世来信向她表示亲切慰问时，她都没有复信。这确实使外尔斯特拉斯很难过。他不能理解她的三年沉默。

外尔斯特拉斯的来信使柯瓦列夫斯卡娅既感动又惭愧，且十分焦虑。她已经很久没有搞数学了。一想到要重新开始数学研究，她就激动和兴奋。这时她才意识到，科学研究就是她的生命。她离不开数学，就像鱼儿离不开水一样。可是目前她正面临分娩，之后还要哺育婴儿，这使她不得不把开始重新工作的时间往后推。

她给外尔斯特拉斯回了信，表达了自己希望重新开始数学研究的强烈愿望。并说明目前还不行，她要尽一位母亲的职责。她请外尔斯特拉斯再等一段时间。柯瓦列夫斯卡娅的来信证实了“她去社交界了”的传说，这使外尔斯特拉斯很生气。他甚至对她愿意回归数学的说法表示怀疑。

经过几天的踌躇，他终于原谅了她。在回信中，外尔斯特拉斯对她的冷落进行了善意的责备之后，开始热情地鼓励她，高度评价了她的数学才华，希望她能尽早返回数学领域，并对她今后的研究工作进行了具体的指导。

分娩后经过体力恢复，柯瓦列夫斯卡娅开始缓慢而艰难地回到数学研究上来。由于她已长期与数学隔离，再加上哺育女儿，一开始她工作起来很吃力。她怕自己的决心再次动摇，便努力地寻找能够支撑她坚持工作的学术氛围。为此她拜访了数学家切比雪夫。切比雪夫热情地接待了她，并建议她为1879 年底召开的第六届自然科学大会准备一篇论文。柯瓦列夫斯卡娅有些紧张，她不知自己在短时间内能否准备好一篇有价值的论文。还好，她找出了一些已经尘封了五年的尚未发表的笔记，把关于阿贝尔积分的论文译成了俄文，并把它递交给大会数学分组。

这篇论文“以其想法的新颖与创见引人注目”，受到与会者的热烈欢迎。当时米塔·列夫勒也在场。通过这次演讲，他更加确信与钦佩柯瓦列夫斯卡娅的数学才能。从这一时刻起，米塔·列夫勒就下定决心，一定要尽一切努力为她谋得一个职位。在当时，为一名妇女谋求大学教师的职位，是要冒一定风险的，弄不好会影响自己的名声甚至前途。但米塔·列夫勒还是不顾一切地支持柯瓦列夫斯卡娅。

论文的演讲受到欢迎，外尔斯特拉斯和米塔·列夫勒与她通信讨论数学问题，以及米塔·列夫勒帮助她寻职，这一切都使柯瓦列夫斯卡娅备受鼓舞。

有了这些热情的支撑，才使得柯瓦列夫斯卡娅能够比较平静地面对几个星期之后对家庭最后一部分财产的公开拍卖。她努力地使自己尽快地忘掉她曾是一批房产的主人。

柯瓦列夫斯卡娅夫妇对最后一部分财产进行了公开的拍卖，弗拉基米尔无法承受这一打击，他的精神濒临崩溃。他变得越来越孤僻，越来越不能全神贯注，越来越喜怒无常。在极度失望之后，他又幻想着能够东山再起,再交好运。

柯瓦列夫斯卡娅担心丈夫无法面对破产的残酷现实。她竭力安慰他,并试图把他的思想引回到古生物学上来。她希望他们俩能共同结束这种生活,重返科学界。为了避免看到破产的惨景受刺激和减少开支,他们移居莫斯科。到莫斯科后,柯瓦列夫斯卡娅去找亚历山大,请求他为弗拉基米尔在莫斯科大学谋求一个职位。

尤里亚不听化学界同行的劝告,毅然辞掉了高等女子专修班实验室指导员的工作,随同柯瓦列夫斯卡娅一家搬到了莫斯科。这些年来,她始终在精神上和经济上给柯瓦列夫斯卡娅以帮助。她是小芙发的教母,柯瓦列夫斯卡娅在许多事上都依赖于尤里亚,她甚至称尤里亚是她的“精神母亲”。开始,尤里亚在莫斯科大学著名化学家马尔科夫尼科夫的实验室里工作了一段时间,感到很厌倦。后来她转向从事农产品和奶酪的制造。

正当亚历山大在为弗拉基米尔能在莫斯科大学谋职而四处活动时,弗拉基米尔又开始寻求发财机会了。出版业和房地产生意的彻底破产还不足以使他接受教训，他通过老朋友博科夫结识了石油企业家维克多·拉戈津和列昂尼德·拉戈津兄弟俩，又做起了发财梦。这兄弟二人都是经商老手，非常精明而且很狡猾。他们很快就发现弗拉基米尔没有主见并且有着强烈的发财欲望，所以决心利用他来大捞一把。于是他们很快就邀请弗拉基米尔在自己的公司里担任一个领导职务，但并没有给他安排具体的工作，可是承诺给他的股息令人吃惊——60%或70%。此时，弗拉基米尔若有一点自知之明，或稍微冷静地思考一下，就不会上当而导致后来悲剧的发生。他想东山再起和迅速摆脱家庭经济困境的心理使他头脑发昏。1880 年 5 月，弗拉基米尔正式加入了拉戈津兄弟的公司。

柯瓦列夫斯卡娅没能阻止丈夫新的冒险，是一个重大的失误。事实上，从一开始她凭直觉感到拉戈津兄弟不可靠，他们与自己可怜的丈夫的“友谊”有很大的虚假成分。当时她没能把握住弗拉基米尔，因为她已经重新开始数学研究了，正如她对老朋友利特维诺娃所说的，一旦数学再一次触动了她，她就会置其他任何事情于不顾。

1880年6月,柯瓦列夫斯卡娅出席了莫斯科数学学会的会议,并宣读了论文。会议期间,她结识了很多数学家,与他们进行了长时间的讨论,并不失时机地宣传外尔斯特拉斯的分析方法,她甚至说服一些人接受了外氏的分析方法。会议期间,她当选为莫斯科数学学会成员。

柯瓦列夫斯卡娅的最大愿望是能在大学里谋得一个职位。为此她决心说服莫斯科大学当局允许她参加硕士考试。她的想法得到了莫斯科的一些数学家[①]的主动支持,他们自愿向教育部提出正式请求,要求允许柯瓦列夫斯卡娅参加硕士考试。在书面请求中,他们对柯瓦列夫斯卡娅的数学能力予以了充分的肯定。甚至莫斯科大学的校长吉洪拉沃夫也以个人的名义向教育部提出申请,但是这件事仍没有成功。为这件事直接与教育部长沙布罗夫打交道的人后来告诉大家,这位教育部长不仅不接受柯瓦列夫斯卡娅的请求,还说:“请转告柯瓦列夫斯卡娅女

---

① 以布加耶夫(1837—1903)和达维多夫(1823—1885)为首。

士，不仅是她，就是她的女儿也等不到妇女走上大学讲台的那一天！”这还不算，柯瓦列夫斯卡娅的求职请求还差点影响了弗拉基米尔的任职。

柯瓦列夫斯卡娅得知这一切后，感到十分悲哀，她在日记中表达了自己的辛酸：

> 这件事令我十分气恼，因为对我来说，今年夏天参加考试最合适，我准备得很充分，现在就可以上考场。同时这里的数学家对我普遍表示同情，他们将只提一些合理的要求，不会刁难我。此外，他们对我未发表的研究成果也都表示认可。去年冬天我在自然科学家大会上发表的那篇论文，作为硕士论文是完全合适的。

但是柯瓦列夫斯卡娅马上就变得坚强起来，她认为目前自己唯一应该做的，就是更加努力地工作，不断地发表新的研究成果，以提高自己和妇女的学术地位。为此，她需要与欧洲数学界重新建立联系。她给外尔斯特拉斯去信，问她自己是否可以在今年秋天去柏林访问他，外尔斯特拉斯的答复是否定的，他说秋天他很忙，不好安排时间，希望她晚些时候再来。

但是柯瓦列夫斯卡娅是那种说干就干的急性子人。她还没有收到外尔斯特拉斯的回信就在10月底离开莫斯科去柏林了。她把只有两岁大的芙发交给尤里亚，请她照管两个多月。后来她说，即使当时收到外尔斯特拉斯的信，她也会不顾一切地去柏林。她脱离数学研究时间太长了，她一定要以实际行动来表示自己是下定决心，要永远地回到数学研究上来的。她去见外尔斯特拉斯，不光是请教数学问题，而且更重要的是向他表达自己的决心。

当柯瓦列夫斯卡娅突然出现在外尔斯特拉斯的面前时，他还是高兴地会见了她。他毕竟是一个仁慈的人，况且他一直十分关心和想念着自己的得意门生。他很快就理解并原谅了她这几年的怠慢。外尔斯特拉斯此时已经65岁了，他在学术界的名声越来越大，行政职务也很繁重，健康状况也不是很好。但是，师生久别重逢令他十分愉快。他利用整整一天的时间来接见柯瓦列夫斯卡娅，分析她的困难，为她鼓劲。他建议柯瓦列夫斯卡娅研究一个应用问题——光线在晶体介质中的传播问题，这是当时科学界普遍关心的一个课题。

三个月后，柯瓦列夫斯卡娅回到莫斯科。她情绪饱满，信心百倍，满怀激情地投入到外尔斯特拉斯为她选定的课题上。所有的朋友都感觉到，从柏林回来的她好像换了一个人。特别是那些放荡的、愚蠢的谄媚者们，再也认不出她来了。

但是，柯瓦列夫斯卡娅万万没有想到，在俄国等待她的更大的不幸！

5. 家庭破裂

正当柯瓦列夫斯卡娅满怀信心地重新开始数学研究时，弗拉基米尔的精神状态却日益恶化。他发疯似的借钱购买拉戈津公司的股票。在很短的几个月内，他就买下了价值2万卢布，占该公司25%的股份。然后再把这些股份作抵押去购买更多的股份，他甚至还把根本就不存在的60%的利息也用来购买股票。他这完全是重蹈覆辙。他的行为越来越怪异。莫斯科大学地质系的任职书已经下发给他了，他将于1881年1月开始在那里担任讲师。这对他以及他的家庭来说是一个极好的机会。柯瓦列夫斯卡娅、尤里亚和亚历山大都劝弗拉基米尔洗手不干了。但他似乎处于一种完全麻木的状态。就在他的任职期到来之际,他却正忙于拉戈津公司的业务,在国外四处奔走,以致延误了课程。他的行为令人费解,他既不积极筹款偿还债务,也没把延迟归期一事通知大学当局。

柯瓦列夫斯卡娅刚刚从伯林回来,就不得不与愤怒的债主及被惹火的莫斯科大学地质系打交道。她一方面镇静地处理有关事务,一方面给弗拉基米尔发了“速归”的电报。正当柯瓦列夫斯卡娅焦急地等待着丈夫回来的时候,列昂尼德·拉戈津又告诉她说,弗拉基米尔欠了公司 17 000 卢布!而弗拉基米尔居然在收到电报后的第 10 天才回信,他返回莫斯科则更晚了。所有这一切使柯瓦列夫斯卡娅非常气愤。弗拉基米尔回来之后,面对接二连三的麻烦却表现得像没事人似的,这让柯瓦列夫斯卡娅无法忍受。这一回她是被彻底地激怒了,她决定与丈夫分居。

1881 年 3 月,柯瓦列夫斯卡娅与丈夫分手(但并不是离婚),当时正值亚历山大二世遭暗杀。继位的亚历山大三世变本加厉地迫害革命力量。大量的革命者被投入监狱,遭到流放或被处死。同情革命的知识分子也成为沙皇宪兵搜捕的对象。柯瓦列夫斯卡娅和她的丈夫一直是沙皇政府注意的危险人物。即使没有家庭问题,他们也会因为政治形势而暂时分手的。

柯瓦列夫斯卡娅一家三口来到火车站。柯瓦列夫斯卡娅带着女儿去柏林,而弗拉基米尔则去敖德萨的哥哥家避难。柯瓦列夫斯卡娅在31岁的时候再次开始了独身生活,她是很不幸的。在去柏林的路上,她不停地哭泣。她仔细回忆与弗拉基米尔从相识、相爱到结合的过程。他是在她最需要帮助的时候毅然决定与她结为假婚夫妇,从而使她能够顺利地到国外接受高等教育,并拿到博士学位的。在他们相处的日子里,他对她言听计从,甚至在某种程度上牺牲了一些个人的利益。但是柯瓦列夫斯卡娅一直没有深爱过弗拉基米尔,她不喜欢他那既不稳定又高度敏感的个性。无论如何,当弗拉基米尔温情地对待她时,她心中还是很感激他的。在很多时候,她甚至觉得离不开他。然而这一切都过去了,由于求职的失败改变了他们的生活道路。当他们遇到挫折时没有理智地去对待,反而越陷越深。她既恨弗拉基米尔无能又十分同情他。总之,对于两人的分手她是很悲痛的。

不过,当她想到自己今后又能无拘无束地沉浸在数学中时,她又感到很宽慰。她进入社交界后的所有活动应该说是很成功的,但这种成功很快又让她感到难过。她体验了作为一名上流社会小姐的滋味,这种滋味并没有使她满足。空虚的生活和物质的艰难使她对自己有了进一步的认识。她对自己蹉跎了岁月感到悔恨。她再也不能离开数学,只有具有创造力的数学研究生活才会使她感到充实和满足。

第七章 四处漂泊

1. 重返柏林

1881 年 4 月初，柯瓦列夫斯卡娅带着女儿和一位保姆来到柏林，住进了外尔斯特拉斯为她们租借的一处较便宜的公寓。柯瓦列夫斯卡娅这时的心情十分复杂。她既为自己将要重新投身数学研究而感到欣慰，又为家庭关系和经济状况而忧心忡忡。

稍事安顿之后，她就去拜见了正在焦急等待着她到来的外尔斯特拉斯。这位老数学家对自己的得意门生能重返数学界感到分外高兴。他愉快地和柯瓦列夫斯卡娅共同商讨着开展关于光的折射问题的研究工作，并对她的选题给予了具体的指导。柯瓦列夫斯卡娅以顽强的毅力开始了她的研究工作，并且很快就能够独立地工作了。她还抽时间进行光学和电学试验，为自己的研究积累数据。

自从瑞典数学家米塔－列夫勒在1876年，特别是1879年访问圣彼得堡之后，就决心要为柯瓦列夫斯卡娅谋求一个大学数学教授的职位。他从1880年秋开始与柯瓦列夫斯卡娅通信。当他得知柯瓦列夫斯卡娅事实上已与丈夫分居之后，便加速了这方面的工作。

米塔－列夫勒出身于教师世家，父亲是中学校长。他自幼受家庭的熏陶，刻苦读书，很早就表现出了突出的数学才能。早年入乌普萨拉大学学习，1872年获博士学位。之后他曾到巴黎、格丁根和柏林留学，得到过法国的埃尔米特（1822—1901）和德国的外尔斯特拉斯等著名数学家的指导。1877年，他以《关于椭圆函数的研究》一文，被聘为芬兰赫尔辛基大学的数学教授。米塔－列夫勒首先考虑在自己任教的大学里为柯瓦列夫斯卡娅谋求一个教职。

当时的芬兰虽在沙俄的控制之下，但管制较松。比如赫尔辛基大学在很多方面都有自治权。根据米塔－列夫勒的介绍和柯瓦列夫斯卡娅早年求学时的影响，这所大学的数学家们认可了这位俄国妇女。柯瓦列夫斯卡娅的性别也没有构成障碍——芬兰人有一种不太歧视女性的传统。赫尔辛基大学当局担心的是柯瓦列夫斯卡娅会把革命思想带到大学里来。[①] 一旦她任教，一些有政治头脑的妇女会被吸引来。这肯定会引起俄国官员的注意和不满。为了避免政治上的麻烦，柯瓦列夫斯卡娅任职的请求未获批准。

米塔－列夫勒给柯瓦列夫斯卡娅写了一封信，对为其在赫尔辛基大学求职失败表示歉意。并告诉她，自己很快就要回国，在瑞典首都参与筹建一所新的大学——斯德哥尔摩大学。同时他将负责领导数学系。他认为经过努力或许能在斯德哥尔摩大学为她安排一份工作。

柯瓦列夫斯卡娅感到很失望，但并不惊讶。她在国内求职受过多次挫折，使她已经能够平静地面对新的失望了。她还听说，为了给她求职，米塔－列

---

① 柯瓦列夫斯卡娅早年假婚出国学习和她参加革命团体的事，在欧洲各国广为人知。

夫勒已引起了芬兰人的不满。许多芬兰人认为，米塔－列夫勒的职位应该授予一位有同样资历的芬兰人。并认为他热衷于为一名俄国妇女奔走，这里边多半会有暧昧不清的关系。柯瓦列夫斯卡娅觉得很过意不去，她在给米塔－列夫勒的信中说：

> 对您为我所做的努力我非常感激。……尽管我非常希望去赫尔辛基的诱人计划能够实现，但我确实没敢对这一计划抱有信心。对于斯德哥尔摩大学的教职，我也不寄太大的希望。当然，如果我能得到这样的机会，我会欣喜若狂。那时我将为能替妇女开拓一种新的职业而感到高兴。但是再重复一句，我不敢太沉湎于这一精彩的计划，它可能与这个世界上大多数精彩的计划有着同样的命运。我也不想因为我而再连累您，让别人议论纷纷。

但是，夏季过去之后，柯瓦列夫斯卡娅求职的焦急情绪已无法控制。她基本上没有经济来源，大哥亚历山大曾给芙发寄过一些钱，但很难维持三个人的生活。弗拉基米尔根本就没给她寄过钱。

她不得不再次给米塔－列夫勒写信，语气和上一封信明显不同了：

> ……我愿意接受任何职位，只要是在高等教育机构中任职就行。我多么盼望大学能向女性完全开放，而不只是一种破格或随时可以取消的特殊恩赐。只有这样我的求职才有保证。

当米塔－列夫勒试探她是否愿意接受私人讲师职务[①]时，她立即回信说愿意接受这一工作。米塔－列夫勒于 1881 年回到瑞典，着手筹建斯德哥尔摩大学。

当外尔斯特拉斯得知这些事情后，十分同情自己心爱的学生。他一方面在经济上给柯瓦列夫斯卡娅以必要的援助，另一方面鼓励她尽早出成果，这样对她求职也许会有帮助。

---

① 私人讲师不仅没有合法的收入，而且在第一年只是试用，没有薪水。

2. 旅居巴黎

柯瓦列夫斯卡娅收到姐姐安娜的来信，说十分想念她，并提到了自己家庭生活的不幸，她问妹妹能否到巴黎来居住一段时间。

1881 年秋末，柯瓦列夫斯卡娅一行三人移居巴黎。她在柏林几乎衣食无着，现在姐姐召唤她，她毫不犹豫，姐姐也许会给她一些帮助。

姐妹俩几年来只是通信联系，很少见面。这次相聚，分外高兴。两人互诉着各自的不幸。原来，姐夫维克多和一位法国姑娘已有了好几年的婚外恋情了，安娜的婚姻已名存实亡。她在文学创作上也很不如意，虽然发表了一些儿童故事和小说，却鲜为人知。

安娜愿意为妹妹提供经济上的帮助，她希望柯瓦列夫斯卡娅在找到正式工作前能和自己生活在一起。当姐妹俩回忆起青春时代，回忆起波里宾诺庄园的生活，回忆起当初为追求妇女解放而投身革命运动的种种情景时，宛如隔世一般，感慨万千。妹妹已过而立之年,姐姐也接近不惑,她们少了许多激情,多了几分惆怅和无奈。姐妹俩还要面对现实,为各自的理想顽强地生活下去。

一开始,由于牵挂着弗拉基米尔,经济来源不足和女儿芙发经常生病,使柯瓦列夫斯卡娅很难专心致力于数学研究。所以她也没有主动与法国数学家取得联系。1882 年春,芙发又病了,而且这一次病得很厉害,好像是霍乱。柯瓦列夫斯卡娅很紧张。当孩子痊愈之后,她只好听从亚历山大的劝告,把芙发送到他那里去抚养,他的家庭条件要好得多。这一年的 3 月 1 日,柯瓦列夫斯卡娅送女儿和保姆返回俄国。母女的这次分离长达七年之久。直到七年后她在斯德哥尔摩定居下来了,她才把女儿接过来一起生活。

芙发走后,经过短时间的调整,柯瓦列夫斯卡娅终于安下心来开始研究光的折射问题。她研究了物理学家拉梅(1795—1870)关于这个问题的论著,发现了他在提出这个问题时的几个错误。她在研究工作中,充分运用了外尔斯特拉斯关于偏微分方程的积分理论。她是在与世隔绝的状态下进行工作的。

直到5月份米塔－列夫勒带新娘来巴黎度蜜月，这种局面才有所改变。

米塔－列夫勒吃惊地发现，在巴黎居住了6个月的柯瓦列夫斯卡娅，竟然还没有与任何一位法国数学家接触。他半开玩笑地批评了她，并马上带她去访问法国大分析学家埃尔米特——他的另一位导师。

埃尔米特是19世纪数学领域中具有崇高地位的数学家，是继高斯、柯西、雅可比和狄利克雷之后，与外尔斯特拉斯同时代的最重要的分析学家。这位右腿先天残疾的数学家总是拄着一根手杖走路。由于不是重残，所以走起路来也别有风度。在他读大学时，曾因腿疾而受到一些人的歧视。但是不久，他就以对于椭圆函数诸问题的深入研究而赢得了著名数学家雅可比的赏识，从而被选为巴黎科学院院士，使周围的人不得不对他刮目相看。他在许多数学领域，特别是在分析学领域做出了重要的贡献。他性格乐观、温和、谦逊，深得同行们的爱戴，有人戏称他是“一个快乐而自信的瘸子”。

埃尔米特十分热情友好地会见了柯瓦列夫斯卡

娅。作为一位女性，立志从事艰深的数学研究，令他钦佩。他对柯瓦列夫斯卡娅目前的研究工作十分赞许并给予了有益的帮助。他还邀请柯瓦列夫斯卡娅参加巴黎数学会的活动。1882 年 7 月 21 日，柯瓦列夫斯卡娅当选为巴黎数学会会员。在学会的活动中，她结识了不仅是法国也是欧洲的最著名的数学家亨利 · 庞加莱①、埃朱尔 · 皮卡②和加斯顿 · 达布③等人。他们在数学上都对柯瓦列夫斯卡娅有过不同程度的帮助。

柯瓦列夫斯卡娅在巴黎勤奋地工作着，在关于光的折射问题的研究上取得了突破性的进展。

在巴黎，有一个很大的俄国、波兰革命者的居住区。他们成立了一些社团组织，其领袖拉夫罗夫④曾是瓦西里 · 瓦西列夫斯基将军在圣彼得堡炮兵学院

---

① 19 世纪晚期至 20 世纪初最著名的数学家之一，人们常常将他与高斯并列。

② 1856—1941，主要贡献在解析函数论、数学分析、代数几何、微分方程论等方面。

③ 1842—1917，主要贡献在微分几何、微分方程和定积分理论等方面。

④ 革命的民粹主义思想家之一。

时的同僚,认识柯瓦列夫斯卡娅一家已有多年。经过拉夫罗夫和姐姐安娜的介绍和安排,柯瓦列夫斯卡娅在巴黎结识了不少俄国侨民朋友。

这时期,她最好的女友是波兰革命者玛丽亚·扬科夫斯卡(后来又叫门德尔森)。她们在拉夫罗夫家里相识,在讨论社会主义问题时产生了分歧。柯瓦列夫斯卡娅理想主义地谈到每个人都有得到幸福的权利,谈到达到这种理想境界的革命(并非流血革命)。而刚刚结束沙俄监狱生活的扬科夫斯卡则认为柯瓦列夫斯卡娅的谈话听上去十分美妙,却远离现实。不过她认为柯瓦列夫斯卡娅是真心想了解社会主义,并且扬科夫斯卡为她献身科学的勇气和毅力所感动。两人同龄,又都聪明活跃、有政治头脑,所以她们很快成为好朋友。柯瓦列夫斯卡娅把自己的护照借给扬科夫斯卡,让其拿着护照去俄占波兰非法旅行,进行政治活动,而扬科夫斯卡则在柯瓦列夫斯卡娅旅居巴黎时为她提供住所。

柯瓦列夫斯卡娅还与德国社会民主党人格奥尔格·福尔马尔(1850—1922)和激进的波兰诗人、数学家约瑟夫·佩罗特(1856—1913)建立了非凡的友谊。她是在1882年春天在姐姐安娜的家里认识福尔马尔的。她一下子就被他的魅力吸引住了。她参与他的政治讨论,参加他公司举行的社会主义者集会。福尔马尔对柯瓦列夫斯卡娅也很倾心,他们在私下里也有些来往。但是,当柯瓦列夫斯卡娅认真考虑个人的感情时,她认为女儿更重要。因此中断了两人的私下往来。不过他们的普通朋友关系一直维持到她去世。

柯瓦列夫斯卡娅与佩罗特的关系也有些浪漫色彩。她结识佩罗特稍晚些,两人的关系更为表面化。佩罗特比她小几岁,一开始佩罗特就很崇拜她。当他们在一起讨论数学问题时,往往是柯瓦列夫斯卡娅给佩罗特提供帮助。这使得佩罗特很感动,他常把个人生活的不幸福告诉她。两人很合得来,柯瓦列夫斯卡娅认为佩罗特是一个理想的爱人,可惜她还没走出自己生活的阴影。

佩罗特16岁的妹妹齐娜想出国深造,遭到父母的反对,柯瓦列夫斯卡娅把自己的护照借给她,才使她离开了波兰。在巴黎她还让齐娜和自己同住。佩罗特曾说他妹妹在精密科学上有非凡的能力,柯瓦列夫斯卡娅决定在数学上努力辅导她。可惜的是，齐娜对巴黎的社交场面比对科学学习更有兴趣。柯瓦列夫斯卡娅想要培养出一位女牛顿或女高斯的幻想根本不可能实现。但她并没有放弃齐娜，只是以自嘲的方式对齐娜表示失望。

柯瓦列夫斯卡娅在巴黎结识了拉夫罗夫、扬科夫斯卡和福尔马尔等政治活动家，了解了他们为改变政治现状所做的努力和牺牲，常产生一种政治上的负罪感，她为自己不能像他们那样献身革命而惭愧。但最终她还是坚定了自己在青年时代就已确立的信念：在沙皇俄国这个专制统治的国家里，一个忠实、正直的人要想高尚地生活，唯一的方式就是献身于科学。她相信科学和教育最终能使一切变得合理。

3. 悲剧终于发生

正当柯瓦列夫斯卡娅潜心撰写关于光的折射问题的论文，并与俄国和波兰的移民朋友交往时，弗拉基米尔正在愚蠢地走向崩溃。

原来当弗拉基米尔在拉戈津公司的债务越陷越深时,公司的诈骗行为败露了,债权人起诉了这家公司。拉戈津兄弟把弗拉基米尔当作了替罪羊。其实公司的重大决策从未通知过弗拉基米尔,他没有参与过任何欺骗活动。他一直被拉戈津兄弟俩蒙在鼓里。

弗拉基米尔在莫斯科大学的任职情况也越来越糟。他一直相信自己有能力把地质学工作和经商两者兼顾得很好。但事实上,两件事他都没有做好。当他陷入债务危机的时候,他的注意力根本集中不起来,以至于准备一页备课笔记要花上好几个小时。他的课越讲越差,而且还常因为公司办事而误课,学生意见很大。地质系的领导不得不出面干预此事,并对他提出警告。大学领导因为对他的任命而受到不少指责。

家庭的不和也困扰着弗拉基米尔。从 1881 年秋他与妻子分居到 1883 年 4 月自杀,他对妻子的感情大起大落。他忽而温柔地写信给柯瓦列夫斯卡娅,声称他迫不及待地想要见到她,要认真听取她的意见。忽而又写信故意刺激她。他曾对亚历山大哥哥说，他十分后悔 1868 年时决定把个人的前途和索菲娅联在一起，以至于他们之间这种不即不离的生活方式浪费了他 14 年的时间！

1882 年 5 月，在他花光了属于柯瓦列夫斯卡娅的钱财（包括她母亲的珠宝）后，他又找到亚历山大、尤里亚、玛丽娅·博科娃和伊凡·谢切诺娃，成立了一个“理事会”，声称要归还柯瓦列夫斯卡娅的 5 万卢布——她从父亲那里继承的遗产。这一举动无疑伤害了柯瓦列夫斯卡娅，因为她一直坚持这笔遗产有弗拉基米尔的一半。当他伤害她的目的达到之后，又根本拿不出这笔钱来。这种近乎恶作剧的举动表明弗拉基米尔的精神濒临崩溃。然而大家都只顾责备他，谁也没有注意到他的这种倾向。

1883 年新年过后，他就决定要自杀了。在生命的最后几个月里，弗拉基米尔的心情十分悲凉。他为自己的无能而感到内疚，认为像他哥哥和妻子这样杰出的人，在他身上浪费了大量的、美好的、纯洁的爱，太不值得了。

弗拉基米尔推迟了自杀的时间。他一天一天地活下去，一直幻想着某一天会出现转机，他希望自己的注意力能够集中起来,以重新胜任科学工作;希望审判拉戈津公司的危机能够过去,使自己不被送上法庭。但是,这两个希望都破灭了。他时常想到柯瓦列夫斯卡娅和芙发,想到未来,他感到痛苦和绝望……

正在这时,他又得知,他为取得俄国博士学位而送审的论著被退回来了,原因是学位委员会认为不够博士论文水准。这其实完全是莫斯科地质学家的偏见。

接二连三的打击,使弗拉基米尔的心理防线彻底崩溃了,他完全绝望了。1883 年 4 月 27 日深夜,他喝下整瓶的氯仿自尽了。

弗拉基米尔给哥哥亚历山大留下了遗书。让哥哥给他请熟悉的律师亚祖科夫,请他在有关拉戈津公司的事务方面为他开释。他在给亚祖科夫的信中正式声明,虽然他是为即将到来的拉戈津审判而自杀的,但他发誓他对所有的坏事一无所知。

弗拉基米尔给柯瓦列夫斯卡娅留下了遗言。

请写信告诉索菲娅,我的永恒的思念是属于她的。我一直想,在她面前我做的错事太多了，是我糟蹋了她的生活。她的生活中如果没有我，本来会是灿烂而幸福的。我对安娜的最后请求是要照顾索菲娅和小芙发，她是唯一能做到这一点的人，我恳求她做这些事。

弗拉基米尔受到西欧和美国专家们的诚挚悼念。他的科学生涯虽然很短促，但他的关于化石马的工作，是以后关于这一课题研究的出发点，因此他被认为是进化古生物学的创始人之一。

当柯瓦列夫斯卡娅听到丈夫自杀的消息后，她惊愕了，她十分悲痛并感到内疚。她拒绝进食，并且不见任何人。她为丈夫的死而责备自己，她确信如果自己在莫斯科，一定不会发生这样的悲剧。

事实上，对于和弗拉基米尔分手，柯瓦列夫斯卡娅已经后悔了。她常常对一些朋友表示，如果弗拉基米尔愿意承担家庭义务不反对她从事数学研究，她就会回到他身边，她等待着与他和解。可现在一切都晚了。她回忆弗拉基米尔为她做的一切，而她却视婚姻为负担。她觉得自己对不起丈夫，因而以禁食作为惩罚，来宣泄丈夫的死亡给她带来的悲痛。

禁食五天之后,柯瓦列夫斯卡娅进入昏厥状态。医生趁她无知觉时给她强行喂食。和她一起住的女弟子齐娜·佩罗特,一直照顾着她。当她恢复知觉后,仍然想着丈夫自杀这件事,而不能自拔。在这段悲惨的日子里,柯瓦列夫斯卡娅不停地写日记。她终于理清了头绪,丈夫的悲剧和自己的遭遇都是黑暗的沙俄政府造成的,是社会上的恶势力吞噬了丈夫的生命。她在日记本上抄录了这样一首诗:

我们怀着
　　崇高的理想奋发向上,
但周围
　　却找不到同情。
死成了我们唯一的希望,
　　就像那凋零的落叶。
　　被肃杀无尽的秋天毁灭。

这伤感的诗句控诉了沙俄帝国的黑暗,也反映了柯瓦列夫斯卡娅和弗拉基米尔这对年轻有为的夫妇被黑暗的社会逼迫到了绝望的境地。

柯瓦列夫斯卡娅发现每当她想到数学时马上就能集中注意力,于是她开始了紧张的研究工作。正是在这段时间里，她完成了关于光的折射问题的研究。

初夏时节，柯瓦列夫斯卡娅终于从弗拉基米尔自杀给她带来的精神创伤和身体虚弱中恢复过来。她立即启程返回了莫斯科。

柯瓦列夫斯卡娅了解到，由于弗拉基米尔在莫斯科没有亲属，家庭已经破产，市政部门把他作为贫民安葬了，这又引起了她的悲哀。她还得知，莫斯科大学校长吉洪拉沃夫维护了死者的利益，由于他的干预，才使弗拉基米尔的私人文件、化石收藏品和书籍没有被拍卖来支付丧葬费。校长还命人把弗拉基米尔办公室和实验室锁上，声明其中所有东西都是学校的财产。

幸亏有吉洪拉沃夫的帮助，柯瓦列夫斯卡娅才收齐了弗拉基米尔关于拉戈津公司的文件。她把这些文件送给了起诉人。起诉人本来想在起诉拉戈津兄弟的同时对弗拉基米也提出身后起诉。但在他们阅读了柯瓦列夫斯卡娅送来的文件后，确认"弗拉基米尔是一个诚实的人，他由于不知情而被卷入了投机生意。"这样一来，柯瓦列夫斯卡娅为死去的丈夫洗清了污名，恢复了名誉。接着她又清理了丈夫留下的遗物，并为弗拉基米尔的墓碑撰写了碑文：

你的灵魂瞬间得到安息，
如此快乐，
尘世从未有过，
这是虚幻之乡的安息。

至此，柯瓦列夫斯卡娅的心才趋于平静。

4. 斯德哥尔摩在召唤

处理完丈夫的身后事，柯瓦列夫斯卡娅又回到柏林。她把自己关于光的折射问题的研究成果交给了外尔斯特拉斯。她的老师感到很满意，鼓励她把结果写出来，准备发表。

8月底，在敖德萨举行了第七届自然科学家和医生大会。柯瓦列夫斯卡娅递交的论文《论光线在晶体介质中的折射》受到大会的好评。

会议期间，她结识了航空理论的奠基人、著名力学家、数学家尼古拉·菇科夫斯基(1847—1912)。柯瓦列夫斯卡娅感动于俄国科学界的友好款待，她又萌生了在俄国找一份工作的念头。她写信给扬科夫斯卡，表示她必须谋得一个职位以维持她和女儿的生活，她说她宁愿接受女子预科班里的一个最初级的职务。

柯瓦列夫斯卡娅还不知道，自从弗拉基米尔去世后，米塔－列夫勒开始全力以赴地为她寻找工作。

在欧洲，寡妇备受尊重。弗拉基米尔的去世为柯瓦列夫斯卡娅在数学界带来了许多援助。寡妇比单身或已婚的女性有更大的独立性，她们求职的社会障碍要少得多。

米塔－列夫勒抓住时机，联合几位教授向斯德哥尔摩大学的行政当局鼎力推荐柯瓦列夫斯卡娅。在保守势力还没有来得及反对的情况下，他们已经为柯瓦列夫斯卡娅争得了一个临时的职务——私人讲师。柯瓦列夫斯卡娅将被试用一年。在此期间，她无工薪，也无正式位置。她只能得到学生个人支付的酬金。试用期满后，将根据她的教学质量来讨论她的正式任职问题。

柯瓦列夫斯卡娅在 1883 年 9 月，从外尔斯特拉斯那里得知她将去斯德哥尔摩大学任职的消息。当时她正在首都圣彼得堡，她想在女子预科班里谋求一个最低的职位。

姐姐安娜和她们过去的亲密伙伴冉娜·叶夫列伊诺娃这时也在圣彼得堡。她们住在一起，安娜写小说、搞翻译，冉娜则编辑激进的杂志《北方通报》。姐妹三人在一起度过了一段愉快的时光。

得知斯德哥尔摩大学允许她任职的消息后，柯瓦列夫斯卡娅既高兴又担心。她将成为欧洲第一位也是唯一的一位具有大学教职的妇女，她有些紧张不安。她在给米塔－列夫勒的信中写道：

> 我无法表达，对于您一贯给予我的友谊，我是多么感激；对于自己能够实现夙愿，开始大学教师生涯，我是多么幸福。同时，我应该告诉您，对于'讲师'这一职务，我担心自己不能胜任。

她用同样的语气写信给外尔斯特拉斯。外尔斯特拉斯给自己的得意门生写了一封表示支持和鼓励的长信。他告诉她说："你是完全称职的，没有必要紧张不安。""你要克服恐惧心理，尽快到职。"

柯瓦列夫斯卡娅有畏缩心理令人很奇怪。因为大学讲师的位置是她多年来梦想的顶点。当梦想成真时,她为什么又畏缩不前了呢？事实上,如果从另一个角度来考虑这个问题,就不难理解了。

柯瓦列夫斯卡娅的自我否定是许多妇女都有的,这些妇女已经把社会对他们的偏见内在化了,以至于有时她们真的相信自己是弱者。反对妇女从事科学工作的先入之见,不仅存在于她们的周围,而且也存在于她们的内心。担任大学讲师,这在当时,任何一位有才华的妇女都会感到忐忑不安。但是令人奇怪的是,大多数平庸男性里,对自己“能否担任讲师”连想都没想过,好像他们天生就能担任似的。这就是19世纪末期俄国社会的真实写照。

值得庆幸的是,柯瓦列夫斯卡娅很快就克服了自卑心理。在米塔－列夫勒和外尔斯特拉斯的支持和鼓励下,她已确信自己能够胜任大学讲师的工作。

在她赴任之前,还有许多问题要解决。首先是女儿芙发,她不能带她去,因为那样会分散自己的精力,影响工作。尤里亚——芙发的教母愿意照料芙发,她带着芙发到莫斯科郊区去了。其次,弗拉基米尔身后的事务还没有处理完。此外,母亲去世后,她从波里宾诺庄园分得了一些家具，她还要找地方保存。这些事她都找人一一代办了。

处理好这些事情之后，她准备起程。今后的几年将是很困难的。她必须与大学同行的偏见、与保守势力和反对分子的对抗以及物质的匮乏做斗争。她不仅要远离女儿，还要远离敬爱的导师，远离巴黎的朋友和圣彼得堡那个熟悉的社会。然而，她在斯德哥尔摩将度过她一生中最辉煌的时期，她会取得一些从未想到过的成功。

第八章 科学公主

1. 斯德哥尔摩大学的女讲师

1883年11月15日,这是一个阴冷的冬日。柯瓦列夫斯卡娅告别了亲友,登上了驶往斯德哥尔摩的轮船。这艘客轮从圣彼得堡启航,驶过克朗什塔特港就进入了波涛汹涌的波罗的海。柯瓦列夫斯卡娅的心情就像大海的波涛一样难以平静。她扶舷而立,凝视远方,祖国的陆地已从视野中逐渐消失。她想起九年前,她和弗拉基米尔学有所成,怀着满腔热情回到祖国,想把自己的知识献给祖国和人民。他们,特别是她,受到沙皇政府的无情压制和残酷打击。她不仅在科学上壮志未酬,而且被搞得家破人亡,现在她又不得不斩断亲情,背井离乡,到一个陌生的国家求生。一幕幕辛酸的回忆,使柯瓦列夫斯卡娅热泪盈眶。艰难的岁月,在她那宽广的额头上刻下了抹不掉的皱纹,使她那美丽的容颜失去了青春的艳丽,却增添了成熟与端庄。

柯瓦列夫斯卡娅迎着寒风,倔强地挺立着。轮船驶出芬兰湾后,海上起了大风暴。她面对风暴,非但没有害怕,没有觉得苦,反而很愉快。她看着船与激烈起伏的波涛互相冲击,飞快地向远方驶去,情绪一下子振奋起来。柯瓦列夫斯卡娅面对风暴站了一个多小时,任凭浪花打在她的脸上。经过几年的四处漂泊,这时她身体内的每一个细胞都在颤动,全都急迫地要去享受一种十分充实的生活。

轮船冲破波罗的海的万顷怒涛,掠过森林覆盖的岛屿,经过两天两夜的航行,斯德哥尔摩哥特式建筑的尖顶,终于出现在地平线上。

19世纪80年代的瑞典,新旧两种势力正进行着激烈的交锋。尽管经历了漫长的黑暗的基督教统治,但是无神论和民主思想还是悄然地崛起了。柯瓦列夫斯卡娅的到来,引起了各派政治力量的注意,斯德哥尔摩一家进步报纸——《民主报》还特意刊登了消息:

> 今天我们必须通报全体市民，不是某一位庸俗王子或是同样显贵但不学无术的人物来了。今天来到本城的是一位科学公主——柯瓦列夫斯卡娅女士。她光临本城并将成为瑞典的第一位女讲师。

在码头上，柯瓦列夫斯卡娅受到米塔－列夫勒夫妇和一些年轻的知识女性的热烈欢迎。在找到住处之前，她暂时与米塔－列夫勒的父母住在一起。米塔·列夫勒有一大家子人——他们夫妇、他的父母及为数众多的亲属。他们一家把柯瓦列夫斯卡娅当成是自己的亲人。在他们的精心关照下，柯瓦列夫斯卡娅很快就适应了这个陌生的环境，没有感到孤独和冷清。

在最初的日子里，柯瓦列夫斯卡娅遇到的人大都很友好。特别是在年轻的知识妇女当中，她确有一种宾至如归的感觉。她们把她作为妇女解放的榜样来看待。柯瓦列夫斯卡娅自己也认识到，她被任命为斯德哥尔摩大学的讲师，尽管这是一个很低级的职务，但对于全欧洲的妇女来说，这是一个重要事件。如果她能成功转正，她将成为一个有价值的先例。她决心要获得成功,为欧洲妇女冲出一条在大学任教的道路。

但是,在她面前的并非坦途。没过多久她就发现,自己的到来已经引起瑞典学术界激进派与保守派的争论。斯德哥尔摩大学是一所新建的大学,它是由首都的进步人士针对保守的老牌大学乌普萨拉大学和隆德大学而建立起来的。大学的主要资金靠私人捐赠,因此它是一所私立大学[①]。以米塔-列夫勒教授和斯德哥尔摩天文台台长许戈·古尔登为代表的自由主义者强烈地主张男女平等,强调"把科学从老牌大学的保守主义中解放出来"的必要性。在他们的主张下,斯德哥尔摩大学从成立之日起就在平等的基础上招收女学生。而大多数乌普萨拉和隆德的教授们则坚持传统观念和教学方法,他们甚至对把柯瓦列夫斯卡娅担任的那种低级职务授予妇女也感到怒不可遏。

柯瓦列夫斯卡娅对这种进步与保守之争[②]很感

---

① 1960年改为国立。

② 她称之为"新旧之争。"

兴趣。她不怕争论,认为只有通过争论,进步的自由主义思想才能战胜保守势力。当她开始上课时,乌普萨拉大学的学生们也贴出了她的授课通告,但很快被那里的保守分子撕掉了,然而这并没有影响那些大学生来听她的课。她为此感到高兴。

柯瓦列夫斯卡娅到达瑞典时已临近圣诞节,因此她在正式执教前有较充分的时间来适应瑞典的生活。为了参与斯德哥尔摩知识界的活动和政治活动,她必须尽快学习瑞典语。她学习语言的能力很强,只有两周,她就能够讲得很好了,以致在专门为她举行的招待会上,她并没有感到窘迫。当米塔-列夫勒夫妇对此感到吃惊时,她愉快地讲起自己6岁时自学阅读的事,令人惊叹不已。但她马上补充说:"如果我离开这个环境,很快就会忘掉了。"

柯瓦列夫斯卡娅学会了足够的瑞典语之后,租了一所新公寓。她开始结交新朋友,关心报纸上保守势力与进步势力的争论。她对撰写社会题材文章的斯堪的纳维亚的一代新人——奥古斯特·斯特林贝(1849—1912)、亨里克·易卜生(1828—1906)和米塔-列夫勒的妹妹安娜-列夫勒(1848—1910)特别感兴趣。在当时,人们常把她和伟大的戏剧家斯特林贝与易卜生相提并论,她与正在从事文学创作的安娜-列夫勒建立了亲密的友谊。她们在妇女解放等一系列政治问题上观点相同,后来她们共同进行文学创作。

在柯瓦列夫斯卡娅正式上课之前,米塔-列夫勒为她作了宣传,她将有12名正式报名的学生。她要讲的课程是偏微分方程,这是一门她十分熟悉并取得过成果的课。她很高兴,她在给亡夫之兄亚历山大的信中写道:“我对课程的安排十分满意。我似乎预感到,如果我能在所教的第一门课中讲到自己的工作,那将会给人留下很深刻的印象。”

尽管如此,柯瓦列夫斯卡娅对即将开始的第一堂课还是感到十分紧张。她对开头的好几堂课都进行了周密的准备,第一堂课前还试讲了几遍。当她确信没有问题时才勇敢地走上了讲台。

1884年1月30日上午9点,这是一个具有历史意义的时刻,柯瓦列夫斯卡娅从容自若地走进斯德哥尔摩大学的一所讲堂。整个讲堂坐满了人——不仅有正式报名的12名学生,而且还有许多其他的学生,以及几位教授(包括反对她任职的教授)、大学官员,甚至还有感兴趣的市民,他们都来目睹这位“科学公主”是如何开始她的教学生涯的。讲堂里坐满了人,这是柯瓦列夫斯卡娅始料不及的。刚开始她有些紧张,脸色微红,甚至有点结结巴巴,但很快就镇定下来。她用德语讲授:

> 先生们,在为人类打开一条认识自然规律的道路的所有科学中,最强有力的最伟大的科学就是数学。

柯瓦列夫斯卡娅首先讲了这一学科的简短历史,然后介绍这门课程的主要内容和基本要求。当讲到具体内容时,就十分自如了。她越讲越好,语言清晰简练,引人入胜,所有的人都屏息静听。当这堂课结束时,受到全场人的热烈欢迎。从这一堂课起,人们确认:她是一位好教师。

柯瓦列夫斯卡娅的教学很成功,她的教学态度严肃认真。事先她总是充分备课,课上不看讲稿。她讲课的风格简洁而明确,无意追求幽默与活泼。她总是轻松地走上讲台,清晰地讲完课后迅速地离开教室,从不与学生打招呼。这种看似无礼的举动并不代表她对学生的态度。可能她认为自己作为一名妇女，一名34岁的漂亮女性，在课堂上必须保持严肃的外表。当她走出教室时，她对学生是热情而友好的。她赞扬自己学生的能力，曾向亚历山大夸耀他们："我很赞赏我的学生，他们都是最优秀的，而最差的都到乌普萨拉去了。"

柯瓦列夫斯卡娅课上严肃、课后友好的教学风格深受学生的欢迎。几乎所有她教过的学生都是她的崇拜者。几位女学生甚至希望将来也能成为一名女教师，她们模仿她走路的姿势、讲课的表情和语气，以她为楷模。

柯瓦列夫斯卡娅的影响日渐扩大，连大学校长阿尔伯特·林德哈根先生听过她的课后也大加赞赏。有一位教授宣称，整个斯堪的纳维亚半岛找不到另一个人教学教得像柯瓦列夫斯卡娅女士这样好。在第一学期课程结束时，班上的学生送给她一张镶在漂亮的镜框里的集体留影，上面还写着热情的赞词，这使柯瓦列夫斯卡娅非常感动。

尽管如此，当柯瓦列夫斯卡娅的讲师任期已满，复议她的新职务时，还是遇到了强大的阻力。随着柯瓦列夫斯卡娅名声的扩大，嫉妒她的人，反对妇女任教职的保守分子以及米塔－列夫勒的政敌已聚集成一股力量。虽然他们对她的教学无可挑剔，但是从其他几个方面对她进行诽谤和攻击。她的民族、她的政见、她是外尔斯特拉斯学派的骨干成员以及她个人的生活方式等，都成了她的敌人攻击的内容。

当柯瓦列夫斯卡娅出席某位教授的家庭聚会时，常听到二三位教授夫人窃窃私语："为什么找一位俄国女人来上课，难道斯堪的纳维亚就没有自己的人选吗?"她们还喜欢传播小道消息，对柯瓦列夫斯卡娅的个人生活刨根问底。在她们看来，这位俄国妇女的行为太反常，不可思议，她一定有什么个人目的，或许是一名政治间谍。教授夫人们的态度自然会影响她们的丈夫。

而一些保守的教授们则认为："我们这里已经有了一个外尔斯特拉斯的门徒了，难道还不够吗？为什么又找一个来?"他们与俄国教育界同样地排斥有"德意志倾向"的数学家。

攻击柯瓦列夫斯卡娅政见的人最多。她激进的政治观点在瑞典很有影响，她很关心瑞典的社会主义运动。她与扬科夫斯卡、拉夫罗夫和福尔马尔的通信,大部分谈论的是政治问题。她还密切关注着俄国、波兰、德国的革命活动。她在给拉夫罗夫的长信中建议,把斯德哥尔摩作为俄国人与波兰人逃避沙皇警察的地下中转站。

柯瓦列夫斯卡娅没有和女儿在一起生活也引来了不少瑞典女士们的非议。就连她的女友——天文学教授许戈·古尔登的夫人特里萨·古尔登都不能理解她把年幼的芙发送给别人照管的做法。她一再规劝柯瓦列夫斯卡娅:"如果你把芙发带到你的身边,那你就会受到无懈可击的尊重。"

所有这一切都为反对柯瓦列夫斯卡娅任职的人提供了理由。当米塔-列夫勒和他的同事提出授予她五年期教授常任职位时,遭到了强烈的反对。最后,她的三位主要支持者决定与反对派做一笔交易:他们将不再反对把乌普萨拉大学的两位毕业生从私人讲师提升为常任教授作为交易条件,柯瓦列夫斯卡娅被聘为五年期"非常任教授"。"你看,我多么昂贵",柯瓦列夫斯卡娅自嘲地对米塔-列夫勒说:"我值两个'常任教授'呢!"

任命柯瓦列夫斯卡娅新职务的通知于1884年7月28日下达。她的薪水是每年4 000克朗,其中一半来自大学的经费,一半来自私人资助[①]。

在通常情况下,这个数目的薪水足够她维持生活了。但是她还要继续定期偿还弗拉基米尔的债务,还要寄钱给她大手大脚的弟弟菲迪亚和女儿芙发,因此她手头总是很拮据。她在课余还要从事翻译工作,以补贴家用,必要时还得典当或出卖衣物等。

柯瓦列夫斯卡娅在斯德哥尔摩大学的课程,涉及数学的多个分支。她对自己取得的成功从未沾沾自喜,而是不断地努力,讲授新的课程,甚至包括外尔斯特拉斯和庞加莱的最新工作。她班上的学生越来越多,有许多是从其他国家来的女学生。她时常想起自己早年求学的艰难,因此对师从于她的女学生格外地关照。

尽管她担任的是非常任教授,可是柯瓦列夫斯

① 米塔-列夫勒和许戈登各资助100克朗,师从柯瓦列夫斯卡娅的女生各出100克朗。

卡娅的名气要比普通的常任教授大得多。不少报纸和杂志的记者去访问米塔-列夫勒,要求他提供柯瓦列夫斯卡娅的素材,以撰写有关“第一位女教授”的文章。德国的《时代画报》、瑞典的《世界画报》和英国的《伦敦的图片新闻》都来抢关于柯瓦列夫斯卡娅的新闻,刊登她的大幅照片。

这些报道引起了强烈的反响:保守的普鲁士教育大臣冯·格斯勒表示希望能接见柯瓦列夫斯卡娅;原来拒绝她听课的柏林大学校长,取消了这个决定;她还被邀请出席柏林科学院的年会,被允许在普鲁士的任何大学听课。她是唯一获此荣誉的妇女。

渐渐地,在斯德哥尔摩,索菲娅·柯瓦列夫斯卡娅的名字几乎家喻户晓。人们亲切地称她为“我们的索菲娅教授”。年轻的父母喜欢为自己新生的女孩起名叫“索菲娅”。

然而在她被任命为终身教授之前,她还有很长的一段路要走。她要继续研究新的课题,她要顾及瑞典妇女们的看法,接芙发来一起生活。此间,她还得承受姐姐病逝的打击。

2.《数学学报》的女编辑

如果说聘任柯瓦列夫斯卡娅担任斯德哥尔摩大学数学教授显示出了米塔－列夫勒超人的胆略和勇气的话，那么他苦心经营、创刊出版世界第一流的数学杂志《数学学报》(*Acta Mathematica*)，则体现了一位数学教育家的雄才大略。

《数学学报》是米塔－列夫勒于1882年创办的。一方面是为了让数学家有更多的地方发表论文，另一方面也是为了维护外尔斯特拉斯及其学派。这个学派被许多人误解为是“为分析而分析”，抛弃了其他分析学家关心的具体的应用问题。

柯瓦列夫斯卡娅到斯德哥尔摩不久，米塔－列夫勒就邀请她担任这份杂志的编委，她愉快地接受了这一任务。就这样，柯瓦列夫斯卡娅又成为那个时代进入世界主要科学杂志编辑部的第一位妇女。她十分认真地做这件事，如利用假期旅行宣传这份杂志，争取俄国科学院的经济支持等。很快，她和米塔－列夫勒就被欧洲的数学家们公认为是《数学学报》的主要办刊人。

在欧洲，当人们想要攻击外尔斯特拉斯及其学派时，自然就要攻击米塔－列夫勒和《数学学报》。然而，米塔－列夫勒和柯瓦列夫斯卡娅能够正确地对待这种攻击。他们超越各种争议，向所有优秀的数学家征稿，甚至向外尔斯特拉斯方法的批评者克罗内克[①](1823—1891)约稿。

柯瓦列夫斯卡娅具有卓越的数学鉴赏能力，对于数学中哪些新思想会在以后的岁月里产生重大的影响，她有一种本能的感觉。这种对数学前沿成果的高超鉴赏力，不仅能使她自己深入到数学研究的前沿，不断取得新成果，还使她能够协助米塔－列夫勒选择最优秀的论文，刊登在《数学学报》上。这就提高了《数学学报》的权威性。

作为《数学学报》的一名编辑，柯瓦列夫斯卡娅与欧洲及俄国的数学家们保持着广泛的联系。不少数学家就自己文章征求她的意见，或对她不熟悉的

---

① 在关于数学基础的大论战中，他曾激烈地反对过外尔斯特拉斯。

文字形式给予帮助。

最初俄国数学界对她不信任,主要缘于对外尔斯特拉斯纯理论与高度的抽象性的排斥。由于她在国外的声誉日隆,同时她已成为一位非常优秀的数学理论的阐释者和数学思想的传播者,俄国数学家又考虑到她早年在俄国接受的数学教育,终于解除了对柯瓦列夫斯卡娅的怀疑。不仅如此,她还成为西欧数学家与俄国数学家沟通的桥梁。俄国数学家的工作成果通过她得以在《数学学报》上发表,从而使他们的思想为西欧所知。俄国数学家都十分感激她在这一方面所做的努力。切比雪夫、瓦西列夫、茨韦特、斯塔尔科夫等人在她去世后,都在纪念文章中提起这件事。俄国的数学家包括那些平庸的人都认为她会给他们的论文以公正的评价,因此他们都把自己的研究成果寄给她,而不寄给米塔-列夫勒。

柯瓦列夫斯卡娅在参与《数学学报》编辑工作的同时,仍在研究自己的课题。1884 年 8 月底,她曾到乡村隐居,来完成论文《论光线在介质中的传播》的简报,以便发表在法国科学院的《数学与天文学通报》上。她感到瑞典的环境有利于数学研究。数学家通常认为，衡量数学研究气氛的一个重要标准，就是要有研究伙伴，只有这样才可以相互促进并分享各种想法。米塔-列夫勒和柯瓦列夫斯卡娅同是外尔斯特拉斯的弟子，是理想的研究伙伴。

柯瓦列夫斯卡娅通过定期的访问和通信，与欧洲著名的数学家塔尔米特、庞加莱、皮卡、克罗内克、龙格以及俄国的同行切比雪夫、瓦西列夫等人保持着学术联系。她到斯德哥尔摩不久，就开始认真研究一个刚体绕一个定点旋转这一经典问题。这个困惑了数学界一百多年、被人们戏称为“数学水妖”的问题，在她一开始从事数学研究时就引起了她的兴趣。1886年，柯瓦列夫斯卡娅出席哥本哈根国际科学家代表大会。在赴丹麦之前，她绕道巴黎拜访了庞加莱等人，她高兴地得知，几位法国数学家也正在热烈地讨论这个问题，她愉快地参加了他们的讨论，并得到了重要启发——她所擅长的阿贝尔函数论有可能是解决这一难题的钥匙。当她得知将于1888年再次悬赏征求这个问题的答案时，心中燃起了希望之光。她要全力以赴擒拿这个“数学水妖”。

哥本哈根会议之后，这个有名的难题便占据了柯瓦列夫斯卡娅的全部身心，她一生中最辉煌的时期来到了。

3. 获“鲍廷奖”

在德国莱茵河畔有一个古老的民间传说，说莱茵河上有一个水妖，它用美妙的歌声引诱船夫触礁沉船。刚体绕定点旋转问题像莱茵河上的水妖一样美妙而吸引人。许多数学家都被这个问题吸引了，想在这个问题上一显身手，结果都不得要领，败下阵来。现在，一个年轻的女数学家居然敢向“数学水妖”宣战，毫无疑问，她将遇到许多困难。

柯瓦列夫斯卡娅在完成斯德哥尔摩大学教学任务和《数学学报》编辑工作之余，以顽强的毅力专注于旋转问题的研究。1886 年秋季，她到莫斯科休假，这时她获得了自由的时间，可以全神贯注于她的工作。但是，当她见到尤里亚和芙发时，一种强烈的母女之情和对尤里亚的负债心理压倒了她。她联想到瑞典妇女对她抚养子女的看法，就下定决心要把芙发带回到斯德哥尔摩一起生活。

柯瓦列夫斯卡娅用在斯德哥尔摩购买的廉价家具和波里宾诺的旧家具建立起了一个零乱的家。安娜-列夫勒发现衣橱是缺腿的,她还挑出家具上的小洞和擦痕。“这里难道是你的旅店吗?我看连凑合过都难,更不用说接待来宾了。”她不能容忍柯瓦列夫斯卡娅的做法,“难道你真的要把你的朋友拒之门外吗?”柯瓦列夫斯卡娅对女友的过分苛求感到不满:“我这把可爱的新摇椅,一直放在显眼之处让您注意,可您连看都不看它一眼。而我的古老的橱柜上的每一块污迹,每一条擦痕,哪怕是用十层罩布罩着,也逃不过您那挑剔的眼睛。您这种对恶与丑的独具慧眼和对善与美的视而不见可真让人没办法。”不管怎么样,安娜-列夫勒还是帮助她把家安顿下来了。

柯瓦列夫斯卡娅确实不具备一般妇女理家的本领。这也难怪,从18岁起,她就选择了一条与众不同的生活道路。她对家务的料理十分马虎,但她也从不挑剔别人,更不愿为别人的标准和口味而改变自己。现在她如此之忙,有好几项工作要做,还有重要的研究课题,她又缺钱,还要照顾芙发,所以她对家务料理、家庭装饰无暇顾及。无论别人怎样取笑她，她依然故我。不过她还是能及时打扫卫生的，她的家简单零乱但并非不清洁。她有一种本领，即能在杂乱无章的衣橱里随手取出所需的衣物，很少在里边翻来翻去。东西放在哪里，即使是临时放置的，她也记得清清楚楚，总能随手取来。她还有一种更惊人的本领，就是无论环境怎样杂乱，无论芙发怎样吵闹，她都能静下心来伏案工作长达几个小时——只要芙发不发生危险。真可谓“乱云飞渡仍从容”。不少朋友突然造访时，都能看到这样的情景：芙发在床上、地下闹翻了天，而她却没事人似的在一旁看书。

不过，柯瓦列夫斯卡娅马虎的家务料理并没有使她的朋友和社交界疏远她。她是一位知名人士，又十分善谈，瑞典人只好对她的生活方式表示宽容。她的家仍是瑞典知识分子聚会的场所。

柯瓦列夫斯卡娅刚刚和女儿在新的公寓里安顿好，就被召回俄国照顾姐姐安娜了。安娜已病了好长时间，她得了癌症，这时正忍受着巨大的病痛，她希望唯一的妹妹能在她身边。柯瓦列夫斯卡娅只好把芙发托付给安娜－列夫勒和特里萨·古尔登，由她们来照看。她在姐姐病床前守候了两个多月。看着姐姐日渐消瘦和死神即将光临,而她又没有任何办法帮助安娜,她十分痛苦。

在这段时间里,姐妹俩的思绪回到了青春时代,当时的一切是那样的美好,青春是金色的,前途是灿烂的。她思索着安娜的一生——她在政治上的成长、参加巴黎公社、非凡的文学才华。在她看来,姐姐处处是她的榜样。而现在,所有的一切都不复存在了。致死的疾病,移情别恋的丈夫,文学上也没有什么建树——到了这种地步。

为了纪念姐姐,她构思了两个剧本。一个是《童年的回忆》,另一个分两部,都定名为《为幸福而斗争》。她突然发现自己还有些文学才能。从1886年冬到1887年冬这一年时间,柯瓦列夫斯卡娅不断地被召回到姐姐的病床边。1887年夏,病危的安娜又遇到了麻烦。她丈夫维克多在她病后就将她送回俄国治病,并很少过来看望她。当她病情恶化时,他在众亲属的谴责之下回到俄国,并准备把安娜带回巴黎。不幸的是,由于他的政治主张,他被通知在三天之内离开这个国家,否则就要逮捕他。

维克多六神无主。在规定的时间内他不可能带妻子离开俄国。

他只能用担架把安娜抬走,但这样安娜会性命不保。柯瓦列夫斯卡娅求助于熟识的陀思妥耶夫斯基的遗孀,经过她的努力将期限放宽到十天。但还是不行,安娜的病情突然恶化,不能移动。维克多被迫一个人离去。柯瓦列夫斯卡娅只得留下来照料姐姐。

她守在昏迷不醒的姐姐的床边,十分焦虑不安、她需要缓解一下自己的情绪。只要有可能,她就研究刚体绕定点旋转的问题。她写信给安娜-列夫勒说:“我抽空在心里解数学题目,深入地思考着庞加莱的天才的论文……在这种时候,数学成了一种安慰。使我觉得在眼前这个痛苦的世界之外还有另一个世界。”

当姐姐的病情稍微缓解之后,被送往巴黎接受手术治疗。柯瓦列夫斯卡娅回到瑞典,她决心弥补在时间上的损失。她在离斯德哥尔摩很近的一个岛上租了一间房子,开始专心致志地研究刚体绕定点旋转问题。她的工作进展使她有信心在“鲍廷奖”评奖前递交论文。

不幸的是，很快传来了姐姐去世的消息。她是在接受手术治疗之后突然死去的。她被姐姐的死讯击晕了。本来她是有思想准备的，但没想到会这么快，更使她感到遗憾的是，她没能在姐姐的最后时刻向姐姐告别。另外，姐姐不是死在俄国，而是死在令他十分伤心的法国巴黎。姐姐在1887年8月给她的信成了遗书："现在我公开承认——我诅咒自己决定到巴黎来的那个日子①。如果我难免一死，我希望死在俄国。好妹妹，我现在已不惧怕死，我祈求死……"

姐姐死后不久，她就着手写《童年的回忆》，以此来表达对姐姐的怀念。文中充满了对姐姐的挚爱和感激之情。

无论如何，柯瓦列夫斯卡娅还要参加一些必要的社交活动。斯德哥尔摩大学是一所年轻的私立大学，财政主要靠私人捐助来维持。柯瓦列夫斯卡娅，米塔-列夫勒和他们的同事必须为筹款而进行应

① 指1869年第一次去巴黎的日子。

酬。由于柯瓦列夫斯卡娅的名声，这种场合她是一定要来的。他们周旋于上流社会，争取有影响的人物的同情，劝说他们对新建的大学给予资助。

一连串的访问和晚会的冗长、乏味，特别是几位银行家和金融家[1]向柯瓦列夫斯卡娅求爱时，她显得不太高兴。但为了学校，她还得热情地对待这些人。在一次晚会结束后，她十分鄙视地提到了诺贝尔兄弟[2]。

不过，柯瓦列夫斯卡娅有时也会遇到使她感兴趣的人。1887 年夏，经人介绍她认识了一位挪威年轻人——北极探险家弗里思霍夫·南森[3]。他自幼喜爱户外活动，练就了一副好身板。柯瓦列夫斯卡娅似乎一下子就被他吸引住了，她好像第一次遇到这种类型的人。他的经历、他的兴趣、他的粗犷的性

---

① 包括著名的诺贝尔和他的哥哥。

② 关于为什么没有设“诺贝尔数学奖”的问题，流传很广的一种说法是诺贝尔与米塔－列夫勒由于一个女人而交恶。笔者猜测，这个女人可能就是柯瓦列夫斯卡娅。详见书后附录“诺贝尔数学奖”与柯瓦列夫斯卡娅。

③ 1861—1930，1888 年首次滑雪横越格陵兰，1922 年获诺贝尔和平奖。

格，都令她着迷。当听说他决心翻越格陵兰冰盖时，她禁不住表现出十分崇敬和喜爱的情感。而南森早就听说过柯瓦列夫斯卡娅，他对这位献身科学的奇女子十分敬佩。可惜南森已经结婚，否则两人很有可能相爱并结合。柯瓦列夫斯卡娅深知自己在斯德哥尔摩的教职来之不易，她不愿因为感情问题而使自己陷入舆论的旋涡。她把对南森的感情埋在心底，与他保持着普通朋友的关系。

不久，柯瓦列夫斯卡娅真的遇到了一位使她倾心相爱的人。当时，一位富有的经济学家资助斯德哥尔摩大学一笔经费，支持学校开展对于“社会问题”——政治经济学、社会学、农业经济学、劳动问题等的研究。斯德哥尔摩大学为此开设了一次系列讲座。主持讲座的教授是从俄国请来的著名历史学家、法学家、俄国科学院院士马克西姆·柯瓦列夫斯（1851—1916）。此人是柯瓦列夫斯卡娅亡夫的远房亲戚。

马克西姆原是莫斯科大学的法学教授，因他的自由主义的政治观点和讲课受学生欢迎而闻名。在1887年的反动浪潮中，他和几位教授被解聘。之后，他旅居国外，在伦敦、纽约、巴黎、斯德哥尔摩等城市教课，结识了当时知识界的许多知名人士。

柯瓦列夫斯卡娅是马克西姆所主持的讲座的经费执行人。早在1882年，他们就在巴黎拉夫罗夫的寓所里见过面。这次重逢两人都非常高兴，相同的思乡情怀使他们很快就成为亲密的朋友。在斯德哥尔摩，虽然人们都尊重她，甚至可以说是热情地对待她，但并没有什么亲密的感情，她总能意识到自己是一个俄国人，与周围的环境总有距离。而她与马克西姆在一起，可以无话不谈。他们共同关心祖国的政治形势，谈论那里发生的各种事情。

柯瓦列夫斯卡娅已寡居好几年，她希望能找到一位理想的生活伴侣。她对马克西姆很有好感，他的学识，他高大英俊的外表都令她满意。马克西姆未结过婚，他对柯瓦列夫斯卡娅的印象也非常好。1887年年末到1888年年初的这段时间里，他们好像是在恋爱——人们总能看到他们在一起。为了确保柯瓦列夫斯卡娅能够顺利地完成论文，米塔－列夫勒不得不出面干预。他劝马克西姆到乌普萨拉去住一段时间，以便柯瓦列夫斯卡娅能够平静地工作。

柯瓦列夫斯卡娅并不否认她对马克西姆的感情，但想到她的研究工作，只好忍受与恋人暂时分离的痛苦。她写信给米塔－列夫勒说："如果健壮的M.[1]再待长些，我就不知如何继续自己的工作了。"

1888年春、夏、秋三个季节，柯瓦列夫斯卡娅没有任何休息时间，她一直在工作。她的研究工作已经进入了冲刺阶段。她夜以继日，挥汗计算，终于完成了一篇足以向法兰西科学院送审的草稿，并获准在评选时再送一份更完整的文本。同时，她把自己的结果告诉了外尔斯特拉斯，并征求他的意见。外尔斯特拉斯因病没有及时回信。她继续深入地研究，很快又独立地取得了一个更好的结果。这时她才收到导师的回信："你的来信使我极其愉快，它向我显示了你已向前跨出了很好的一步……"

马克西姆看到了柯瓦列夫斯卡娅关于旋转问题的论文的定稿过程，他十分钦佩她顽强工作的精神。在那一年夏天，两人进行了短暂的旅行，她一方面对他充满友情，另一方面进行着深入的数学研究。她

① 指马克西姆。

整夜研究，并进行复杂的数学计算。

柯瓦列夫斯卡娅在进行秋季学期教学的同时，仍在完善自己的研究工作。她终于在指定的期限内完成了关于旋转问题的论文，并送交法兰西科学院。

在等待“鲍廷奖”评选结果时，她的心情是紧张的。这种心情与她第一次登上讲台时的心情很相似。她忽而感到此奖非她莫属，忽而又失去信心。为了缓解这种激动与烦躁交替的紧张心情，她努力上好每一堂课。一旦登上讲台，她就十分投入，什么烦恼也没有了。她讲课充满激情，并擅长在课堂上发挥，有时备课只备到八分，但她能在课堂上产生灵感，能把所讨论的问题讲得十分精彩。课后她感到很得意，觉得课讲得很“美”。她还继续做《数学学报》的编辑工作。

1888 年 11 月，消息终于传来了。有 15 个向鲍廷奖评审委员会递交论文。其中有一篇论文写得如此富于创造性，远远地胜过其他论文，以致全体评委一致推选它，并建议奖金额由原定的 3 000 法郎提高到 5 000 法郎！这就是索菲娅 · 柯瓦列夫斯卡娅递交的那篇论文。

法国科学院院士、著名微生物学家马斯德（1822—1895）亲自发函，通知柯瓦列夫斯卡娅获奖。消息传来，轰动了整个欧洲。多少人为之奋斗，想得而未得到的奖项最终被一位妇女获得了——柯瓦列夫斯卡娅终于擒住了“数学水妖”！贺信像雪片似地飞向斯德哥尔摩。

柯瓦列夫斯卡娅的欣喜与幸福是难以名状的。几年的研究得到了应得的奖赏——全欧洲的公认、急需的奖金。12月24日马克西姆陪她出席了授奖仪式，法国科学院院长皮埃尔·扬逞森亲自发奖并致词，他高度赞扬了柯瓦列夫斯卡娅取得的科学成就。

> 当今最辉煌、最难得的荣誉桂冠，有一项将落到一位妇女的头上。本科学院的成员们发现，她的工作不仅证明她拥有广博深刻的科学知识，而且显示了她的巨大的创造才智。

柯瓦列夫斯卡娅还出席了科学院和教育部的正式宴请以及巴黎同行祝贺的晚宴。欧洲各地报纸纷纷报道此事，盛赞柯瓦列夫斯卡娅的成就。在以后的几周里,她参加了许多为她举行的正式宴会或私人晚宴。她的反对者也改变了态度,社会各界对她都比以往更加热情友好。

对柯瓦列夫斯卡娅的嘉奖并不过分。她关于刚体绕定点转动的问题研究,的确有着深远的科学意义。让我们以陀螺的旋转为例来解释女数学家所做的工作。

把一个陀螺放在地上,用鞭子抽它,它会在稳定的状态下快速地旋转,在转动的过程中不断地移动位置。我们都知道,陀螺是围绕着它与地面接触的尖点旋转的。如果我们把陀螺视为"刚体"——刚硬不变的物体,陀螺尖视为"定点",所谓刚体绕定点旋转问题,就是要用数学描述陀螺的运动,即建立陀螺上任一点运动的轨迹方程(组)。

第一个刚体绕定点运动的方程是大数学家欧拉于1750年建立的,法国数学家泊松(1781—1840)也研究过。他考虑的是刚体重心与定点重合,即不受力的对称体的运动。这时没有外力作用于刚体,重力不影响运动,因此,旋转轴在刚体内的固定位置上。地球的自转运动就是这种运动的一个例子。

30年以后，法国数学家拉格朗日（1736—1813）研究了刚体重心位于同一轴上的情形。陀螺的旋转就是这种情形。陀螺的尖点并不是重心，但它与重心都在陀螺的对称轴上。它需要外力才能旋转，旋转时陀螺产生一个力矩，使它保持平衡。

以上两种经典情形，都要求刚体是对称的。对于一般情形的研究，自拉格朗日之后，近百年来始终停滞不前，柯瓦列夫斯卡娅的工作打破了一百年来的僵局。她得到了刚体是非对称的一种新的可解情形：当物体关于固定点的三个主转动惯量 A,B,C 满足关系 $A=B=2C$，并且重心在前面两个主转动惯量轴所在的平面上时，她发现一个新的守恒量，从而将三个二阶方程化为三个一阶方程，并以高度的技巧，把这个方程组解的具体表达式求了出来。这是自欧拉、拉格朗日以后具有突破性的新成果。近年来，数学家们才知道，关于刚体绕定点的转动问题，只有上述三种情形才有解。可见，至少在这个问题上，柯瓦列夫斯卡娅做出了与欧拉和拉格朗日齐名的贡献。而她所研究的情形显然是最复杂的一种情形。她所给出的解，是长期以来人们所知道的少数几个有限维动力系统可积分解的范例之一。直到最近,由于孤粒子理论(无限维可积系统)的发展,人们才运用与她不同的方法得到了许多有限维动力系统的可积分解。所以,柯瓦列夫斯卡娅的这项工作,在数学发展历史上具有重大意义,她的工作常常被作为研究有关问题的新起点。

柯瓦列夫斯卡娅论文的最惊人之处,是它的语言简捷与优美。它的推理过程十分清晰,对于阿贝尔函数的掌握十分透彻,这使得她的论证过程显得简单、明了。俄国著名力学家菇科夫斯基评论说:"她的分析是那样的简单,照我的看法,这值得放进解析力学的课程中去。"数学家涅克拉索夫同意他的意见,说:"她处理问题的方法极为独特,主要反映在她机敏地想出了从复杂逐渐转为简单的途径,反映在她把非常困难的问题转化为易于解决的问题的能力。"

此外,现代数学家对柯瓦列夫斯卡娅在刚体旋转问题论文中使用的一个技巧的普适性印象很深,她发展了一种寻找代数可积性的必要条件的渐近方法。她的"渐近方法",已被物理学家用来解决其他问题。

柯瓦列夫斯卡娅的工作有很大的实用价值。现在,指引舰艇、飞机、导弹和宇宙飞船航向的导航仪器就叫"陀螺仪",它的力学原理就是刚体绕定点运动。陀螺仪的设计和应用,已经发展成为很专门的技术。当人们翻开叙述陀螺仪原理的专著时,就可以看到对索菲娅·柯瓦列夫斯卡娅工作的介绍。

柯瓦列夫斯卡娅获奖的消息传到柏林,外尔斯特拉斯欣喜若狂。他马上给自己的学生写信:

> 我无法告诉你,你的成就使我和我的妹妹们有多高兴,我感到一种真正的满足。那些权威人士已经做出了判决,那就是我最得意的学生,我所钟爱的人,绝不是轻浮的吹牛家。

外尔斯特拉斯获得了他垂暮之年的最大的一次快乐。

4. 终身教授与通讯院士

由于刚体旋转问题的研究和获"鲍廷奖"之后的大量活动,使柯瓦列夫斯卡娅感到筋疲力尽,她急需休息一段时间。为此她通过米塔－列夫勒向斯德哥尔摩大学告了一个学期的假。她在巴黎租了一所公寓,并以此为据点到欧洲其他地方去旅行。她在巴黎出席数学同行的讨论班,访问埃尔米特、皮卡、庞加莱等人,她把紧张的数学研究暂放到了一边。1889年春天,她才得以从过度劳累的状态中恢复过来。

1889年2月,她到马克西姆在法国南部尼西附近的乡间别墅去探望他。这所别墅是一个颇有诗意的去处,它隐藏在树林里,与外界隔绝。她们共同度过了一段美好的时光。

他们的接近已招来一些保守人士的中伤。马克西姆曾提出结婚,但条件是柯瓦列夫斯卡娅要放弃数学研究,他不能接受一个把科学工作放在首位的妻子。而她当然不能接受他的要求,为此两人曾发生过争吵,不过最终还是言归于好了。

柯瓦列夫斯卡娅也常常为工作和家庭关系而烦恼。弗拉基米尔在与她假婚时是支持她研究数学的,而当她成为真正的妻子后,他也经常要求她放弃数学。与马克西姆相识后,当他们保持朋友关系,哪怕是很亲密的朋友关系时,他也不反对她研究数学。但当谈到婚嫁时,她的工作就成了他们走到一起的障碍。她总是想不通,为什么男人都这么自私?多年的遭遇使她终于明白:献身科学的妇女要想拥有完美的家庭生活是很难的。她正朝这个方向努力。她有时也为自己不善理家而自责,并试图改进自己在这方面的不足。

每次她来到马克西姆身边,他总是鼓励她从事文学创作,对她写的一些回忆录大加赞赏。现在,马克西姆把她介绍给旅居法国的俄国作家博博雷金(1836—1921),剧作家安东·契诃夫(1860—1904)和文学界一些著名的人士。

柯瓦列夫斯卡娅在斯德哥尔摩大学五年任期将满。她必须做出最后的抉择,或者申请续职,或者另谋出路。由于马克西姆将长期旅居法国,所以她也想试着在法国谋得一个合适的职位。不过她很快就发现,在法国谋职是不现实的。首先,法国人对妇女有更深的偏见;另外,在法国的大学里谋职必须通过法国的博士考试,否则就要降职使用。例如,她已听说,杰出的荷兰数学家斯蒂尔捷斯(1856—1894)只能在图卢兹大学任职，他本人对此很不满意。

在外尔斯特拉斯和米塔-列夫勒的规劝下，柯瓦列夫斯卡娅放弃了在法国求职的想法。1889 年 5 月 11 日，斯德哥尔摩大学通知她五年任职期满。对她申报常任教授职务要进行考核，这种做法意味着她要竞争一个新的职位。

由于获“鲍廷奖”，以及有埃尔米特、意大利数学家贝尔特拉米(1835—1899)[①]、挪威数学家比耶克内斯(1825—1903)[②]等联名写的学术水平优异的评价信，使斯德哥尔摩大学的教授们对柯瓦列夫斯卡娅的学术水平深信不疑。但到最后一刻，仍有人提出她是一位社会主义者而加以反对。的确，她与瑞典的主要社会主义者有密切来往。米塔-列夫勒不愧是一位出色的政治家，他做了十分有利于柯瓦列夫斯卡娅而又不失公允的安排。最后，她以压倒性的优势获胜。

---

① 山猫学院院士，主要贡献在微分几何学与非欧几何学方面。

② 主要贡献在应用数学方面。

1889年6月末，索菲娅·柯瓦列夫斯卡娅被任命为斯德哥尔摩大学的终身教授。她成了世界上第一位获此殊荣的妇女。在17年之后，才有了另一位妇女——玛丽·居里获得同样的任命。

从招聘开始到结束的四十多天里，柯瓦列夫斯卡娅一直很紧张。按她现有的条件似乎没有必要这样紧张。但是，正如前文所说，社会对妇女从事科学工作的偏见也被她部分地接受了。现在聘任已获成功，她需要松弛一下。

这一年的夏天，她带芙发到法国度假。她在巴黎近郊的塞勒斯租了一间房子，与几位流亡的俄国人住在一起。尤里亚、拉夫罗夫、著名医生博特金和马克西姆都到这里访问。柯瓦列夫斯卡娅过得十分愉快。她的外甥——15岁的尤里·维克多也在这个季节来到塞勒斯。他见到姨母很高兴，但一想起死去的母亲就十分悲戚。尤里与11岁的芙发很快成为好朋友。父亲维克多正准备再婚，他与父亲相处得不好。他很希望能与姨母和表妹同住，但父亲不同意。

这一时期，她收到了法国教育部授予她"公众教育干事”的荣誉证书。她高兴地看到，证书上的“M·”（先生）已改为“Mme”（夫人），任命“nomm é”后加了一个e，成为“nomm é e”。这表明她是获此荣誉的第一位女性。

1889年夏末，柯瓦列夫斯卡娅带着女儿芙发回到斯德哥尔摩。她将以新的身份——终身教授上课。她作为一名教师已经积累了足够的经验，她的课不断地改进，听课的学生不断增加。

11月初，柯瓦列夫斯卡娅突然接到了她被选为俄国科学院通讯院士的通知，她感到十分欣慰，这表明她的祖国已承认了她的科学工作。这件事情的始末后来她才清楚。

原来，在这一年的春天她在巴黎出席关于社会主义运动、工人运动和妇女劳动者权益等几个会议期间，遇见了25年前在波里宾诺庄园她陪着读书的表兄米哈依尔。兄妹在异国相遇分外高兴，他们十分愉快地回忆起当年一起学代数的情景。米哈依尔现在已是一位富有的地主，担任萨拉托夫的行政长官。他早就听说了柯瓦列夫斯卡娅的科学造诣，对她十分钦佩。柯瓦列夫斯卡娅向表兄流露出了强烈的思乡情绪和渴望回到祖国服务的迫切心情,使表兄深为感动。他马上给俄国科学院主席康斯坦丁·康斯坦丁诺维奇大公写了一封长信,要求他对柯瓦列夫斯卡娅给以帮助。

康斯坦丁对他来信提到的问题进行了认真的考虑,但最终还是不敢得罪沙皇政府。他不能开妇女入大学执教的先例。但又觉得柯瓦列夫斯卡娅在国外名声很大,也不好直截了当地拒绝。最后,他授意科学院常务秘书维谢洛夫斯基给米哈依尔回复一封信,以对柯瓦列夫斯卡娅的赞扬口气拒绝了米哈依尔。

> 本科学院为柯瓦列夫斯卡娅夫人这样一位本国妇女所取得的崇高荣誉而自豪。我们为她已担任斯德哥尔摩大学的数学教授而感到特别高兴,给一位妇女授予大学的教职,这件事只有当每一个人都对她的知识与能力确信无疑时才有可能。
>
> 在我国,目前在大学教书的道路对妇女还是完全关闭的——不管这些妇女的实际知识和能力如何。因此,对柯瓦列夫斯

卡娅夫人来说，在我国无法给她一个职务，
能与她在斯德哥尔摩的职务在声誉和收入
上相当。

米哈依尔把这封以赞扬的口气写成的拒绝信搁置了很长时间。数学家、科学院院士切比雪夫因自己不能帮助柯瓦列夫斯卡娅而感到十分内疚。对于切比雪夫来说，柯瓦列夫斯卡娅不仅是自己一位关系密切的同行，而且自己的论著得以在欧洲发表和出版也多亏了她的帮助。为此，作为补偿，他决心为这位女同胞入选皇家科学院再做一次努力。

切比雪夫联合另两位院士英谢内茨基和布尼亚科夫斯基，联名向科学院递了一份关于推荐柯瓦列夫斯卡娅为科学院通讯院士的推荐书。根据科学院的规定，妇女是不能获得院士头衔的。要想接受柯瓦列夫斯卡娅为通讯院士，必须修改院章。这可是一件非同小可的事。科学院秘书维谢洛夫斯基这一次表现得还算积极。切比雪夫等人的推荐书于10月24日递交上去，11月16日科学院就举行了院务会议，专门讨论修改院章的问题。会上，切比雪夫等人力排众议，争取了多数人的赞同，终于以20:6的多数通过了修改章程的决议。几天以后,物理数学部又以14:3通过了对柯瓦列夫斯卡娅的提名。

我们的女数学家每向前走一步都是这样的艰难!

柯瓦列夫斯卡娅知道,通讯院士只是一种荣誉称号,并不能向她提供回国供职的机会。而她真正希望的是能当选为正式院士,这样她就有高薪、实验室和办公室,她就有条件留在俄国。她多么渴望能回到祖国为祖国服务啊!但正式院士对她来说还是天方夜谭。

不久我们就将看到,没能在俄国大学里任职成为伟大的女数学家的终生遗憾。

1890年的春、夏之交,柯瓦列夫斯卡娅回国访问,受到首都科学界的热烈欢迎,科学界人士在圣彼得堡举行了盛大的欢迎会。访问期间,她还特别参观了别斯图热夫高等女子学校。长期以来,这所学校的学生对柯瓦列夫斯卡娅一直怀着特殊的崇敬,她们把她视为心中的偶像。参观过程中,她与学生们在一幢学校大楼前合影留念。送给她的大幅照片后面的题词是:

尊敬的索菲娅·柯瓦列夫斯卡娅教授

留念

衷心感谢您的访问

高等女子学校学生谨赠

1890.5.27 于圣彼得堡

柯瓦列夫斯卡娅拿着这张情深谊长的照片，看着上面密密麻麻的签名，心潮起伏。她从 18 岁起就为建立这样的女子学校奔走。多年来，她一直是这所学校财务委员会成员。即使在海外，她也没有中断过自己对它的关心。她一直梦想着能在这所高等女子学校任教，能直接为自己的奋斗目标——妇女解放和受高等教育而贡献力量。现在，这所学校已得到发展，许多俄国女青年在这里成长。而自己到这所学校教书的心愿却始终未遂！最近她又听说，她的女友利特维诺娃进该校任教的申请被拒绝，理由是 16 年前利特维诺娃坚持留在苏黎世大学，毕业之后没有服从沙皇政府调她们回国的命令。

柯瓦列夫斯卡娅知道，沙皇政府针对的并不是她个人，而是全俄罗斯的进步妇女和革命知识分子。想到这里，她心中充满了对反动腐朽的沙皇专制制度的憎恨。同时她也认识到,妇女要想取得最后的解放,还需要经过长期的,甚至是几代人的努力!

柯瓦列夫斯卡娅依依不舍地告别了别斯图热夫女子学校,再次漂洋过海,到斯德哥尔摩大学继续她的工作。

5. 文学创作

当柯瓦列夫斯卡娅返回斯德哥尔摩时,她愉快而又惊奇地发现,有几位素不相识的俄国妇女写信给她,告诉她,她们是如何被《童年的回忆》所感动的。她们为小说中安娜敢于冲破传统的精神所感动。几位读者要求她继续写下去。这些来信使柯瓦列夫斯卡娅感到非常幸福。

柯瓦列夫斯卡娅除了参加激进的政治活动和研究数学以外,一直有着广泛的兴趣,特别是对于从事文学创作。她从五岁起就爱上了铿锵音韵。少女时她就能在脑海中作诗,并在拍球时背诵这些诗。她因为这事还受过家庭教师史密斯小姐的惩罚。青年时代,她也曾向往成为一名诗人。姐姐安娜的文学兴趣对她有过很深的影响。安娜与陀思妥耶夫斯基相识并开始小说创作，她曾参与过小说情节的策划并有幸成为第一个读者。但在当时，她对文学的兴趣远远没有超过她对数学的热爱。

柯瓦列夫斯卡娅发表文学作品是在她冷落数学的几年里(1874—1878)。在圣彼得堡的沙龙中，她结识了一些文学界人士和著名记者，在这些人的鼓励下，她开始尝试写作。她在弗拉基米尔创办的《新时代》报上发表过几篇戏剧评论、诗歌、科普文章、随笔和小品文等。

当时她并没想在文学方面谋求发展，她之所以发表作品，一方面是由于不能如愿以偿地从事数学研究，另一方面是为了躲避肤浅、虚伪的社交生活。这一时期发表的作品都有鲜明的政治倾向。

最初的写作并不成功。由于她的作品还不成熟，所以投稿曾被傲慢地拒绝。

与瑞典女作家安娜－列夫勒的相识并成为亲密的伙伴，才真正激发了她的文学创作热情。她是在进行繁重的数学研究的同时开始文学创作的。她热情、奔放、富于想象力，对于别人的思想有非凡的理解力。因此，她对安娜－列夫勒的写作产生了巨大的影响，致使安娜有时不得不放弃自己的选题而接受她的想法。

马克西姆是她从事文学创作的积极支持者，他甚至规劝她放弃数学而全力以赴地转向文学。但是柯瓦列夫斯卡娅不愿这样做。

不少朋友对柯瓦列夫斯卡娅能同时在数学和文学两个领域进行工作而感到惊奇。许多数学门外汉都把数学视为一门干涩、枯燥的科学，但实际上完全不是这样。外尔斯特拉斯就曾说过：

> 一个没有几分诗人才气的数学家，永远不会成为一个完美的数学家。

柯瓦列夫斯卡娅一直不能确定，在数学与文学两者之中，她更偏向哪一个。每当她因进行纯粹抽象的思维而感到疲劳时，就立刻转向观察生活，由此产生了一种重现所见所闻的强烈冲动。她的所有作品，包括随笔和回忆录，均涉及社会问题，如对于传统的反叛，揭露伪科学的欺骗性、公众教育、女权主义、社会主义和共产主义等，有相当广泛的政治内涵，反映出作者对社会生活的冲动和进步的思想。

但她的观点大都富于浪漫色彩。

在她发表的作品中,以小说《童年的回忆》最为著名。它最初以回忆录的形式发表,是为了追忆死去的姐姐。在这些回忆中,她把姐姐写成主角,把自己写成是姐姐的追随者。《童年的回忆》对 19 世纪 50 年代末到 60 年代初外省贵族家庭的生活作了生动的描写。欧洲的读者为能够瞥见俄国贵族的家庭生活而兴奋,俄国的读者也被其中的生活细节所感动,更多的人被它的政治见解所鼓舞。在“我的伯父彼得·瓦西列夫斯基”“我的姐姐”“安娜的虚无主义”和一开始就被查禁的“波兰起义期间的回忆”这几章中,柯瓦列夫斯卡娅追述了姐姐和她在政治上的成长过程。

《童年的回忆》是一篇抒情、怀旧、写得很美的小说化的回忆录。它产生了持久的、广泛的影响。从 1889 年到 1890 年,它以瑞典文和俄文版陆续出版,后来又被译成多种文字。

许多俄国和西欧的评论家都对《童年的回忆》十分醉心。一位伦敦的记者竟然把柯瓦列夫斯卡娅的回忆录与屠格涅夫的伟大小说《夫与子》相提并论。

柯瓦列夫斯卡娅与安娜－列夫勒合作的剧本《为幸福而斗争》分《理想》与《现实》两部，通过男女主角的爱情悲剧反映了普通民众渴望受教育和追求自由平等的理想。这两部剧在俄国上演时取得了成功。当台上念出“工人们团结起来，为大多数人的幸福而斗争”的台词时，观众席中（主要是学生和青年工人）爆发出雷鸣般的掌声。

小说《一位虚无主义的姑娘》是柯瓦列夫斯卡娅作品中政治性最强的一部。虽然在俄国屡屡遭禁，但它的德文、法文、波兰文和英文版本还是被人偷偷带进了俄国。小说描写了一位女青年牺牲了个人幸福而嫁给了一个被定罪的革命者的故事。她写得很美、很精巧。小说的基础是真人真事，女主人公薇拉是诗人普希金的远亲的化身。薇拉的真实故事并不像小说描写得那样简单和幸福。她嫁给了一个囚犯并把他救了出来，但当他们在一起生活时，那个获得自由的囚犯却是一个十分残忍的人。当柯瓦列夫斯卡娅了解到了薇拉的悲惨生活后，帮助她逃离了她的丈夫。

柯瓦列夫斯卡娅没有完全按真实的故事写，为的是不冲淡小说的政治意义。

当她成为名人后，常在瑞典和俄国的报刊上发表一些时论和对旧事的回忆。如在瑞典报纸上发表的《回忆乔治·艾略特》，追述了她们的友谊和一些往事；在俄国的《北方通报》上发表《在瑞典一所农民大学中度过的三天》——记述了1886年暑假她与安娜-列夫勒在旅途中访问的一所农民学校，那里学生的勤奋好学给她留下了深刻的印象等。

当《童年的回忆》获得了巨大的成功之后，柯瓦列夫斯卡娅才发现自己在文学上也可能有些天赋。从此以后，她在文学创作上也花了很大精力，但同时仍从事数学研究，两者没有偏废。当她研究数学感到疲劳时就转向文学，而当生活乏味时，数学永恒不变的法则与魅力则使她产生激情，于是她又投入到紧张的数学研究之中。

在数学方面，柯瓦列夫斯卡娅对于俄国数学家与欧洲数学家来说，起到了一个桥梁的作用。在文学方面，她也积极地促进俄国与欧洲各国进行交流。她曾给俄国《北方通报》的秘书格林斯基写了好几封信，就值得翻译的西欧作品向他提出建议。

1889年以后，成为斯德哥尔摩大学终身数学教授的柯瓦列夫斯卡娅，又制订了自己的文学写作计划。她希望自己能在这两个完全不同的专业上同时取得新的成功，她不愿意放弃其中的任何一个。但是，留给她继续努力的时间却不多了。

第九章　最后的岁月

1. 英年早逝

获法国科学院“鲍廷奖”，当选为俄国皇家科学院通讯院士，受聘为斯德哥尔摩大学终身教授，这一系列的荣誉对于一名妇女来说，在当时的社会条件下都是最高的。柯瓦列夫斯卡娅已成为欧洲一位十分有名的女数学家，成为一颗冉冉升起的科学之星。各国报纸不惜花费大量篇幅报道她的消息，介绍她的简历。俄国的进步报刊也有不少关于她的报道。甚至有许多人写诗歌赞美她，称她为“天上的谬司”[①]。

柯瓦列夫斯卡娅几乎大半生都以一位名人的身

① 谬司是希腊神话中保护科学和艺术的女神。

分处世——从到海德堡大学求学开始。但是她并没有因为名声越来越大而改变自己，使自己骄傲、狂妄并疏远老朋友。正如前面所说，在她获得声望的同时，也不断有诽谤伴随着她。她深知自己的成就没有得到所有人的公认。这对她个人无关紧要，重要的是妇女彻底解放的日子还没有到来。她要为这天的早日到来而奋斗。

她对自己的成就也并不满足。她总觉得作为一位数学家，自己攀登过的山峰还太少。探索科学真理的责任感和事业心促使她向更高的目标挺进。在文学方面，虽然她的一些作品受到广泛欢迎，但她知道更多的是由于这些作品的政治内涵。

1889 年以后，她又继续深入地研究刚体绕定点的旋转问题。她从不同的角度来考察自己讨论过的情形——刚体是非对称的情形，对于相关方程组的性质和解的形式又取得了新的进展。关于此，她写成两篇论文发表在法国和瑞典的科学院通报上。这些工作使她又获得了瑞典科学院的奖励。

作为外尔斯特拉斯学派的骨干成员，柯瓦列夫斯卡娅不仅对外尔斯特拉斯的分析理论推崇至极，而且始终深信外氏的理论可以用来解决物理和力学中的大量问题。她在关于光的折射问题和关于刚体绕定点旋转问题的研究中,就使用了外氏的分析方法和函数论方法。

通过对庞加莱的访问,她对庞加莱和德国数学家布龙斯(1848—1919)对三体问题的研究发生了兴趣,且很快她就得到了著名的庞加莱-布龙斯定理的新证明。庞加莱把她的新证明推荐到巴黎科学院的通报上发表。

外尔斯特拉斯、庞加莱和其他一流数学家都怀着极大的信心注视着柯瓦列夫斯卡娅的研究工作。他们确信,柯瓦列夫斯卡娅属于那种年龄越大,研究成果越多的数学家。她的科学研究的全盛时期已经到来。安娜-列夫勒,瑞典著名女权主义者、女作家凯伊以及文学界的其他朋友都密切地关注着柯瓦列夫斯卡娅的文学创作。在她们看来,作为一位作家,柯瓦列夫斯卡娅也取得了非同寻常的成功。大家都期待着她有更好的作品问世。

这时的柯瓦列夫斯卡娅愉快而充满活力,她对未来充满了信心。

1890年12月，柯瓦列夫斯卡娅到马克西姆的法国别墅与他一起过圣诞节，节日过得十分快乐、和睦。马克西姆已经接受她在从事文学创作的同时不放弃数学研究的做法。他希望她更偏重于文学，因为这是更适合女性的工作。而柯瓦列夫斯卡娅显然更热爱数学。她认为这两种兴趣并不矛盾，她想要两者兼得。她们的关系进一步密切，并决定结婚。

在此期间，柯瓦列夫斯卡娅收到切比雪夫从圣彼得堡寄来的信，信中说，皇家科学院将要认真考虑她的常任院士的资格，希望她在被提名时能来首都，这样就会有人"使出足够的力气来捍卫她的利益"。

柯瓦列夫斯卡娅决定在第二年春天回俄国，在她和马克西姆的密友中举行婚礼。同时也可以向皇家科学院表示她对当选为正式院士是多么重视。如果这两件事都能顺利进行，她将与马克西姆回国定居，在俄国科学院供职。这正是柯瓦列夫斯卡娅渴望已久的事。

不幸的是，她没能活到那一天。

1891年1月下旬，当她离开法国南部到戛纳作短暂逗留的时候，她着了凉。可为了春天能获得较长假期（以便安排结婚），她必须在2月4日以前回到斯德哥尔摩。她不顾身体不适继续赶路，先到巴黎又到柏林，访问了埃尔米特、皮尔、庞加莱、外尔斯特拉斯和克罗内克等数学家。她希望能在短短的几天内获得更多的数学研究信息和资料，因而连日奔波劳顿，使感冒加重。

巴黎和柏林的数学家们谁也没有注意到她身体不适，他们仍然陶醉于她的博识与活力——她兴致勃勃地与这些同行和老朋友们谈着自己的打算——对皇家科学院职位的期望，斯德哥尔摩的新课程，数学家狄利克雷的论文，目前和今后的研究工作等。她唯独忘了自己的身体，忘了正在加重的感冒。

在柏林时她听说哥本哈根正流行天花，她又不得不绕道波兰，从斯文诺式港乘船返回斯德哥尔摩。为了赶日程，她需要两次半夜转乘。她没有随身携带通用货币，还要自己搬运行李。午夜的寒风刺骨，她手提行李瑟瑟发抖，她开始咳嗽并有些气短，感到很难受。

又经过一整天的沉闷旅行，她终于在2月4日回到了斯德哥尔摩。这时，她已经病得很重了，但在2

月5日她仍坚持整天工作，并在2月6日按预定课表上课。不知是什么力量驱使着她，她的肺部已经严重感染，她错过了最佳治疗时间！

考虑到自己对募捐的义务，她甚至在2月6日晚，还出席了古尔登教授家的晚会。但她已感到病得很厉害——高烧并气喘吁吁，她实在坚持不住了，不得不中途退席回家。

第二天一早，她在一张邀请卡上匆匆写了几句话，派人送给米塔－列夫勒，让他找一位医生来。

米塔－列夫斯很吃惊。他知道柯瓦列夫斯卡娅并不是娇生惯养、小病大养的人。他马上请了一位医生并陪同他一起来到了柯瓦列夫斯卡娅的家中。医生诊断了病情，不住地摇头，他告诉米塔－列夫勒，病人所患的是感冒并发重症肺炎，十分严重，必须派专人不间断地护理。他不住地问："为什么才来诊治？"并协助米塔－列夫勒从附近医院请来了一名护士。

7日、8日两天，她的病情急剧恶化。高热、胸痛、咳嗽，时而咳出血色痰，并伴有气促和发绀，……柯瓦列夫斯卡娅以顽强的毅力忍受着病痛的折磨，安娜－列夫勒、凯伊和古尔登夫人都来到她的病床前，与护士一起照顾她。8日下午，医生来过，称病人已脱离危险。安娜、凯伊和特萨里离开病床稍事休息。

9日，柯瓦列夫斯卡娅感到好些了，她在前一个夜里出了汗，因而体温没有那么高了，她显得十分平静和乐观。对凯伊和特萨里·古尔登又谈起了她正在进行和将要进行的写作计划。她打算续写《童年的回忆》，至少要写到她在海德堡和柏林的学生生活。她还谈到根据父亲生平构思的小说，以及关于车尔尼雪夫斯基的传记小说。两位女友劝她安静下来，待病好后再谈也不迟。

柯瓦列夫斯卡娅可能预感到自己的病是致命的，她坚持向凯伊口述了最后一篇传记小说结尾时的情节——车尔尼雪夫斯基家半夜响起敲门声（意味着再次被捕）。当米塔－列夫勒来看她时，她显得很激动，对他吃力地谈起自己正在进行的数学研究工作，勾画了椭圆积分和阿贝尔积分在数学物理问题中的应用。米塔－列夫勒相信她会恢复，因此没有注意她所讲内容的细节。

这天晚上，朋友们都离开了，只有护士留下来照顾她。夜间，柯瓦列夫斯卡娅病情再次恶化，她不时地出冷汗，皮肤苍白，脉搏快而弱，表情淡漠……，经过几个小时的痛苦挣扎最后昏迷不醒。古尔登夫人又被叫了回来。芙发也被叫到床前。

人们发了一封电报给马克西姆，斯德哥尔摩的朋友也都被招来，但是，伟大的女数学家柯瓦列夫斯卡娅再也没有醒过来。

1891 年 2 月 10 日上午，索菲娅·柯瓦列夫斯卡娅逝世，时年 41 岁。

2. 身后哀荣

柯瓦列夫斯卡娅的死几乎震惊了整个欧洲。人们无法相信这位神采奕奕、充满生机的女数学家已经辞世。各国报纸都在显著位置报道了这个不幸的消息，并追述了她的业绩。许多表示哀悼和同情的信函、电报和文章送到斯德哥尔摩。签名的有部长、院士、学者、诗人、作家，还有一些不知名的人。在成捆的文件中，有很多真情的流露：

“惊闻柯瓦列夫斯卡娅女士去世，极为悲恸。葬礼何时举行？我明日到斯德哥尔摩。”

埃尔米特

“噩耗传来，如闻霹雳。这位天才的妇女已有很大贡献，我们正期盼着她有更大的贡献！顷刻之间，一切都成了回忆！”

艾略特

“我失去了最亲密的朋友，今后我不知向谁倾吐心中的秘密。请宽恕我，因故不能参加葬礼！”

扬科夫斯卡

“我们对她真诚地崇拜。除了我的亲人外，她是我最亲爱的人。她对我精神上的鼓舞和学业上的具体指导极为热情和具体。我将永远怀念她。”

佩平

“她去世了，这真是一个悲剧！她在俄国并没有获得足够的评价。”

娜塔莎·斯塔索娃[1]

噩耗传到柏林,76 岁的外尔斯特拉斯老泪纵横,极其悲恸。他很难接受自己最心爱的学生早逝的消息。他亲手整理柯瓦列夫斯卡娅寄来的所有信件。面对这些信件,他一次又一次地放声痛哭。两个妹妹从来也没有看到自己的兄长这样大放悲声。她们劝说他把这些信件烧掉,以免见物生情。外尔斯特拉斯听从了妹妹的劝告,他在烧掉了所有信件之后说:“人虽离去,思想永存。”

斯德哥尔摩城因失去了“我们的索菲娅教授”而沉浸在哀悼的气氛之中。参加葬礼的有许多著名的瑞典知识分子,还有来自法国、德国、俄国的朋友和知名人士。此外,有大批学生和普通市民。教堂[2]里,送葬路上和公墓里挤满了人。电报、敬献的花圈、奠仪等从欧洲各地送来,还有来自美国的唁电。有好几辆四轮马车专门运送从教堂到墓地的鲜花。

---

① 俄国妇女领袖、圣彼得堡高等女子专修班的前任校长。

② 柯瓦列夫斯卡娅并不信宗教,但她的葬礼由她的瑞典朋友安排成俄国正教式的仪式。

几个人抬着灵柩,一大群悲痛的人护送着。墓地上,花瓣覆盖了新土。已升任斯德哥尔摩大学校长的米塔-列夫勒致了悼词,高度评价了索菲娅·柯瓦列夫斯卡娅伟大的一生,赞扬了这位进步女性所取得的成就和她为妇女解放而献身的崇高精神。他的弟弟弗里茨·列夫勒朗诵了挽诗:

一个用火焰和思想塑造的人!

你的飞船停泊在你的智慧所向往的国家,是否已听到真理的号召?

永别了,我们虔诚地尊重你,

你的遗骸留在坟墓里;

让瑞典的泥土轻轻覆盖在你的遗骸上,轻轻地……

永别了!柯瓦列夫斯卡娅,

带着你的荣光;

永远地离去了。

只要土星光环依然放射，只要地球上
还有人类，
全世界将铭记您不朽的英名，
那荣誉的桂冠，您永当无愧！

在瑞典、德国、法国，甚至于美国的数学学会里，都为柯瓦列夫斯卡娅召开了追悼会。

当然，最大的敬意还是来自祖国，俄国的知识界和妇女界为她在斯德哥尔摩的墓地立了纪念碑。纪念碑上的俄语铭文是：

“献给数学教授索菲娅·瓦西列夫娜·柯瓦列夫斯卡娅——新兴俄国的一位忠实而又全心全意的盟友；这个新俄国是和平、自由和正义的；未来属于俄国。”

葬礼后的几天里，到柯瓦列夫斯卡娅墓前凭吊的人络绎不绝。

柯瓦列夫斯卡娅的大半生都以名人的身份处世，但她并没有以名人自居，始终都以热情友好的态度待人。她一生中结交了大量的来自数学界、文学界和社交界的朋友。她与当时俄国及欧洲各国的许多名人都有来往，有的甚至过从甚密。她从不以此为骄傲。她一向乐于助人,帮助过许多素不相识的人和普通的人。

前来凭吊的人群中有不少是她生前帮助过的人:有她曾指导过论文的大学生,有向她请教过心理学问题的教师,还有她代为采集岩石标本的研究者及为婚后择业问题征询过她的看法的年轻妇女等。其中有两个人十分引人注目。一个名叫柳博夫·穆拉欣娜的俄国妇女,她是在极端困苦的状况下因得到柯瓦列夫斯卡娅的救助而走向新生活的。穆拉欣娜手捧一束山茶花在柯瓦列夫斯卡娅的墓前久久地哀悼,对死者表示了极大的敬意。她向人们讲述自己的不幸和有幸结识柯瓦列夫斯卡娅。原来她还从来未见过柯瓦列夫斯卡娅。她从1870年就知道柯瓦列夫斯卡娅并一直关注着她。穆拉欣娜和她的丈夫怀着共同的美好理想结合在一起。她从多方面帮助她的丈夫,希望他能成为一个对社会有用的人,一个高尚的人。但事实证明她的丈夫十分自私,他终日酗酒鬼混,不务正业。每当她规劝他时,他就残忍地殴打她、羞辱她。她在忍受多年之后,终于遇上了自己真正理想的人。不幸的是,那位心上人十分贫穷。

穆拉欣娜的野兽般的丈夫发现她有情人后，变本加厉地殴打她，并向她索取供养费，否则就以通奸罪拉她上法庭。她没有钱，又怕失去情人。在实在无法忍受的情况下，在1889年夏，她给柯瓦列夫斯卡娅写了第一封信，讲述了自己的遭遇，说她想自杀，请求柯瓦列夫斯卡娅给她指点迷津。收到这封信时，柯瓦列夫斯卡娅正带着女儿在法国南部休养，还安排了在法国数学界的活动。她决心帮助这位不幸的妇女。她一方面给莫斯科出版界的朋友去信，请求他们雇用穆拉欣娜为译员，另一方面又写信给穆拉欣娜，介绍她去找莫斯科的其他朋友。柯瓦列夫斯卡娅提供的帮助果然奏效，穆拉欣娜终于从她丈夫的魔掌中逃脱出来。穆拉欣娜向在场的人们倾诉自己对死者的感激之情和敬意："我是不幸的，但又是真正幸运的。这一次我没有看错人。我一直认为，一位完全献身于科学的，而且取得了辉煌成就的人，一定是一个真正的好人。"

另一位引人注目的女士是已故俄国进步作家萨尔蒂科夫·谢德林的女儿。她受母亲之托，特意从俄国赶来参加柯瓦列夫斯卡娅的吊唁活动。萨尔蒂科夫·谢德林是一位讽刺作家,还是一位民主主义启蒙家和政论家。他在思想上是别林斯基和法国空想社会主义者傅立叶及圣西门的门徒。他的作品反对专制农奴制,痛斥欧洲资产阶级的政治制度和习俗。他常以笔名发表作品。由于他的政治观点和对沙俄政府的抨击曾被流放。萨尔蒂科夫·谢德林于1889年4月去世。他生前也是柯瓦列夫斯卡娅的朋友。他去世后,国内的革命者要求柯瓦列夫斯卡娅起草一份慰问谢德林遗孀的电报,希望能在旅居瑞典的侨民中广泛征集签名。柯瓦列夫斯卡娅积极地接受了这一工作。但使她吃惊的是,尽管她的俄国朋友们在私下里都表露出自由或激进的情绪,但结果却没有一个人肯在这样一份公开同情伟大进步作家的声明上签字。谢德林已经去世12天了,慰问的电报还没有发出。这种事态激起柯瓦列夫斯卡娅的愤怒,她决心自己悼念谢德林。于是她写了一篇评论这位讽刺作家的文章,向欧洲读者解释谢德林对俄国社会和俄国人民的伟大影响,歌颂了这位伟大的俄国作家的贡献。柯瓦列夫斯卡娅的这种做法在当时是需要一定勇气的。这也是她的政治观点和品格所决定的。

柯瓦列夫斯卡娅的政治观点，在很多时间里，如在升学、求职及职务提升等时，都给她带来了麻烦。反对派抓住这一点大做文章，而支持她的人则要付出很高的代价。她的许多朋友都规劝她放弃自己的政治观点，但她做不到。不仅如此，她还时常为自己不能像一些革命者那样为俄国的革命民主运动献身而惭愧。

18 世纪曾有一位德国医生写了厚厚一本书，专门来论证“女人的头脑是低能的”，为社会达尔文主义者歧视妇女的观点提供依据。柯瓦列夫斯卡娅终生奋斗的主要目标之一，就是要以自己的努力来证明妇女的智能绝不低于男性。她在病危后留下遗嘱，要求医学界对她的大脑进行研究，并把研究结果公布于世。

遵照柯瓦列夫斯卡娅的遗嘱，斯德哥尔摩医学界对她的大脑进行了解剖，发现“死者的大脑高度发达，脑纹丰富。”医生们还把她的大脑与德国大物理学家赫尔姆赫兹的大脑作了比较，发现按比例讲，竟是柯瓦列夫斯卡娅的脑容量大。斯德哥尔摩的报纸还特地发表公报，宣布了这个解剖结果。它从医学上提供了依据，彻底粉碎了直到19世纪还占据很大市场的、认为女人天生低能的唯心论调。

柯瓦列夫斯卡娅生前的女友斯塔索娃和尤里亚还在俄国发起募捐，设立一个以索菲娅命名的奖学金，专门奖励和资助那些成绩优秀和需要帮助的女学生。希望人们能够记住这位杰出的数学家、作家和争取妇女解放的先锋。

1900年，在柯瓦列夫斯卡娅诞辰50周年之际，柳博夫·穆拉欣娜再次来到斯德哥尔摩的柯瓦列夫斯卡娅墓地，献上一束野花，向这位伟大的妇女表示敬意。她注意到，柯瓦列夫斯卡娅的墓碑前已有三束鲜花点缀着：一束是莫斯科女子高级专修班送的；一束是俄国妇女互助协会送的；还有一束是无名氏献上的。柯瓦列夫斯卡娅的墓地多少年来一直是向往科学和民主的人们，特别是世界各地妇女朝觐的地方。

斗转星移，时代在前进！

1950年，柯瓦列夫斯卡娅诞生一百周年。莫斯科和斯德哥尔摩两地分别举行了隆重的纪念大会。

在莫斯科,许多女大学生,女科学家和女市民参加了大会。柯瓦列夫斯卡娅的女儿,72岁高龄的芙发参加了大会。她还应邀做了讲演,深情地怀念她的母亲。柯瓦列夫斯卡娅去世后,马克西姆收养了芙发并把她作为自己的继承人。女子高级专修班还决定给芙发一份长期的生活津贴。芙发最初住在瑞典古尔登夫妇家,读完小学后回到莫斯科。她就读于莫斯科女子高级专修班医学专业,毕业后成为医生。她在国内外为红十字组织服务多年,退休后,她作为医学图书馆管理员和瑞典文翻译家继续工作。

苏联女数学家科钦娜、沃伦侨娃和别列赞斯卡娅都在纪念大会上发了言。她们回顾了在柯瓦列夫斯卡娅去世后的半个多世纪里世界风云变化。高兴地指出,在现代科学技术的蓬勃发展中,妇女的作用和地位与柯瓦列夫斯卡娅那个时代相比已有很大的提高。妇女不能进大学的时代早已不复存在。女教授、女科学家、女政治家已不再是凤毛麟角。20世纪以来,还产生了像居里夫人和爱米·诺特两位卓越的物理学家和女学者。

但是人们又怎能忘记,19 世纪一位为追求科学真理和妇女解放的女性所经历的艰苦曲折的一生。她为整个时代而活着,而奋斗。

柯瓦列夫斯卡娅的名字,已成为亿万妇女献身科学的象征。她是人类永恒的财富。

附录 “诺贝尔数学奖”与柯瓦列夫斯卡娅

——关于没有“诺贝尔数学奖”的一种猜测

杜瑞芝

伟大的瑞典发明家诺贝尔(A. B. Nobel,1833—1896)以艰苦卓绝的努力和百折不挠的勇气,在充满危险的科学领域里探索了一生,取得了使诺贝尔名垂青史的光辉业绩。诺贝尔一生艰苦创业,积累了数额巨大的财富。但他没有把这笔巨资据为己有,而是通过设立诺贝尔奖基金,把它无私地献给了世界和平、科学发展和人类进步的事业。

诺贝尔奖自颁发之日起,至今已历时整整一个世纪,它对人类文明、科学进步的影响是巨大的。诺贝尔奖获得者享有最崇高的荣誉。从这个意义上来讲,诺贝尔奖的设立对历史进程的影响也许要比诺贝尔本人的发明创造,对历史进程的影响还要大得多。

诺贝尔在自己所立的遗嘱中明确规定,每年的奖金应授予前一年在物理学、化学、生理学或医学、文学与和平事业中对人类做出最大贡献的人。瑞典银行在1968年又增设了一项诺贝尔经济学奖。

诺贝尔没有设立数学奖,对于数学家来说是件十分遗憾的事。也有几位数学家获得过诺贝尔奖。但那是由于他们把数学方法应用于其他领域而获得该领域的诺贝尔奖。

关于为什么诺贝尔没有设立数学奖,长期以来一直众说纷纭。比较流行的说法有三种。

一种说法是,诺贝尔更注重那些直接应用于实际的学科,他似乎认为数学并不那么重要。所以从一开始就没有想到设立数学奖。

另一种说法,诺贝尔虽然认识到数学的重要性,但数学家已获得了许多奖项和荣誉,如瑞典兼挪威的奥斯卡国王二世(Oscar Ⅱ,1799—1859)1907年就奖励过数学家庞加莱(J. H. Poincaré,1854—1912)、阿佩尔(P. E. Appell,1855—1930)、贝特朗(J. L. F. Bertrand,1822—1900)、爱尔密特(C. Hermite,1822—1901)、外尔斯特拉斯(K. T. W. Wererstrass,1815—1897)、米塔-列夫勒(Mittag-Leffler,1846—1927)和柯瓦列夫斯卡娅(С. Ковалевская,1850—1891)等人,这些荣誉已得到欧洲社会的极大认可。因此,他为了求得一种平衡,就没有设立数学奖。他可能也没有估计到诺贝尔奖在他身后会获得如此崇高的荣誉。

流行最广的一种说法是,诺贝尔与瑞典数学家米塔-列夫勒因一个女人而交恶,他忌恨米塔-列夫勒,因此想使米塔-列夫勒永远不能获得他所设立的奖金。这种说法主要源于瑞典。

在诺贝尔立遗嘱时,米塔-列夫勒是欧洲十分著名的数学家,他领导并发展了斯堪的纳维亚数学学派。他是号称"近代分析之父"的外尔斯特拉斯早年的学生。从1877年起,先后任赫尔辛基大学和斯德哥尔摩大学教授。他在分析学和复变函数论方面做了许多经典性的工作。由于他的苦心经营,瑞典当时拥有世界上最好的数学研究图书馆。1882 年，他得到奥斯卡国王二世的财政支持，创办了国际性数学杂志《数学学报》，建立了由 4 位斯堪的纳维亚数学家组成的编辑部，发表欧洲各国最优秀的数学论文。这样一来，《数学学报》很快就成为世界一流的数学杂志。米塔－列夫勒的名声随之大振，瑞典也曾一度成为世界数学人才荟萃之地。诺贝尔认为，如果设立数学奖，那么第一位获奖者极有可能就是米塔－列夫勒。

笔者为了撰写柯瓦列夫斯卡娅的传记，查阅了一些有关柯瓦列夫斯卡娅传记的文献，发现有资料支持普遍流行的第三种说法。即诺贝尔与数学家米塔－列夫勒为一个女人而交恶，为使米塔－列夫勒不能获奖，故而不设数学奖。那么，使他们二人关系交恶的那个女人是谁？她是怎样引起他们关系恶化的呢？

笔者猜测，柯瓦列夫斯卡娅可能就是导致诺贝尔与米塔－列夫勒关系恶化的那个女人。

首先要说明的是柯瓦列夫斯卡娅与米塔－列夫勒的关系。他们首次见面是在 1877 年，当时正是柯瓦列夫斯卡娅脱离数学研究，投身社交界的年代。30岁的米塔－列夫勒从他们共同的导师外尔斯特拉斯那里来到圣彼得堡，试图重新激发起柯瓦列夫斯卡娅对数学研究的兴趣，但没有获得成功。不过，26岁的柯瓦列夫斯卡娅给他留下了极好的印象。他在给瑞典数学家马姆斯腾（Malmstern）的信中说：

> 在圣彼得堡，我发现比任何其他事都更有趣的是结识了柯瓦列夫斯卡娅，……作为一位女性，她是迷人的。当她说话时，她是美丽的，她的脸庞由于一种女性的温柔和高度智慧的表情而神采奕奕，这种神态令人目眩。她的态度朴素而自然，没有一丝一毫的卖弄学问与虚伪做作。她在各方面都是一位完美的“世界女性”。作为一名学者，她的特点是表述问题非同寻常地清晰和精确。……我完全理解了，为什么外尔斯特拉斯认为她是自己最有才华的学生。

米塔－列夫勒爱屋及乌，他把对导师外尔斯特拉斯的热爱、尊重和钦佩延伸到老师所喜爱的学生柯瓦列夫斯卡娅身上。

他们第二次见面是在1879年底于圣彼得堡召开的第六届全俄自然科学家和医生大会上。柯瓦列夫斯卡娅宣读的论文受到热烈欢迎。当时米塔-列夫勒也在场,他对柯瓦列夫斯卡娅的数学能力深信不疑。他从这个时候起就下决心要尽一切努力帮助柯瓦列夫斯卡娅谋得一个职位。他们俩从此开始了通信联系,而实际上,米塔-列夫勒与柯瓦列夫斯卡娅的关系绝不仅仅停留在通信联系上。这种关系一直保持到柯瓦列夫斯卡娅去世。

在柯瓦列夫斯卡娅旅居巴黎期间,是米塔-列夫勒把她介绍给法国数学界,从而开始了她与法国数学家的交往。

米塔-列夫勒先在赫尔辛基大学为柯瓦列夫斯卡娅谋职,未获成功;继而又力排众议聘任她为斯德哥尔摩大学教师,从而使柯瓦列夫斯卡娅成为欧洲大学里第一位女讲师。一年之后,还是经过以米塔-列夫勒为首的支持者的努力,柯瓦列夫斯卡娅得以担任五年期的非常任教授。五年之后,又是主要凭借米塔-列夫勒的鼎力支持,她才得以成为近代第一位大学女教授。

米塔－列夫勒以《数学学报》主编身份聘任柯瓦列夫斯卡娅担任该杂志的编辑,使她得以施展自己的才华。

米塔－列夫勒不仅是柯瓦列夫斯卡娅科学事业成功的重要支持者,而且在生活上也给予她无微不至的关怀与帮助。柯瓦列夫斯卡娅初到斯德哥尔摩时没有住处,米塔－列夫勒就安排她与自己的父母住在一起,并在饮食起居上给她以照顾,使她免受背井离乡之苦。当柯瓦列夫斯卡娅返回莫斯科照顾病危的姐姐,到法国南部旅游以及因其他原因需要离开斯德哥尔摩时,她总是把女儿放在米塔－列夫勒家,由他的家人照管。米塔－列夫勒的妹妹安娜－列夫勒还与柯瓦列夫斯卡娅建立了深厚的友谊,并共同创作文学剧本。

总之,米塔－列夫勒不仅是柯瓦列夫斯卡娅科学研究上的志同道合者、事业得以成功的最重要的支持者,而且还是她最忠实的朋友和人生旅途中真正的庇护者。他对柯瓦列夫斯卡娅的庇护在某种意义上讲不亚于外尔斯特拉斯对女弟子的庇护。

那么,柯瓦列夫斯卡娅又是怎样认识诺贝尔的呢?

原来,斯德哥尔摩大学是一所私立大学,它的经费有很大一部分要靠富有公民捐助。米塔-列夫勒和他的同事们必须周旋于上流社会,争取有影响的人士的帮助上,劝说他们给大学以支持。由于柯瓦列夫斯卡娅的特殊身份和地位,这种场合她是必不可少的。他们有时举行晚会,把社会名流吸引过来,有时还要出访有关人士。

1887年冬季,在一连串的晚会和访问中,柯瓦列夫斯卡娅得以结识诺贝尔及其哥哥。诺贝尔因在科学上取得了巨大成就和成立了他的“达纳炸药财团”,而成为当时瑞典社会上非常著名的人士。他对柯瓦列夫斯卡娅显示出极大的热情,并“有求爱的倾向”。尽管柯瓦列夫斯卡娅对他的求爱并不很高兴,但为了学校的利益,还是以友好的态度对待他。这里的“友好”是指一般的客气,绝不是对他的追求予以相应的回报。同时,她在给米塔-列夫勒的信中以“嘲弄的口气”提到诺贝尔追求他的事。这就是说,米塔-列夫勒知道诺贝尔向柯瓦列夫斯卡娅求爱一事。

根据米塔－列夫勒与柯瓦列夫斯卡娅的关系，笔者猜测，这件事很可能导致米塔－列夫勒对诺贝尔的不满，进而还可能发生争吵并最终使两人的关系恶化。

以上只是笔者的一种猜测，是否符合事实，还有待挖掘新的史料予以证实。

无论如何，使数学界感到欣慰的是，由已故加拿大数学家菲尔兹（J. G. Fields，1863—1932）提议设立的菲尔兹奖，已成为国际数学界最有影响的奖项，通常被人们称作“数学中的诺贝尔奖”。

柯瓦列夫斯卡娅年表

1850	·1月15日,生于莫斯科
1855~1858	·随父母居住在卡鲁加
1858	·举家迁回波里宾诺庄园
1866	·跟随斯特兰诺留布斯基学习高等数学
1867	·跟随母亲和姐姐到德国和瑞士旅游
	·在400名妇女争取接受高等教育请愿书上签字
1868	·初次拜访数学家切比雪夫,请求帮助进入大学学习
	·结识弗拉基米尔·柯瓦列夫斯基
1868	·9月27日与柯瓦列夫斯基结婚
1869	·赴海德堡大学学习

	·去伦敦旅游,与著名小说家乔治·艾略特建立了亲密的友谊
1870	·8月16日,赴柏林师从外尔斯特拉斯教授
1871	·4月12日~5月25日,参加巴黎公社救援工作
	·6~9月,赴巴黎协助营救维可多·雅克拉尔
1873	·4~5月,到苏黎世休养并看望姐姐安娜,结识了著名数学家外尔斯特拉斯早年的学生施瓦兹
1874	·8月,获格丁根大学数学哲学博士学位
	·学位论文《关于偏微分方程理论》在柏林《数学学会》杂志上发表
	·9月,同弗拉基米尔一同返回圣彼得堡
1875	·9月,父亲瓦西里·瓦西列夫斯基·柯文·科鲁克夫斯基将军去世

1876~1878	·在苏沃林主办的《新时代》报编辑部工作
1877	·旁听“193 人审判案”
1878	·10 月 17 日,女儿芙发诞生
	·当选为圣彼得堡“高等女子专修班”筹款委员会成员
1879	·母亲去世
1880	·1 月 9 日,参加在圣彼得堡召开的第六届俄国自然科学家和医生大会,会上宣读论文《论某一形式的第三类阿贝尔积分简化成椭圆积分》
1880	·迁居莫斯科
	·6 月,出席莫斯科数学会会议
	·当选为莫斯科数学会会员
	·10~11 月,去柏林访问外尔斯特拉斯教授
1881	·在柏林、巴黎等地旅游,从事光线在结晶介质中传播问题的研究
1882	·7 月,当选为巴黎数学会会员

1883 ·4月27日,丈夫柯瓦列夫斯基自杀

·9月1日,在第七届俄国自然科学家和医生大会上报名论文《论光线在晶体介质中的折射》

·11月,赴斯德哥尔摩,任斯德哥尔摩大学讲师

·在瑞典杂志《数学学报》上发表论文《论光线在晶体介质中的折射》

1884 ·2月11日,在斯德哥尔摩大学讲授第一堂数学课

·应邀担任《数学学报》编委

·7月,担任斯德哥尔摩大学非常任教授

·在《数学学报》上发表论文《论某一形式的第三类阿贝尔积分简化成椭圆积分》

·在法国科学院和瑞典科学院杂志上发表《关于光线在介质中传播》的论文

1885 ·在德国天文杂志上发表论文《对拉普拉斯土星光环形态研究的补充和意见》

·出席柏林科学院年会

1886 ·6月,在该年度第6期《俄罗斯思想》月刊上发表《回忆乔治·艾略特》一文

·出席在哥本哈根召开的国际科学家代表大会

·把切比雪夫的论文《关于正项级数的求和问题》译成法文发表在《数学学报》上

1887 ·与瑞典女作家安娜-列夫勒合作的《为幸福而斗争》在瑞典出版

·把切比雪夫的论文《论积分极值》译成法文在《数学学报》上发表

1888 ·2月,在斯德哥尔摩结识马克西姆·柯瓦列夫斯基

·12月24日,巴黎科学院由于她关于

刚体绕定点运动问题的出色研究授予她“鲍廷奖”

1889 · 在斯德哥尔摩一家报纸上发表纪念讽刺作家萨尔蒂科夫·谢德林的文章

· 6 月,被任命为斯德哥尔摩大学终身教授

· 法国科学院授予她“公众教育干事”称号

· 11 月 19 日,当选为俄国皇家科学院物理数学部的通讯院士,由于对刚体旋转问题的进一步研究,获瑞典科学院奖励

1890 · 在俄国《北方通报》上发表《在瑞典的一所农民大学中度过的三天》一文

· 在巴黎科学院杂志上发表论文《关于重物绕定点旋转问题的一个特殊情形,其积分可借助于超椭圆函数实现》

1891 · 在瑞典科学院杂志上发表论文《关于布龙斯定理的新证明》

· 在《欧洲通报》上发表《童年的回忆》

1891 · 2 月 10 日，在斯德哥尔摩去世，并葬于斯德哥尔摩的林德哈根山的新公墓内。

跋

《科学公主——柯瓦列夫斯卡娅》一书史料翔实,人物、事件都是真实的,有据可考,因此本书有较强的史料价值。作者把这些史料依时间顺序连接起来,辅以自然环境和人物内心活动的描写,使之成为一部完整的传记作品。

索菲娅·柯瓦列夫斯卡娅是近代欧洲第一位获得数学哲学博士学位的女性,是19世纪以来第一位在欧洲大学取得教授职位的女性,她还是俄国皇家科学院的第一位女院士,欧洲主要数学杂志《数学学报》的第一位女编辑。她获得了许多人梦寐以求的"鲍廷奖"。她对偏微分方程理论的研究达到了当时该领域的最高水平,对刚体绕定点旋转问题的研究取得了突破性的进展。柯瓦列夫斯卡娅不仅是一位杰出的数学家,同时还是一位优秀的文学家,她的一些作品已被译成多种文字流传后世。

柯瓦列夫斯卡娅是19世纪后半叶一位非凡的女性。她并不是孤立的，而是那个革命时代造就的优秀女性群体中的成功者的代表。她积极参加俄国的民主革命运动，为妇女解放而斗争。她亲身经历了巴黎公社的血与火的洗礼。她一生在政治上追求进步，始终忠实于青年时代的革命思想。她甚至动摇过从事数学研究的信心，但从未动摇过自己的政治信念。柯瓦列夫斯卡娃，她的姐姐安娜，她的朋友尤里亚、冉娜、利特维诺娅、苏斯洛娃、玛丽娅等人，都为妇女的独立和争取受高等教育的权利进行了艰苦的、不屈不挠的斗争。她们满怀信心地从落后的俄国来到欧洲的大学，以她们出色的工作使这些学校按同等条件授予她们博士学位。这样一来，她们成为俄国历史上第一批在医学、数学、化学和法律等专业获得正式博士学位的新女性。

柯瓦列夫斯卡娅在当时欧洲最高级的教育中心——海德堡和柏林接受高等教育。在那里她受到了世界上最出色的数学思想和方法的训练，后来所取得的成就，使她当之无愧地成为数学大师外尔斯特拉斯最有才华的学生之一，她也当之无愧地获得了那个时代前所未有的成功,从而确立了她在科学史上的地位。

柯瓦列夫斯卡娅十分漂亮,且热情奔放、充满活力,但又不乏任性和偏激,她的故事激荡人心又充满传奇色彩。作者在尊重事实的基础上,对柯瓦列夫斯卡娅的双重性格进行了坦率的描述,力图展示出她在对生活和科学的追求与探索中,充满激情、欢乐、失意、悲愤乃至得失矛盾的人生际遇。

感谢哈尔滨工业大学出版社副社长刘培杰先生为本书出版所做的努力,感谢数学史界广大同仁多年来对本人的理解和支持,感谢中国数学会传播工作委员会对我的支持。

杜瑞芝

2017 年 10 月于大连

参考文献

[1] JOHN E. MORRILL. A Nobel Prize in Mathematics[J]. Amer, Math. Monthly, 1995,102(10): 888 - 891.

[2] ANN HIBNER KOBLITZ. A Covergence of Lives Sofia Kovalevskaya: Scientist, Writer, Revolutionary[M]. Boston: Birhauser, 1983.

[3] POLUBARINOVA-KOCHINA P. Sophia Vasilyyevna Kovalevskaya, Her Live and Work [M]. Hawaii:University Press of the Pacific, 1957.

[4] 安·希·科布利茨. 柯瓦列夫斯卡娅[M]. 赵斌,译. 北京:科学技术文献出版社,1990.

[5] 杜瑞芝. 柯瓦列夫斯卡娅//[M]. 窦文俊世界著名数学家传记:下册. 北京:科学出版社,1995:1155 - 1167.

[6] 郭书春. 女数学家柯瓦列夫斯卡娅//[M]百科

知识.北京:中国大百科全书出版社.
[7] E.T.贝尔.数学精英[M].徐源,译.北京:商务印书馆,1991.
[8] 波克罗夫斯基.俄国历史概要贝[M].璋衡,译.北京:生活·读书·新知三联书店,1978.
[9] 杜瑞芝.数学史辞典新编[M].济南:山东教育出版社,2017.

刘培杰数学工作室
已出版(即将出版)图书目录——初等数学

书　名	出版时间	定　价	编号
新编中学数学解题方法全书(高中版)上卷	2007－09	38.00	7
新编中学数学解题方法全书(高中版)中卷	2007－09	48.00	8
新编中学数学解题方法全书(高中版)下卷(一)	2007－09	42.00	17
新编中学数学解题方法全书(高中版)下卷(二)	2007－09	38.00	18
新编中学数学解题方法全书(高中版)下卷(三)	2010－06	58.00	73
新编中学数学解题方法全书(初中版)上卷	2008－01	28.00	29
新编中学数学解题方法全书(初中版)中卷	2010－07	38.00	75
新编中学数学解题方法全书(高考复习卷)	2010－01	48.00	67
新编中学数学解题方法全书(高考真题卷)	2010－01	38.00	62
新编中学数学解题方法全书(高考精华卷)	2011－03	68.00	118
新编平面解析几何解题方法全书(专题讲座卷)	2010－01	18.00	61
新编中学数学解题方法全书(自主招生卷)	2013－08	88.00	261

数学奥林匹克与数学文化(第一辑)	2006－05	48.00	4
数学奥林匹克与数学文化(第二辑)(竞赛卷)	2008－01	48.00	19
数学奥林匹克与数学文化(第二辑)(文化卷)	2008－07	58.00	36′
数学奥林匹克与数学文化(第三辑)(竞赛卷)	2010－01	48.00	59
数学奥林匹克与数学文化(第四辑)(竞赛卷)	2011－08	58.00	87
数学奥林匹克与数学文化(第五辑)	2015－06	98.00	370

世界著名平面几何经典著作钩沉——几何作图专题卷(上)	2009－06	48.00	49
世界著名平面几何经典著作钩沉——几何作图专题卷(下)	2011－01	88.00	80
世界著名平面几何经典著作钩沉(民国平面几何老课本)	2011－03	38.00	113
世界著名平面几何经典著作钩沉(建国初期平面三角老课本)	2015－08	38.00	507
世界著名解析几何经典著作钩沉——平面解析几何卷	2014－01	38.00	264
世界著名数论经典著作钩沉(算术卷)	2012－01	28.00	125
世界著名数学经典著作钩沉——立体几何卷	2011－02	28.00	88
世界著名三角学经典著作钩沉(平面三角卷Ⅰ)	2010－06	28.00	69
世界著名三角学经典著作钩沉(平面三角卷Ⅱ)	2011－01	38.00	78
世界著名初等数论经典著作钩沉(理论和实用算术卷)	2011－07	38.00	126

发展你的空间想象力	2017－06	38.00	785
走向国际数学奥林匹克的平面几何试题诠释(上、下)(第1版)	2007－01	68.00	11,12
走向国际数学奥林匹克的平面几何试题诠释(上、下)(第2版)	2010－02	98.00	63,64
平面几何证明方法全书	2007－08	35.00	1
平面几何证明方法全书习题解答(第1版)	2005－10	18.00	2
平面几何证明方法全书习题解答(第2版)	2006－12	18.00	10
平面几何天天练上卷·基础篇(直线型)	2013－01	58.00	208
平面几何天天练中卷·基础篇(涉及圆)	2013－01	28.00	234
平面几何天天练下卷·提高篇	2013－01	58.00	237
平面几何专题研究	2013－07	98.00	258

刘培杰数学工作室
已出版(即将出版)图书目录——初等数学

书　名	出版时间	定　价	编号
最新世界各国数学奥林匹克中的平面几何试题	2007-09	38.00	14
数学竞赛平面几何典型题及新颖解	2010-07	48.00	74
初等数学复习及研究(平面几何)	2008-09	58.00	38
初等数学复习及研究(立体几何)	2010-06	38.00	71
初等数学复习及研究(平面几何)习题解答	2009-01	48.00	42
几何学教程(平面几何卷)	2011-03	68.00	90
几何学教程(立体几何卷)	2011-07	68.00	130
几何变换与几何证题	2010-06	88.00	70
计算方法与几何证题	2011-06	28.00	129
立体几何技巧与方法	2014-04	88.00	293
几何瑰宝——平面几何500名题暨1000条定理(上、下)	2010-07	138.00	76,77
三角形的解法与应用	2012-07	18.00	183
近代的三角形几何学	2012-07	48.00	184
一般折线几何学	2015-08	48.00	503
三角形的五心	2009-06	28.00	51
三角形的六心及其应用	2015-10	68.00	542
三角形趣谈	2012-08	28.00	212
解三角形	2014-01	28.00	265
三角学专门教程	2014-09	28.00	387
图天下几何新题试卷.初中(第2版)	2017-11	58.00	855
圆锥曲线习题集(上册)	2013-06	68.00	255
圆锥曲线习题集(中册)	2015-01	78.00	434
圆锥曲线习题集(下册·第1卷)	2016-10	78.00	683
圆锥曲线习题集(下册·第2卷)	2018-01	98.00	853
论九点圆	2015-05	88.00	645
近代欧氏几何学	2012-03	48.00	162
罗巴切夫斯基几何学及几何基础概要	2012-07	28.00	188
罗巴切夫斯基几何学初步	2015-06	28.00	474
用三角、解析几何、复数、向量计算解数学竞赛几何题	2015-03	48.00	455
美国中学几何教程	2015-04	88.00	458
三线坐标与三角形特征点	2015-04	98.00	460
平面解析几何方法与研究(第1卷)	2015-05	18.00	471
平面解析几何方法与研究(第2卷)	2015-06	18.00	472
平面解析几何方法与研究(第3卷)	2015-07	18.00	473
解析几何研究	2015-01	38.00	425
解析几何学教程.上	2016-01	38.00	574
解析几何学教程.下	2016-01	38.00	575
几何学基础	2016-01	58.00	581
初等几何研究	2015-02	58.00	444
十九和二十世纪欧氏几何学中的片段	2017-01	58.00	696
平面几何中考.高考.奥数一本通	2017-07	28.00	820
几何学简史	2017-08	28.00	833
四面体	2018-01	48.00	880

刘培杰数学工作室
已出版(即将出版)图书目录——初等数学

书　　名	出版时间	定　价	编号
俄罗斯平面几何问题集	2009－08	88.00	55
俄罗斯立体几何问题集	2014－03	58.00	283
俄罗斯几何大师——沙雷金论数学及其他	2014－01	48.00	271
来自俄罗斯的 5000 道几何习题及解答	2011－03	58.00	89
俄罗斯初等数学问题集	2012－05	38.00	177
俄罗斯函数问题集	2011－03	38.00	103
俄罗斯组合分析问题集	2011－01	48.00	79
俄罗斯初等数学万题选——三角卷	2012－11	38.00	222
俄罗斯初等数学万题选——代数卷	2013－08	68.00	225
俄罗斯初等数学万题选——几何卷	2014－01	68.00	226
463 个俄罗斯几何老问题	2012－01	28.00	152
谈谈素数	2011－03	18.00	91
平方和	2011－03	18.00	92
整数论	2011－05	38.00	120
从整数谈起	2015－10	28.00	538
数与多项式	2016－01	38.00	558
谈谈不定方程	2011－05	28.00	119
解析不等式新论	2009－06	68.00	48
建立不等式的方法	2011－03	98.00	104
数学奥林匹克不等式研究	2009－08	68.00	56
不等式研究(第二辑)	2012－02	68.00	153
不等式的秘密(第一卷)	2012－02	28.00	154
不等式的秘密(第一卷)(第 2 版)	2014－02	38.00	286
不等式的秘密(第二卷)	2014－01	38.00	268
初等不等式的证明方法	2010－06	38.00	123
初等不等式的证明方法(第二版)	2014－11	38.00	407
不等式・理论・方法(基础卷)	2015－07	38.00	496
不等式・理论・方法(经典不等式卷)	2015－07	38.00	497
不等式・理论・方法(特殊类型不等式卷)	2015－07	48.00	498
不等式探究	2016－03	38.00	582
不等式探秘	2017－01	88.00	689
四面体不等式	2017－01	68.00	715
数学奥林匹克中常见重要不等式	2017－09	38.00	845
同余理论	2012－05	38.00	163
[x]与{x}	2015－04	48.00	476
极值与最值. 上卷	2015－06	28.00	486
极值与最值. 中卷	2015－06	38.00	487
极值与最值. 下卷	2015－06	28.00	488
整数的性质	2012－11	38.00	192
完全平方数及其应用	2015－08	78.00	506
多项式理论	2015－10	88.00	541
奇数、偶数、奇偶分析法	2018－01	98.00	876

刘培杰数学工作室
已出版(即将出版)图书目录——初等数学

书　　名	出版时间	定　价	编号
历届美国中学生数学竞赛试题及解答(第一卷)1950－1954	2014－07	18.00	277
历届美国中学生数学竞赛试题及解答(第二卷)1955－1959	2014－04	18.00	278
历届美国中学生数学竞赛试题及解答(第三卷)1960－1964	2014－06	18.00	279
历届美国中学生数学竞赛试题及解答(第四卷)1965－1969	2014－04	28.00	280
历届美国中学生数学竞赛试题及解答(第五卷)1970－1972	2014－06	18.00	281
历届美国中学生数学竞赛试题及解答(第六卷)1973－1980	2017－07	18.00	768
历届美国中学生数学竞赛试题及解答(第七卷)1981－1986	2015－01	18.00	424
历届美国中学生数学竞赛试题及解答(第八卷)1987－1990	2017－05	18.00	769

历届 IMO 试题集(1959—2005)	2006－05	58.00	5
历届 CMO 试题集	2008－09	28.00	40
历届中国数学奥林匹克试题集(第 2 版)	2017－03	38.00	757
历届加拿大数学奥林匹克试题集	2012－08	38.00	215
历届美国数学奥林匹克试题集:多解推广加强	2012－08	38.00	209
历届美国数学奥林匹克试题集:多解推广加强(第 2 版)	2016－03	48.00	592
历届波兰数学竞赛试题集. 第 1 卷,1949～1963	2015－03	18.00	453
历届波兰数学竞赛试题集. 第 2 卷,1964～1976	2015－03	18.00	454
历届巴尔干数学奥林匹克试题集	2015－05	38.00	466
保加利亚数学奥林匹克	2014－10	38.00	393
圣彼得堡数学奥林匹克试题集	2015－01	38.00	429
匈牙利奥林匹克数学竞赛题解. 第 1 卷	2016－05	28.00	593
匈牙利奥林匹克数学竞赛题解. 第 2 卷	2016－05	28.00	594
历届美国数学邀请赛试题集(第 2 版)	2017－10	78.00	851
全国高中数学竞赛试题及解答. 第 1 卷	2014－07	38.00	331
普林斯顿大学数学竞赛	2016－06	38.00	669
亚太地区数学奥林匹克竞赛题	2015－07	18.00	492
日本历届(初级)广中杯数学竞赛试题及解答. 第 1 卷(2000～2007)	2016－05	28.00	641
日本历届(初级)广中杯数学竞赛试题及解答. 第 2 卷(2008～2015)	2016－05	38.00	642
360 个数学竞赛问题	2016－08	58.00	677
奥数最佳实战题. 上卷	2017－06	38.00	760
奥数最佳实战题. 下卷	2017－05	58.00	761
哈尔滨市早期中学数学竞赛试题汇编	2016－07	28.00	672
全国高中数学联赛试题及解答:1981—2015	2016－08	98.00	676
20 世纪 50 年代全国部分城市数学竞赛试题汇编	2017－07	28.00	797
高中数学竞赛培训教程:整除与同余以及不定方程	2018－01	88.00	869

高考数学临门一脚(含密押三套卷)(理科版)	2017－01	45.00	743
高考数学临门一脚(含密押三套卷)(文科版)	2017－01	45.00	744
新课标高考数学题型全归纳(文科版)	2015－05	72.00	467
新课标高考数学题型全归纳(理科版)	2015－05	82.00	468
洞穿高考数学解答题核心考点(理科版)	2015－11	49.80	550
洞穿高考数学解答题核心考点(文科版)	2015－11	46.80	551

刘培杰数学工作室

已出版(即将出版)图书目录——初等数学

书　　名	出版时间	定　价	编号
高考数学题型全归纳:文科版.上	2016－05	53.00	663
高考数学题型全归纳:文科版.下	2016－05	53.00	664
高考数学题型全归纳:理科版.上	2016－05	58.00	665
高考数学题型全归纳:理科版.下	2016－05	58.00	666
王连笑教你怎样学数学:高考选择题解题策略与客观题实用训练	2014－01	48.00	262
王连笑教你怎样学数学:高考数学高层次讲座	2015－02	48.00	432
高考数学的理论与实践	2009－08	38.00	53
高考数学核心题型解题方法与技巧	2010－01	28.00	86
高考思维新平台	2014－03	38.00	259
30 分钟拿下高考数学选择题、填空题(理科版)	2016－10	39.80	720
30 分钟拿下高考数学选择题、填空题(文科版)	2016－10	39.80	721
高考数学压轴题解题诀窍(上)(第 2 版)	2018－01	58.00	874
高考数学压轴题解题诀窍(下)(第 2 版)	2018－01	48.00	875
北京市五区文科数学三年高考模拟题详解:2013～2015	2015－08	48.00	500
北京市五区理科数学三年高考模拟题详解:2013～2015	2015－09	68.00	505
向量法巧解数学高考题	2009－08	28.00	54
高考数学万能解题法(第 2 版)	即将出版	38.00	691
高考物理万能解题法(第 2 版)	即将出版	38.00	692
高考化学万能解题法(第 2 版)	即将出版	28.00	693
高考生物万能解题法(第 2 版)	即将出版	28.00	694
高考数学解题金典(第 2 版)	2017－01	78.00	716
高考物理解题金典(第 2 版)	即将出版	68.00	717
高考化学解题金典(第 2 版)	即将出版	58.00	718
我一定要赚分:高中物理	2016－01	38.00	580
数学高考参考	2016－01	78.00	589
2011～2015 年全国及各省市高考数学文科精品试题审题要津与解法研究	2015－10	68.00	539
2011～2015 年全国及各省市高考数学理科精品试题审题要津与解法研究	2015－10	88.00	540
最新全国及各省市高考数学试卷解法研究及点拨评析	2009－02	38.00	41
2011 年全国及各省市高考数学试题审题要津与解法研究	2011－10	48.00	139
2013 年全国及各省市高考数学试题解析与点评	2014－01	48.00	282
全国及各省市高考数学试题审题要津与解法研究	2015－02	48.00	450
新课标高考数学——五年试题分章详解(2007～2011)(上、下)	2011－10	78.00	140,141
全国中考数学压轴题审题要津与解法研究	2013－04	78.00	248
新编全国及各省市中考数学压轴题审题要津与解法研究	2014－05	58.00	342
全国及各省市 5 年中考数学压轴题审题要津与解法研究(2015 版)	2015－04	58.00	462
中考数学专题总复习	2007－04	28.00	6
中考数学较难题、难题常考题型解题方法与技巧.上	2016－01	48.00	584
中考数学较难题、难题常考题型解题方法与技巧.下	2016－01	58.00	585
中考数学较难题常考题型解题方法与技巧	2016－09	48.00	681
中考数学难题常考题型解题方法与技巧	2016－09	48.00	682

刘培杰数学工作室
已出版(即将出版)图书目录——初等数学

书　　名	出版时间	定　价	编号
中考数学选择填空压轴好题妙解 365	2017—05	38.00	759
中考数学小压轴汇编初讲	2017—07	48.00	788
中考数学大压轴专题微言	2017—09	48.00	846
北京中考数学压轴题解题方法突破(第 3 版)	2017—11	48.00	854
助你高考成功的数学解题智慧:知识是智慧的基础	2016—01	58.00	596
助你高考成功的数学解题智慧:错误是智慧的试金石	2016—04	58.00	643
助你高考成功的数学解题智慧:方法是智慧的推手	2016—04	68.00	657
高考数学奇思妙解	2016—04	38.00	610
高考数学解题策略	2016—05	48.00	670
数学解题泄天机(第 2 版)	2017—10	48.00	850
高考物理压轴题全解	2017—04	48.00	746
高中物理经典问题 25 讲	2017—05	28.00	764
高中物理教学讲义	2018—01	48.00	871
2016 年高考文科数学真题研究	2017—04	58.00	754
2016 年高考理科数学真题研究	2017—04	78.00	755
初中数学、高中数学脱节知识补缺教材	2017—06	48.00	766
高考数学小题抢分必练	2017—10	48.00	834
高考数学核心素养解读	2017—09	38.00	839
高考数学客观题解题方法和技巧	2017—10	38.00	847
十年高考数学精品试题审题要津与解法研究.上卷	2018—01	68.00	872
十年高考数学精品试题审题要津与解法研究.下卷	2018—01	58.00	873
中国历届高考数学试题及解答.1949—1979	2018—01	38.00	877

新编 640 个世界著名数学智力趣题	2014—01	88.00	242
500 个最新世界著名数学智力趣题	2008—06	48.00	3
400 个最新世界著名数学最值问题	2008—09	48.00	36
500 个世界著名数学征解问题	2009—06	48.00	52
400 个中国最佳初等数学征解老问题	2010—01	48.00	60
500 个俄罗斯数学经典老题	2011—01	28.00	81
1000 个国外中学物理好题	2012—04	48.00	174
300 个日本高考数学题	2012—05	38.00	142
700 个早期日本高考数学试题	2017—02	88.00	752
500 个前苏联早期高考数学试题及解答	2012—05	28.00	185
546 个早期俄罗斯大学生数学竞赛题	2014—03	38.00	285
548 个来自美苏的数学好问题	2014—11	28.00	396
20 所苏联著名大学早期入学试题	2015—02	18.00	452
161 道德国工科大学生必做的微分方程习题	2015—05	28.00	469
500 个德国工科大学生必做的高数习题	2015—06	28.00	478
360 个数学竞赛问题	2016—08	58.00	677
德国讲义日本考题.微积分卷	2015—04	48.00	456
德国讲义日本考题.微分方程卷	2015—04	38.00	457
二十世纪中叶中、英、美、日、法、俄高考数学试题精选	2017—06	38.00	783

刘培杰数学工作室
已出版(即将出版)图书目录——初等数学

书　　名	出版时间	定　价	编号
中国初等数学研究　2009 卷(第 1 辑)	2009－05	20.00	45
中国初等数学研究　2010 卷(第 2 辑)	2010－05	30.00	68
中国初等数学研究　2011 卷(第 3 辑)	2011－07	60.00	127
中国初等数学研究　2012 卷(第 4 辑)	2012－07	48.00	190
中国初等数学研究　2014 卷(第 5 辑)	2014－02	48.00	288
中国初等数学研究　2015 卷(第 6 辑)	2015－06	68.00	493
中国初等数学研究　2016 卷(第 7 辑)	2016－04	68.00	609
中国初等数学研究　2017 卷(第 8 辑)	2017－01	98.00	712

几何变换(Ⅰ)	2014－07	28.00	353
几何变换(Ⅱ)	2015－06	28.00	354
几何变换(Ⅲ)	2015－01	38.00	355
几何变换(Ⅳ)	2015－12	38.00	356

初等数论难题集(第一卷)	2009－05	68.00	44
初等数论难题集(第二卷)(上、下)	2011－02	128.00	82,83
数论概貌	2011－03	18.00	93
代数数论(第二版)	2013－08	58.00	94
代数多项式	2014－06	38.00	289
初等数论的知识与问题	2011－02	28.00	95
超越数论基础	2011－03	28.00	96
数论初等教程	2011－03	28.00	97
数论基础	2011－03	18.00	98
数论基础与维诺格拉多夫	2014－03	18.00	292
解析数论基础	2012－08	28.00	216
解析数论基础(第二版)	2014－01	48.00	287
解析数论问题集(第二版)(原版引进)	2014－05	88.00	343
解析数论问题集(第二版)(中译本)	2016－04	88.00	607
解析数论基础(潘承洞,潘承彪著)	2016－07	98.00	673
解析数论导引	2016－07	58.00	674
数论入门	2011－03	38.00	99
代数数论入门	2015－03	38.00	448
数论开篇	2012－07	28.00	194
解析数论引论	2011－03	48.00	100
Barban Davenport Halberstam 均值和	2009－01	40.00	33
基础数论	2011－03	28.00	101
初等数论 100 例	2011－05	18.00	122
初等数论经典例题	2012－07	18.00	204
最新世界各国数学奥林匹克中的初等数论试题(上、下)	2012－01	138.00	144,145
初等数论(Ⅰ)	2012－01	18.00	156
初等数论(Ⅱ)	2012－01	18.00	157
初等数论(Ⅲ)	2012－01	28.00	158

刘培杰数学工作室
已出版(即将出版)图书目录——初等数学

书　名	出版时间	定　价	编号
平面几何与数论中未解决的新老问题	2013-01	68.00	229
代数数论简史	2014-11	28.00	408
代数数论	2015-09	88.00	532
代数、数论及分析习题集	2016-11	98.00	695
数论导引提要及习题解答	2016-01	48.00	559
素数定理的初等证明.第2版	2016-09	48.00	686
数论中的模函数与狄利克雷级数(第二版)	2017-11	78.00	837
数论:数学导引	2018-01	68.00	849
数学眼光透视(第2版)	2017-06	78.00	732
数学思想领悟(第2版)	2018-01	68.00	733
数学应用展观(第2版)	2017-08	68.00	737
数学建模导引	2008-01	28.00	23
数学方法溯源	2008-01	38.00	27
数学史话览胜(第2版)	2017-01	48.00	736
数学思维技术	2013-09	38.00	260
数学解题引论	2017-05	48.00	735
数学竞赛采风	2018-01	68.00	739
从毕达哥拉斯到怀尔斯	2007-10	48.00	9
从迪利克雷到维斯卡尔迪	2008-01	48.00	21
从哥德巴赫到陈景润	2008-05	98.00	35
从庞加莱到佩雷尔曼	2011-08	138.00	136
博弈论精粹	2008-03	58.00	30
博弈论精粹.第二版(精装)	2015-01	88.00	461
数学 我爱你	2008-01	28.00	20
精神的圣徒　别样的人生——60位中国数学家成长的历程	2008-09	48.00	39
数学史概论	2009-06	78.00	50
数学史概论(精装)	2013-03	158.00	272
数学史选讲	2016-01	48.00	544
斐波那契数列	2010-02	28.00	65
数学拼盘和斐波那契魔方	2010-07	38.00	72
斐波那契数列欣赏	2011-01	28.00	160
数学的创造	2011-02	48.00	85
数学美与创造力	2016-01	48.00	595
数海拾贝	2016-01	48.00	590
数学中的美	2011-02	38.00	84
数论中的美学	2014-12	38.00	351

刘培杰数学工作室
已出版(即将出版)图书目录——初等数学

书　名	出版时间	定　价	编号
数学王者　科学巨人——高斯	2015－01	28.00	428
振兴祖国数学的圆梦之旅:中国初等数学研究史话	2015－06	98.00	490
二十世纪中国数学史料研究	2015－10	48.00	536
数字谜、数阵图与棋盘覆盖	2016－01	58.00	298
时间的形状	2016－01	38.00	556
数学发现的艺术:数学探索中的合情推理	2016－07	58.00	671
活跃在数学中的参数	2016－07	48.00	675
数学解题——靠数学思想给力(上)	2011－07	38.00	131
数学解题——靠数学思想给力(中)	2011－07	48.00	132
数学解题——靠数学思想给力(下)	2011－07	38.00	133
我怎样解题	2013－01	48.00	227
数学解题中的物理方法	2011－06	28.00	114
数学解题的特殊方法	2011－06	48.00	115
中学数学计算技巧	2012－01	48.00	116
中学数学证明方法	2012－01	58.00	117
数学趣题巧解	2012－03	28.00	128
高中数学教学通鉴	2015－05	58.00	479
和高中生漫谈:数学与哲学的故事	2014－08	28.00	369
算术问题集	2017－03	38.00	789
自主招生考试中的参数方程问题	2015－01	28.00	435
自主招生考试中的极坐标问题	2015－04	28.00	463
近年全国重点大学自主招生数学试题全解及研究.华约卷	2015－02	38.00	441
近年全国重点大学自主招生数学试题全解及研究.北约卷	2016－05	38.00	619
自主招生数学解证宝典	2015－09	48.00	535
格点和面积	2012－07	18.00	191
射影几何趣谈	2012－04	28.00	175
斯潘纳尔引理——从一道加拿大数学奥林匹克试题谈起	2014－01	28.00	228
李普希兹条件——从几道近年高考数学试题谈起	2012－10	18.00	221
拉格朗日中值定理——从一道北京高考试题的解法谈起	2015－10	18.00	197
闵科夫斯基定理——从一道清华大学自主招生试题谈起	2014－01	28.00	198
哈尔测度——从一道冬令营试题的背景谈起	2012－08	28.00	202
切比雪夫逼近问题——从一道中国台北数学奥林匹克试题谈起	2013－04	38.00	238
伯恩斯坦多项式与贝齐尔曲面——从一道全国高中数学联赛试题谈起	2013－03	38.00	236
卡塔兰猜想——从一道普特南竞赛试题谈起	2013－06	18.00	256
麦卡锡函数和阿克曼函数——从一道前南斯拉夫数学奥林匹克试题谈起	2012－08	18.00	201
贝蒂定理与拉姆贝克莫斯尔定理——从一个拣石子游戏谈起	2012－08	18.00	217
皮亚诺曲线和豪斯道夫分球定理——从无限集谈起	2012－08	18.00	211
平面凸图形与凸多面体	2012－10	28.00	218
斯坦因豪斯问题——从一道二十五省市自治区中学数学竞赛试题谈起	2012－07	18.00	196

刘培杰数学工作室
已出版(即将出版)图书目录——初等数学

书　名	出版时间	定　价	编号
纽结理论中的亚历山大多项式与琼斯多项式——从一道北京市高一数学竞赛试题谈起	2012-07	28.00	195
原则与策略——从波利亚"解题表"谈起	2013-04	38.00	244
转化与化归——从三大尺规作图不能问题谈起	2012-08	28.00	214
代数几何中的贝祖定理(第一版)——从一道 IMO 试题的解法谈起	2013-08	18.00	193
成功连贯理论与约当块理论——从一道比利时数学竞赛试题谈起	2012-04	18.00	180
素数判定与大数分解	2014-08	18.00	199
置换多项式及其应用	2012-10	18.00	220
椭圆函数与模函数——从一道美国加州大学洛杉矶分校(UCLA)博士资格考题谈起	2012-10	28.00	219
差分方程的拉格朗日方法——从一道 2011 年全国高考理科试题的解法谈起	2012-08	28.00	200
力学在几何中的一些应用	2013-01	38.00	240
高斯散度定理、斯托克斯定理和平面格林定理——从一道国际大学生数学竞赛试题谈起	即将出版		
康托洛维奇不等式——从一道全国高中联赛试题谈起	2013-03	28.00	337
西格尔引理——从一道第 18 届 IMO 试题的解法谈起	即将出版		
罗斯定理——从一道前苏联数学竞赛试题谈起	即将出版		
拉克斯定理和阿廷定理——从一道 IMO 试题的解法谈起	2014-01	58.00	246
毕卡大定理——从一道美国大学数学竞赛试题谈起	2014-07	18.00	350
贝齐尔曲线——从一道全国高中联赛试题谈起	即将出版		
拉格朗日乘子定理——从一道 2005 年全国高中联赛试题的高等数学解法谈起	2015-05	28.00	480
雅可比定理——从一道日本数学奥林匹克试题谈起	2013-04	48.00	249
李天岩-约克定理——从一道波兰数学竞赛试题谈起	2014-06	28.00	349
整系数多项式因式分解的一般方法——从克朗耐克算法谈起	即将出版		
布劳维不动点定理——从一道前苏联数学奥林匹克试题谈起	2014-01	38.00	273
伯恩赛德定理——从一道英国数学奥林匹克试题谈起	即将出版		
布查特-莫斯特定理——从一道上海市初中竞赛试题谈起	即将出版		
数论中的同余数问题——从一道普特南竞赛试题谈起	即将出版		
范·德蒙行列式——从一道美国数学奥林匹克试题谈起	即将出版		
中国剩余定理:总数法构建中国历史年表	2015-01	28.00	430
牛顿程序与方程求根——从一道全国高考试题解法谈起	即将出版		
库默尔定理——从一道 IMO 预选试题谈起	即将出版		
卢丁定理——从一道冬令营试题的解法谈起	即将出版		
沃斯滕霍姆定理——从一道 IMO 预选试题谈起	即将出版		
卡尔松不等式——从一道莫斯科数学奥林匹克试题谈起	即将出版		
信息论中的香农熵——从一道近年高考压轴题谈起	即将出版		
约当不等式——从一道希望杯竞赛试题谈起	即将出版		
拉比诺维奇定理	即将出版		
刘维尔定理——从一道《美国数学月刊》征解问题的解法谈起	即将出版		
卡塔兰恒等式与级数求和——从一道 IMO 试题的解法谈起	即将出版		
勒让德猜想与素数分布——从一道爱尔兰竞赛试题谈起	即将出版		
天平称重与信息论——从一道基辅市数学奥林匹克试题谈起	即将出版		
哈密尔顿-凯莱定理:从一道高中数学联赛试题的解法谈起	2014-09	18.00	376
艾思特曼定理——从一道 CMO 试题的解法谈起	即将出版		

刘培杰数学工作室

已出版(即将出版)图书目录——初等数学

书　名	出版时间	定　价	编号
一个爱尔特希问题——从一道西德数学奥林匹克试题谈起	即将出版		
有限群中的爱丁格尔问题——从一道北京市初中二年级数学竞赛试题谈起	即将出版		
贝克码与编码理论——从一道全国高中联赛试题谈起	即将出版		
帕斯卡三角形	2014－03	18.00	294
蒲丰投针问题——从 2009 年清华大学的一道自主招生试题谈起	2014－01	38.00	295
斯图姆定理——从一道"华约"自主招生试题的解法谈起	2014－01	18.00	296
许瓦兹引理——从一道加利福尼亚大学伯克利分校数学系博士生试题谈起	2014－08	18.00	297
拉姆塞定理——从王诗宬院士的一个问题谈起	2016－04	48.00	299
坐标法	2013－12	28.00	332
数论三角形	2014－04	38.00	341
毕克定理	2014－07	18.00	352
数林掠影	2014－09	48.00	389
我们周围的概率	2014－10	38.00	390
凸函数最值定理:从一道华约自主招生题的解法谈起	2014－10	28.00	391
易学与数学奥林匹克	2014－10	38.00	392
生物数学趣谈	2015－01	18.00	409
反演	2015－01	28.00	420
因式分解与圆锥曲线	2015－01	18.00	426
轨迹	2015－01	28.00	427
面积原理:从常庚哲命的一道 CMO 试题的积分解法谈起	2015－01	48.00	431
形形色色的不动点定理:从一道 28 届 IMO 试题谈起	2015－01	38.00	439
柯西函数方程:从一道上海交大自主招生的试题谈起	2015－02	28.00	440
三角恒等式	2015－02	28.00	442
无理性判定:从一道 2014 年"北约"自主招生试题谈起	2015－01	38.00	443
数学归纳法	2015－03	18.00	451
极端原理与解题	2015－04	28.00	464
法雷级数	2014－08	18.00	367
摆线族	2015－01	38.00	438
函数方程及其解法	2015－05	38.00	470
含参数的方程和不等式	2012－09	28.00	213
希尔伯特第十问题	2016－01	38.00	543
无穷小量的求和	2016－01	28.00	545
切比雪夫多项式:从一道清华大学金秋营试题谈起	2016－01	38.00	583
泽肯多夫定理	2016－03	38.00	599
代数等式证题法	2016－01	28.00	600
三角等式证题法	2016－01	28.00	601
吴大任教授藏书中的一个因式分解公式:从一道美国数学邀请赛试题的解法谈起	2016－06	28.00	656
易卦——类万物的数学模型	2017－08	68.00	838
"不可思议"的数与数系可持续发展	2018－01	38.00	878
最短线	2018－01	38.00	879

幻方和魔方(第一卷)	2012－05	68.00	173
尘封的经典——初等数学经典文献选读(第一卷)	2012－07	48.00	205
尘封的经典——初等数学经典文献选读(第二卷)	2012－07	38.00	206

初级方程式论	2011－03	28.00	106
初等数学研究(Ⅰ)	2008－09	68.00	37
初等数学研究(Ⅱ)(上、下)	2009－05	118.00	46,47

刘培杰数学工作室
已出版(即将出版)图书目录——初等数学

书　　名	出版时间	定　价	编号
趣味初等方程妙题集锦	2014－09	48.00	388
趣味初等数论选美与欣赏	2015－02	48.00	445
耕读笔记(上卷)：一位农民数学爱好者的初数探索	2015－04	28.00	459
耕读笔记(中卷)：一位农民数学爱好者的初数探索	2015－05	28.00	483
耕读笔记(下卷)：一位农民数学爱好者的初数探索	2015－05	28.00	484
几何不等式研究与欣赏.上卷	2016－01	88.00	547
几何不等式研究与欣赏.下卷	2016－01	48.00	552
初等数列研究与欣赏·上	2016－01	48.00	570
初等数列研究与欣赏·下	2016－01	48.00	571
趣味初等函数研究与欣赏.上	2016－09	48.00	684
趣味初等函数研究与欣赏.下	即将出版		685
火柴游戏	2016－05	38.00	612
智力解谜.第1卷	2017－07	38.00	613
智力解谜.第2卷	2017－07	38.00	614
故事智力	2016－07	48.00	615
名人们喜欢的智力问题	即将出版		616
数学大师的发现、创造与失误	2018－01	48.00	617
异曲同工	即将出版		618
数学的味道	2018－01	58.00	798
数贝偶拾——高考数学题研究	2014－04	28.00	274
数贝偶拾——初等数学研究	2014－04	38.00	275
数贝偶拾——奥数题研究	2014－04	48.00	276
钱昌本教你快乐学数学(上)	2011－12	48.00	155
钱昌本教你快乐学数学(下)	2012－03	58.00	171
集合、函数与方程	2014－01	28.00	300
数列与不等式	2014－01	38.00	301
三角与平面向量	2014－01	28.00	302
平面解析几何	2014－01	38.00	303
立体几何与组合	2014－01	28.00	304
极限与导数、数学归纳法	2014－01	38.00	305
趣味数学	2014－03	28.00	306
教材教法	2014－04	68.00	307
自主招生	2014－05	58.00	308
高考压轴题(上)	2015－01	48.00	309
高考压轴题(下)	2014－10	68.00	310
从费马到怀尔斯——费马大定理的历史	2013－10	198.00	Ⅰ
从庞加莱到佩雷尔曼——庞加莱猜想的历史	2013－10	298.00	Ⅱ
从切比雪夫到爱尔特希(上)——素数定理的初等证明	2013－07	48.00	Ⅲ
从切比雪夫到爱尔特希(下)——素数定理100年	2012－12	98.00	Ⅲ
从高斯到盖尔方特——二次域的高斯猜想	2013－10	198.00	Ⅳ
从库默尔到朗兰兹——朗兰兹猜想的历史	2014－01	98.00	Ⅴ
从比勃巴赫到德布朗斯——比勃巴赫猜想的历史	2014－02	298.00	Ⅵ
从麦比乌斯到陈省身——麦比乌斯变换与麦比乌斯带	2014－02	298.00	Ⅶ
从布尔到豪斯道夫——布尔方程与格论漫谈	2013－10	198.00	Ⅷ
从开普勒到阿诺德——三体问题的历史	2014－05	298.00	Ⅸ
从华林到华罗庚——华林问题的历史	2013－10	298.00	Ⅹ

刘培杰数学工作室
已出版(即将出版)图书目录——初等数学

书　　名	出版时间	定　价	编号
美国高中数学竞赛五十讲.第1卷(英文)	2014－08	28.00	357
美国高中数学竞赛五十讲.第2卷(英文)	2014－08	28.00	358
美国高中数学竞赛五十讲.第3卷(英文)	2014－09	28.00	359
美国高中数学竞赛五十讲.第4卷(英文)	2014－09	28.00	360
美国高中数学竞赛五十讲.第5卷(英文)	2014－10	28.00	361
美国高中数学竞赛五十讲.第6卷(英文)	2014－11	28.00	362
美国高中数学竞赛五十讲.第7卷(英文)	2014－12	28.00	363
美国高中数学竞赛五十讲.第8卷(英文)	2015－01	28.00	364
美国高中数学竞赛五十讲.第9卷(英文)	2015－01	28.00	365
美国高中数学竞赛五十讲.第10卷(英文)	2015－02	38.00	366
三角函数	2014－01	38.00	311
不等式	2014－01	38.00	312
数列	2014－01	38.00	313
方程	2014－01	28.00	314
排列和组合	2014－01	28.00	315
极限与导数	2014－01	28.00	316
向量	2014－09	38.00	317
复数及其应用	2014－08	28.00	318
函数	2014－01	38.00	319
集合	即将出版		320
直线与平面	2014－01	28.00	321
立体几何	2014－04	28.00	322
解三角形	即将出版		323
直线与圆	2014－01	28.00	324
圆锥曲线	2014－01	38.00	325
解题通法(一)	2014－07	38.00	326
解题通法(二)	2014－07	38.00	327
解题通法(三)	2014－05	38.00	328
概率与统计	2014－01	28.00	329
信息迁移与算法	即将出版		330
IMO 50年.第1卷(1959－1963)	2014－11	28.00	377
IMO 50年.第2卷(1964－1968)	2014－11	28.00	378
IMO 50年.第3卷(1969－1973)	2014－09	28.00	379
IMO 50年.第4卷(1974－1978)	2016－04	38.00	380
IMO 50年.第5卷(1979－1984)	2015－04	38.00	381
IMO 50年.第6卷(1985－1989)	2015－04	58.00	382
IMO 50年.第7卷(1990－1994)	2016－01	48.00	383
IMO 50年.第8卷(1995－1999)	2016－06	38.00	384
IMO 50年.第9卷(2000－2004)	2015－04	58.00	385
IMO 50年.第10卷(2005－2009)	2016－01	48.00	386
IMO 50年.第11卷(2010－2015)	2017－03	48.00	646

刘培杰数学工作室
已出版(即将出版)图书目录——初等数学

书　名	出版时间	定　价	编号
方程(第2版)	2017-04	38.00	624
三角函数(第2版)	2017-04	38.00	626
向量(第2版)	即将出版		627
立体几何(第2版)	2016-04	38.00	629
直线与圆(第2版)	2016-11	38.00	631
圆锥曲线(第2版)	2016-09	48.00	632
极限与导数(第2版)	2016-04	38.00	635
历届美国大学生数学竞赛试题集.第一卷(1938—1949)	2015-01	28.00	397
历届美国大学生数学竞赛试题集.第二卷(1950—1959)	2015-01	28.00	398
历届美国大学生数学竞赛试题集.第三卷(1960—1969)	2015-01	28.00	399
历届美国大学生数学竞赛试题集.第四卷(1970—1979)	2015-01	18.00	400
历届美国大学生数学竞赛试题集.第五卷(1980—1989)	2015-01	28.00	401
历届美国大学生数学竞赛试题集.第六卷(1990—1999)	2015-01	28.00	402
历届美国大学生数学竞赛试题集.第七卷(2000—2009)	2015-08	18.00	403
历届美国大学生数学竞赛试题集.第八卷(2010—2012)	2015-01	18.00	404
新课标高考数学创新题解题诀窍:总论	2014-09	28.00	372
新课标高考数学创新题解题诀窍:必修1～5分册	2014-08	38.00	373
新课标高考数学创新题解题诀窍:选修2-1,2-2,1-1,1-2分册	2014-09	38.00	374
新课标高考数学创新题解题诀窍:选修2-3,4-4,4-5分册	2014-09	18.00	375
全国重点大学自主招生英文数学试题全攻略:词汇卷	2015-07	48.00	410
全国重点大学自主招生英文数学试题全攻略:概念卷	2015-01	28.00	411
全国重点大学自主招生英文数学试题全攻略:文章选读卷(上)	2016-09	38.00	412
全国重点大学自主招生英文数学试题全攻略:文章选读卷(下)	2017-01	58.00	413
全国重点大学自主招生英文数学试题全攻略:试题卷	2015-07	38.00	414
全国重点大学自主招生英文数学试题全攻略:名著欣赏卷	2017-03	48.00	415
劳埃德数学趣题大全.题目卷.1:英文	2016-01	18.00	516
劳埃德数学趣题大全.题目卷.2:英文	2016-01	18.00	517
劳埃德数学趣题大全.题目卷.3:英文	2016-01	18.00	518
劳埃德数学趣题大全.题目卷.4:英文	2016-01	18.00	519
劳埃德数学趣题大全.题目卷.5:英文	2016-01	18.00	520
劳埃德数学趣题大全.答案卷:英文	2016-01	18.00	521
李成章教练奥数笔记.第1卷	2016-01	48.00	522
李成章教练奥数笔记.第2卷	2016-01	48.00	523
李成章教练奥数笔记.第3卷	2016-01	38.00	524
李成章教练奥数笔记.第4卷	2016-01	38.00	525
李成章教练奥数笔记.第5卷	2016-01	38.00	526
李成章教练奥数笔记.第6卷	2016-01	38.00	527
李成章教练奥数笔记.第7卷	2016-01	38.00	528
李成章教练奥数笔记.第8卷	2016-01	48.00	529
李成章教练奥数笔记.第9卷	2016-01	28.00	530

刘培杰数学工作室
已出版(即将出版)图书目录——初等数学

书　名	出版时间	定　价	编号
第 19～23 届"希望杯"全国数学邀请赛试题审题要津详细评注(初一版)	2014－03	28.00	333
第 19～23 届"希望杯"全国数学邀请赛试题审题要津详细评注(初二、初三版)	2014－03	38.00	334
第 19～23 届"希望杯"全国数学邀请赛试题审题要津详细评注(高一版)	2014－03	28.00	335
第 19～23 届"希望杯"全国数学邀请赛试题审题要津详细评注(高二版)	2014－03	38.00	336
第 19～25 届"希望杯"全国数学邀请赛试题审题要津详细评注(初一版)	2015－01	38.00	416
第 19～25 届"希望杯"全国数学邀请赛试题审题要津详细评注(初二、初三版)	2015－01	58.00	417
第 19～25 届"希望杯"全国数学邀请赛试题审题要津详细评注(高一版)	2015－01	48.00	418
第 19～25 届"希望杯"全国数学邀请赛试题审题要津详细评注(高二版)	2015－01	48.00	419
物理奥林匹克竞赛大题典——力学卷	2014－11	48.00	405
物理奥林匹克竞赛大题典——热学卷	2014－04	28.00	339
物理奥林匹克竞赛大题典——电磁学卷	2015－07	48.00	406
物理奥林匹克竞赛大题典——光学与近代物理卷	2014－06	28.00	345
历届中国东南地区数学奥林匹克试题集(2004～2012)	2014－06	18.00	346
历届中国西部地区数学奥林匹克试题集(2001～2012)	2014－07	18.00	347
历届中国女子数学奥林匹克试题集(2002～2012)	2014－08	18.00	348
数学奥林匹克在中国	2014－06	98.00	344
数学奥林匹克问题集	2014－01	38.00	267
数学奥林匹克不等式散论	2010－06	38.00	124
数学奥林匹克不等式欣赏	2011－09	38.00	138
数学奥林匹克超级题库(初中卷上)	2010－01	58.00	66
数学奥林匹克不等式证明方法和技巧(上、下)	2011－08	158.00	134,135
他们学什么:原民主德国中学数学课本	2016－09	38.00	658
他们学什么:英国中学数学课本	2016－09	38.00	659
他们学什么:法国中学数学课本.1	2016－09	38.00	660
他们学什么:法国中学数学课本.2	2016－09	28.00	661
他们学什么:法国中学数学课本.3	2016－09	38.00	662
他们学什么:苏联中学数学课本	2016－09	28.00	679
高中数学题典——集合与简易逻辑·函数	2016－07	48.00	647
高中数学题典——导数	2016－07	48.00	648
高中数学题典——三角函数·平面向量	2016－07	48.00	649
高中数学题典——数列	2016－07	58.00	650
高中数学题典——不等式·推理与证明	2016－07	38.00	651
高中数学题典——立体几何	2016－07	48.00	652
高中数学题典——平面解析几何	2016－07	78.00	653
高中数学题典——计数原理·统计·概率·复数	2016－07	48.00	654
高中数学题典——算法·平面几何·初等数论·组合数学·其他	2016－07	68.00	655

刘培杰数学工作室
已出版(即将出版)图书目录——初等数学

书 名	出版时间	定 价	编号
台湾地区奥林匹克数学竞赛试题.小学一年级	2017—03	38.00	722
台湾地区奥林匹克数学竞赛试题.小学二年级	2017—03	38.00	723
台湾地区奥林匹克数学竞赛试题.小学三年级	2017—03	38.00	724
台湾地区奥林匹克数学竞赛试题.小学四年级	2017—03	38.00	725
台湾地区奥林匹克数学竞赛试题.小学五年级	2017—03	38.00	726
台湾地区奥林匹克数学竞赛试题.小学六年级	2017—03	38.00	727
台湾地区奥林匹克数学竞赛试题.初中一年级	2017—03	38.00	728
台湾地区奥林匹克数学竞赛试题.初中二年级	2017—03	38.00	729
台湾地区奥林匹克数学竞赛试题.初中三年级	2017—03	28.00	730
不等式证题法	2017—04	28.00	747
平面几何培优教程	即将出版		748
奥数鼎级培优教程.高一分册	即将出版		749
奥数鼎级培优教程.高二分册	即将出版		750
高中数学竞赛冲刺宝典	即将出版		751
初中尖子生数学超级题典.实数	2017—07	58.00	792
初中尖子生数学超级题典.式、方程与不等式	2017—08	58.00	793
初中尖子生数学超级题典.圆、面积	2017—08	38.00	794
初中尖子生数学超级题典.函数、逻辑推理	2017—08	48.00	795
初中尖子生数学超级题典.角、线段、三角形与多边形	2017—07	58.00	796
数学王子——高斯	2018—01	48.00	858
坎坷奇星——阿贝尔	2018—01	48.00	859
闪烁奇星——伽罗瓦	2018—01	58.00	860
无穷统帅——康托尔	2018—01	48.00	861
科学公主——柯瓦列夫斯卡娅	2018—01	48.00	862
抽象代数之母——埃米·诺特	2018—01	48.00	863
电脑先驱——图灵	2018—01	58.00	864
昔日神童——维纳	2018—01	48.00	865
数坛怪侠——爱尔特希	2018—01	68.00	866

联系地址:哈尔滨市南岗区复华四道街10号　哈尔滨工业大学出版社刘培杰数学工作室
网　　址:http://lpj.hit.edu.cn/
邮　　编:150006
联系电话:0451－86281378　　13904613167
E-mail:lpj1378@163.com